基于多元视角的档案机构评估体系研究

马双双◎著

郑州大学出版社

图书在版编目（CIP）数据

基于多元视角的档案机构评估体系研究／马双双著. -- 郑州：郑州大学出版社，2023. 11

ISBN 978-7-5773-0004-7

Ⅰ. ①基…　Ⅱ. ①马…　Ⅲ. ①档案馆 - 评估 - 研究 - 中国　Ⅳ. ①G279. 2

中国国家版本馆 CIP 数据核字（2023）第 215400 号

基于多元视角的档案机构评估体系研究
JIYU DUOYUAN SHIJIAO DE DANG'AN JIGOU PINGGU TIXI YANJIU

策划编辑	马云飞	封面设计	苏永生
责任编辑	樊建伟	版式设计	苏永生
责任校对	郜　静	责任监制	李瑞卿

出版发行	郑州大学出版社	地　　址	郑州市大学路 40 号（450052）
出 版 人	孙保营	网　　址	http://www.zzup.cn
经　　销	全国新华书店	发行电话	0371-66966070
印　　刷	河南文华印务有限公司		
开　　本	787 mm×1 092 mm　1 / 16		
印　　张	20.75	字　　数	332 千字
版　　次	2023 年 11 月第 1 版	印　　次	2023 年 11 月第 1 次印刷

书　　号	ISBN 978-7-5773-0004-7	定　　价	68.00 元

邱均平教授说过,"没有科学的评价就没有科学的管理;没有科学的评价就没有科学的决策",深刻表达了无评价不管理的含义。德国著名社会学者施托克曼和梅耶也提道:"评估是现代社会的一项发明,评估不仅是一项调控工具,还为社会反思提供经验基础。"档案机构评估是指评估主体依据一定的评估标准和指标体系,运用一定的评估方法,依照规范的评估流程,系统地评价档案机构各项管理工作发展的质量和水平,以此判定评估客体是否达到了评估目的的活动。我国档案机构评估实践兴起于20世纪80年代,经历了80年代的档案管理升级、90年代的档案目标管理、21世纪以来的档案事业评估,实践领域已经取得了一定的成绩。然而,档案机构评估学术研究并未跟上实践发展的步伐,整体呈现出理论研究与实践发展相脱节的状况。

　　通过文献梳理和档案机构评估实践分析发现,我国档案机构评估存在评估要素构成不完善、评估运行机制不成熟和不规范、评估运行环境发育不健全等问题,故本书的研究目的是解决档案机构评估问题的同时,从宏观角度构建一个科学、合理的档案机构评估理论体系和方法来有效地指导和管控档案机构评估实践活动,形成对档案机构评估现象具有一定解释力框架的理论体系。

　　本书是在我的博士论文的基础上修改完成的。学术研究是一条钩沉索隐、披沙沥金的钩稽之路,个中艰难,非经历之人,无以描述。首先,感谢我的导师吴建华教授,吴老师注重培养学生的独立思考能力,当面对一个问题时,吴老师不是简单地告诉你应该这样或者那样解决,而是一步步引导你从不同的角度去思考如何解决这个问题,久而久之,我在写作中也逐渐学会了碰到棘手的难题,能很快跳出束手无策、灰心丧气的负面情绪,积极调整状态,养成了"思考问题—解决问题"的惯性思维。本书亦是在吴老师的精心指导下完成的,再次对吴老师表示由衷的感谢!其次,感谢师兄王岑曦自始至终给予我的鼓励和建议,感谢吕文婷、高胜楠、古琬莹、宋晶晶、马敬济、张帆等师弟师妹在研究中给出的有益建议。最后,感谢江苏省档案馆、河南省档案馆、南京市档案馆等同仁在访谈中的配合,使我能够有效地收集有关综合档案机构评估实践发展的一手数据,并顺利完成此书。

　　拙作付梓,仍有诸多不当之处,但终究是发出了初啼之鸣,还望学界和业界多给予批评与指正!

著 者

2023 年 8 月

1 绪　论

评估是管理必不可少的一项调控工具,科学的评估有助于科学的管理和决策。评估作为一种重要的管理手段已经作用于各行各业,其特有的检查监督、有效调控、发展引导等功能逐渐得到业界和学界的认同。档案领域同样也不例外,评估作为档案机构的管理工具始于 20 世纪 80 年代末期,经过 30 多年的发展,档案机构评估实践取得了一定的成效,但是随着评估实践的逐渐深入,我国现有的评估理论无法有效地指导评估实践中遇到的难题和痼疾,因此,构建我国档案机构评估理论体系以解决评估实践出现的问题是应然趋势,亦是实然驱动。

1.1　研究缘起

档案机构评估是档案事业发展的必需和有机组成部分,是档案事业发展到一定阶段的产物。档案机构评估是一项复杂的动态系统工程,是评估主体依据一定的评估标准和指标体系,系统地测量档案机构各项管理工作发展的质量和水平的活动。档案机构评估有其专门的研究对象,主要包含档案馆和档案室两种档案机构类型评估,档案机构评估范围不仅包括不同类型的档案机构本身,还包含围绕档案机构开展的各项与档案业务管理工作相关的评估活动,如档案管理实践中所进行的档案工作升级、档案工作目标管理、综合档案馆测评或业务建设评价、档案机构人员考核等,均属于档案机构评估的范畴。经过一定时期的发展,虽然我国档案机构评估取得了一定的成绩,但是也出现档案机构评估运行不规范、评估法规不健全等问题,为了适应档案机构评估实践多样化的发展趋势,国家层面也开始有意识地规范和引导档案机构评估实践的发展。

1.1.1　国家政策的引导

为推动国家档案事业的持续健康发展,自"十五"全国档案事业发展规划以来,国家就相继制定了档案机构评估发展规划。如国家档案局中央档案馆 2006 年 12 月 27 日印发了《全国"十一五"(2006—2010 年)时期档案事业发展规划》,其中,第四项保障措施中的第三条规定开展档案事业发展综合评估。在本规划实施的中期阶段,通过对全国 31 个省、自治区、直辖市档案事业发展情况开展综合评估,并对规划的实施情况进行跟踪分析和监督检查,以切实加强对档案事业的宏观管理,促进档案业务建设,提高档案工作的服务水平。国家档案局在 2016 年《全国档案事业发展"十三五"规划纲要》第四部分的保障措施与实施建议中提出,要完善档案事业发展规划实施和评估机制,创新档案馆(室)业务绩效考核评估制度,建立基于风险评估的企业档案管理体系评价模式,保障规划任务的完成,实现创新驱动。① 2017 年 12 月 27 日,李明华在《在全国档案局长馆长会议上的工作报告》中也指出,"档案业务管理全面加强。推进档案业务规范化建设,制定副省级以上综合档案馆业务建设评价标准和评价办法,推进中央和国家机关、中央企业档案业务规范化管理","制定数字档案馆(室)建设指南、数字档案馆系统测试办法和数字档案室评价办法"。② 2021 年 6 月 9 日,中共中央办公厅、国务院办公厅印发的《"十四五"全国档案事业发展规划》明确指出,"开展副省级以上综合档案馆网站及移动服务端绩效评估工作","推进档案安全风险评估","完善区域性国家重点档案保护中心运行机制和评估标准"。③ 2023 年 2 月 27 日,陆国强在《在全国档案局长馆长会议上的报告》中也指出要"组织开展第二轮副省级以上综合档案馆业务建设评价。各综合档案馆要按照印发的评价办法和评价标准,搞好自评工作"。④ 国家档案事业发展规划是纲领性文件,对档案事业发展起到方向引领的作用,规划的内容体现出国家对档案机构评估的重视和引导。

---

① 全国档案事业发展"十三五"规划纲要[J].中国档案,2016(5):14-17.

② 李明华.在全国档案局长馆长会议上的工作报告[J].中国档案,2018(1):18-25.

③ 中办国办印发《"十四五"全国档案事业发展规划》[EB/OL].(2021-06-09)[2023-08-15].https://www.saac.gov.cn/daj/toutiao/202106/ecca2de5bce44a0eb55c890762868683.shtml.

④ 全面贯彻落实党的二十大精神奋力书写档案事业现代化和高质量发展新篇章——在全国档案局长馆长会议上的报告[EB/OL].(2023-02-16)[2023-08-15].https://www.saac.gov.cn/daj/yaow/202302/edef53f544bb4eea8bfacd87fd8a223e.shtml.

1.1.2 档案机构评估实践发展的需要

根据国家档案局统计的数据,截至 2022 年年底,全国共有各级档案主管部门 3239 个。其中,中央级 1 个,省(区、市)级 16 个,地(市、州、盟)级 411 个,县(区、旗、市)级 2780 个。全国共有各级各类档案馆 4154 个。其中,国家综合档案馆 3301 个,国家专门档案馆 261 个,部门档案馆 106 个,企业档案馆 135 个,省、部属事业单位档案馆 351 个;各级档案主管部门和综合档案馆共有专职人员 42 134 人;全国各级综合档案馆馆藏档案 117 148.1 万卷、件;通过省级及以上档案主管部门认证的数字档案馆 328 个。① 由上述系列数据可知,现阶段我国档案事业的发展取得一定的成绩,但是档案事业发展水平的高低和质量的好坏需要通过评估手段来测量和评判。

截止到 2023 年 2 月 14 日,通过网络调研、文献调研和实地调研的方法,得出我国档案机构评估实践活动颁布的相关法规制度有 225 个。档案机构评估实践兴起于 20 世纪 80 年代末期,至今已有 30 多年的评估历史。根据数据统计,进入 21 世纪以后的档案机构评估法规制度共有 167 个,占总数的74.2%,反映出进入新世纪以来,国家和地方层面开展档案机构评估活动的密度和热度逐渐加大和提高,档案机构评估依然并将继续活跃在档案事业发展的舞台,发挥其固有的查缺补失、监督指导、以评促建等功能。如江苏省档案局为加强数字档案馆(室)工作建设,于 2012 年 2 月分别下发《江苏省数字档案馆等级评估办法》(苏档规发〔2012〕1 号)和《江苏省数字档案室等级评估办法》(苏档规发〔2012〕2 号),要求各有关单位要积极开展数字档案馆(室)等级评估工作,全面提高机关档案工作现代化水平。② 浙江省新昌县档案局为加强干部队伍建设,于 2017 年出台《新昌县档案局绩效考核办法》和月度考核办法,坚持量化考评,强调"以实绩论英雄"。③ 按照《国家档案局关于开展副省级以上综合档案馆业

---

① 2022 年度全国档案主管部门和档案馆基本情况摘要[EB/OL]. (2023-8-29)[2023-9-11]. https://www. soac. gov. cn/daj/zhdt/202308/b2d8cfbede0546c68b4bfdb0889f2702. shtml.

② 关于印发《江苏省数字档案馆等级评估办法》的通知[EB/OL]. (2012-2-23)[2023-9-11]. http://zrzy. jiangsu. gov. cn/haha/gtxz/ztzl/dajs/201804/t20180412_638864. htm.

③ 吕永伟,何佳妮. 借力"五个抓手"强化队伍建设:新昌县档案局多举措加强干部队伍建设[J]. 浙江档案,2018(2):38-39.

务建设评价工作的通知》(档函〔2017〕211 号)要求,国家档案局于 2018 年 5 月到 11 月对全国 47 个副省级以上国家综合档案馆进行业务建设评价。[①] 为了推动档案工作治理体系和治理能力现代化,2021 年,云南省档案局印发了《关于开展县国家综合档案馆业务建设评价工作的通知》,要求对 95 个县国家综合档案馆业务建设情况进行评价。[②] 实践中不同类型和模式的档案机构评估实践还在如火如荼地进行。通过对 225 条法规制度的内容进行分析可知,我国档案机构评估对象涉及综合档案馆、机关档案室、企事业单位等,评估内容涵盖档案信息化建设、档案资源建设质量、档案干部队伍建设等,并且档案机构评估的对象和范围还有不断扩大的趋势。经过 30 多年的发展,我国档案机构评估取得了一定的成绩,然而,随着评估实践的深入,现有的档案机构评估理论研究成果逐渐与档案机构评估实践发展不相适应,档案机构评估实践亟须评估理论的指导。

1.2 国内外研究综述

1.2.1 国内研究综述

在文献调研的过程中发现,以往的相关文献中存在"档案事业评估""档案工作评估""档案工作评价""档案管理评估"等含义近似的表述,以及"档案管理升级""档案工作目标管理""档案绩效管理""档案星级评选"等含义相近的表达,虽然看似存在评估名称使用混乱的状况,但是档案工作中的升级、目标管理、绩效管理以及星级评选等实质上仍是对档案工作质量的控制,与档案机构评估本质上是一致的,因此也属于档案机构评估研究所包含的范畴,故该类文献也在统计之列。

---

① 李修建.适应新要求 树立新思维 在服务大局中展现河南省档案工作新作为[J].中国档案,2018(3):24-25.

② 云南省档案局关于开展县国家综合档案馆业务建设评价工作的通知[EB/OL].(2021-03-17)[2023-08-15]. http://www.ynda.yn.gov.cn/uploadfile/s41/2021/0528/20210528100204334.pdf.

国内相关文献的检索主要采取对相关数据库进行文献搜索和浏览相关网站的检索方式。

第一,选择知网、万方、维普、"中国人民大学复印报刊资料"数字期刊库等数据库进行文献检索,运用专业检索的方法,分别以"主题"和"篇名"为检索项,以(TI="档案"+"电子文件")AND(TI="评估"+"评价"+"考评"+"指标体系"+"目标管理"+"绩效"+"升级"+"星级"+"测评"+"考核")NOT(TI="档案袋"+"档案学")为变换检索式,检索时间为2023年3月14日,对检索结果进行人工数据清洗,排除完全不相关文献和重复发表文献,最终得到1979—2022年共44年间的相关文献3656篇。档案机构评估研究文献年度分布如图1.1所示。

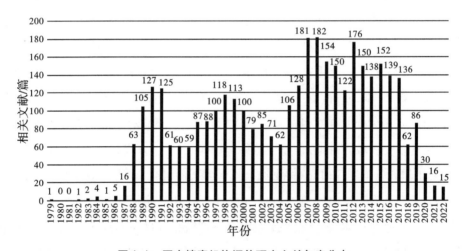

图1.1 国内档案机构评估研究文献年度分布

由图1.1可知,我国档案机构评估理论研究始于20世纪70年代末,从整体上看,相关文献年度分布呈曲线上升趋势,1990年、1998年和2008年是档案机构评估研究的三个小高峰。究其原因,综合考虑相关文献的研究成果以及追溯到相应的年份反观档案事业发展所处的社会背景可知:其一,"七五"期间,国家将提高产品质量、降低物质消耗和增加经济效益作为考核工业企业管理水平的主要指标,1986年7月,国务院颁发了《关于加强工业企业管理若干问题的决定》,提出企业管理要上等级的要求,受此决定的影响以及20世纪80年代我国企业档案管理研究不断兴起,国家档案局于1987年7月9日颁布了《企业档案管理升级试行办法》,要求"在企业升级工作中,把企业档案管理作为企业升级考查的重要内容,加强企业档案管理,使企业档案管理更好地服务和促进企业升级工作",由此,我国不同地区和行业相继开展档案管理升级活动,这是1990年我国档案机构评估研究成果产生第一个小高峰的社会背景。其二,1993年,我国档案管理的定级升级活动逐渐向档案工作目标管理考核活动转向,因此,1994—2001年研究成果中出现了大量的档案工作目标管理研究的文献。其三,随着我国档案事业的拓展和档案工作的不断深入,2007年3月7日,国家档案局、中央档案馆联合下发了《关于开展档案事业发展综合评估工作的通知》(档函〔2007〕31号),要求"十一五"期间对各省、自治区、直辖市和计划单列市进行综合评估;2008年2月,国家档案局办公室印发《市、县级国家综合档案馆测评办法》,随之出现大量介绍该项活动工作经验和总结的文章,由此可见,档案机构评估实践的发展是2008年文献量产生第三个小高峰的直接原因。

第二,通过读秀、超星等学术搜索,运用相同的检索式和检索策略,共检索到相关书籍20本,剔除与档案机构评估无关的主题,最终只有8本著作。其中,华林的《现代企业档案目标管理与达标升级》全面地阐述企业档案管理工作所涉及的各个领域,探讨了企业档案科学管理的手段、方式和内容。[①] 盖丙兰的《档案工作评价与测评研究》一书结合作者参与的研究,介绍了多种评估理论和方法以及在档案工作中的典型应用,包括档案评价与测评概述、各级综合档案馆信息化水平测评体系研究、档案技术装备评价指标体系与评价方法研究和档案网站评估评价研究四部分内容。[②] 刘加林的《电子健康档案评价》主要论述了电子健康档案评价的理论与模型、电子健康档案评价的常用方法等。[③] 董德民的《公众感知政府公共文化服务质量评价研究——以国家档案馆公共服务为例》对公共文化服务、公众感知服务质量评价、公共文化服务评价等方面的文献资料进行了综述。[④] 李宗富的《信息生态视角下政务微信信息服务模式与服务

---

① 华林.现代企业档案目标管理与达标升级[M].昆明:云南大学出版社,2002.
② 盖丙兰.档案工作评价与测评研究[M].北京:人民日报出版社,2015.
③ 刘加林.电子健康档案评价[M].成都:四川科学技术出版社,2016.
④ 董德民.公众感知政府公共文化服务质量评价研究:以国家档案馆公共服务为例[M].北京:经济科学出版社,2017.

质量评价研究》一书以政务微信公众号为研究对象,基于信息生态视角对政务微信信息服务的过程、模式、运行机制和信息服务质量的影响因素、评价体系等进行分析,深入研究政务微信公众号的信息服务模式和服务质量评价问题。[①] 邓君的《公共档案馆用户感知服务质量评价与优化研究》一书以公共档案馆服务质量为研究对象,立足档案用户这一视角,通过数据调研,对公共档案馆用户服务期望与服务质量之间的关系进行探讨,探析公共档案馆用户感知服务质量影响因素,构建公共档案馆用户感知服务质量评价指标体系并进行实证研究,最后提出公共档案馆服务优化对策。[②]

1.2.1.1 文献主要研究内容

档案机构评估最早的相关文献见于1979年松世勤发表在《档案通讯》上的《必须正确评价五八年档案工作方针》一文,主要是对1958年档案工作方针的得失进行公正和客观的评价。[③] 我国档案机构评估理论研究由此拉开帷幕。20世纪80—90年代,我国档案机构评估研究文献中出现了大量关于"考评""目标管理""升级"等词汇,21世纪初出现了综合档案馆测评、档案工作评价等主语,都是不同档案机构或部门对发展中的档案管理工作质量控制的外在表达,均属于档案机构评估范畴。通过阅读全文和进行文本分析,我国1979—2017年档案机构评估研究的主要内容包含档案管理升级工作研究、档案工作目标管理研究、档案信息化建设评估研究、档案安全风险评估研究、档案工作评价研究、档案机构与人员评价研究、档案治理能力评价研究和档案事业评估研究八个方面。

(1)档案管理升级工作研究

我国档案管理升级工作研究首先在企业档案工作升级中开展。经检索可知,有关档案管理升级工作的文献有661篇,最早的文献是1986年冯大河的《做好企业档案管理的升级工作》一文,他在文中提出企业档案工作在企业管理

① 李宗富.信息生态视角下政务微信信息服务模式与服务质量评价研究[M].武汉:武汉大学出版社,2020.

② 邓君.公共档案馆用户感知服务质量评价与优化研究[M].长春:吉林大学出版社,2020.

③ 松世勤.必须正确评价五八年档案工作方针[J].档案通讯,1979(2):16-21.

工作中起到决策科学化和管理现代化的基础和前提作用,并主要介绍了辽宁省企业档案管理升级工作的做法。① 这一阶段的研究对档案管理升级尚无确切定义,其研究成果除了不同地区和行业档案管理升级工作的经验介绍外,还分析了档案管理升级工作研究的原则、方法、意义、现状和对策等内容。

1)档案管理升级工作研究的重要性和意义

郑鹤琦等人认为,企业档案管理升级不仅是企业升级的重要组成部分,而且还是企业深化改革的一项重要内容。② 湖南省档案局课题组认为档案馆、室定级升级是档案事业的一项改革,有助于档案事业管理建立新机制、由封闭走向开放、满足档案事业综合管理的需求和管理目标化。③ 刘峰认为档案管理升级工作有助于企业现代化管理,解决档案开发利用的问题,把"死档案"转化为"活信息"。④

2)档案管理升级工作研究的原则与方法

刘峰提出了企业档案管理升级有三级制原则,高标准、严要求的原则,实事求是、自愿参加的原则;方法有把企业档案管理升级纳入企业升级考察,要有程序、考核、发证和监督检查程序,建立企业档案管理国家级评审员制度。⑤ 田文生等人认为企业档案管理升级考评的方法有加强对企业档案管理的总体把握、现场检查考评和综合评议认定三种。⑥

3)档案管理升级工作研究现状和对策

何峰认为档案管理"三个升级"中存在"四重四轻"现象——重速度、数量、形式和整理;轻适度、质量、实用和管理。其对策一是要明确升级不是目的,而是一种方法;二是要把好升级的质量关;三是要建立一种资格审核和延期考评制度。⑦ 石门等人通过实地调研认为,国有企业档案管理升级后滑坡原因有基

---

① 冯大河. 做好企业档案管理的升级工作[J]. 档案工作,1986(11):32-33,29.

② 郑鹤琦,李守林. 切实加强企业档案管理升级工作[J]. 山西档案,1989(6):18-20.

③ 湖南省档案局课题组. 档案馆、室定级升级与档案事业管理[J]. 档案工作,1990(5):11-12.

④ 刘峰. 论企业档案管理升级的原则、方法与意义[J]. 档案学研究,1987(1):32-35,70.

⑤ 刘峰. 论企业档案管理升级的原则、方法与意义[J]. 档案学研究,1987(1):32-35,70.

⑥ 田文生,王一恒,黄浩民. 企业档案管理升级考评的方法[J]. 档案工作,1988(11):31-33.

⑦ 何峰. 档案管理升级中的"四重四轻"现象及其对策[J]. 山西档案,1991(6):7.

础薄弱,依附性强,管理力量弱化,利用率低,指导不够,误解企业暂停升级精神;其对策为强化档案工作人员的工作,强化档案管理工作,认清企业档案工作的外部环境。① 邓宝艳和曹丽敏认为,档案工作定级升级滑坡的主要表现有升级期间的案卷整理质量不高、升级后不立卷、保管条件差、档案资源利用率低等,同时提出防止档案工作定级升级后滑坡的对策有将档案管理纳入法制管理轨道,档案行政管理部门加强对升级单位的督促检查,明确档案管理升级活动的标准和方向,提高档案管理中组卷、保管和利用等程序的质量和效率,提升档案人员的素质。②

4)档案管理升级工作研究的思考

沈浦生认为企业档案管理升级现象是一种"乱搭车"的问题,并指出应充分认识企业档案管理升级对企业升级管理的重要性。③ 吴焕发和刘乃雄认为,企业档案管理升级服务中,要研究如何正确认识企业档案管理与企业升级的关系以及超前指导在企业档案管理升级中的必要性与可行性。④ 董春芳认为,出现档案管理达标升级不平衡的状况,原因是法治观念不强,没有把档案馆(室)"达标升级"工作纳入依法治档的重要措施来抓;没有真正理解"达标升级"工作的目的和内涵;重具体工作轻宏观领导;档案行政人员怕艰苦,不愿到工作难度大的地方去,管理基础差的单位积极性无人调动和引导。⑤

(2)档案工作目标管理研究

国内有关档案工作目标管理的文献共有 691 篇,我国可检索到最早关于目标管理的文献是 1981 年一夫发表在《商业研究》上的《谈谈目标管理》一文,此后,目标管理在我国逐渐运用到各行各业的管理领域,并影响档案管理的研究。我国档案事业领域首先将目标管理应用于科技档案中,1986 年大连电机厂档案

---

① 石门,盛中党.国有企业档案管理升级后滑坡原因及对策[J].湖北档案,1993(6):36-37.

② 邓宝艳,曹丽敏.防止档案工作定级升级后滑坡的对策[J].兰台世界,2001(10):28-29.

③ 沈浦生.不是"乱搭车"而是"推好车":谈企业档案与企业升级的关系[J].档案工作,1988(7):40-41.

④ 吴焕发,刘乃雄.略论企业档案管理升级的超前指导[J].档案学通讯,1991(1):31-33.

⑤ 董春芳."达标升级"不能忽视档案工作的均衡发展[J].档案管理,1997(4):39-40.

室首次提出把科技档案工作纳入工厂方针目标管理。① 自此,我国档案工作目标管理研究开始兴起。

1)档案工作目标管理的含义、特点与实施原则

山绍伦认为,档案工作目标管理就是档案工作管理者以"目标"作为目的,对档案工作进行管理,按照工作任务,制订出一段时期内档案工作所要达到的具体目标,并根据档案人员配备进行目标分解,调动各方的积极性,形成自上而下的档案工作目标管理体系。② 徐艳和马红岩总结出,档案工作目标管理具有体系的完整性、实施的自觉性、成果的实效性、智力的开发性和法律的权威性五个特点。③ 董勤银认为,档案工作目标管理的实施原则有整分和的原则、有序性与动态性的管理原则以及适应控制理论科学性原则。④

2)档案工作目标管理的重要性与必要性

郭建军认为,首先要确定档案目标管理责任制在档案工作中的重要作用,促进档案事业的蓬勃发展;其次是建立能够调动大家的积极性和主动性的目标管理与责权利挂钩的干部考核制度。⑤ 胡绍华认为,推行目标管理责任制有助于加强党和政府对档案工作的领导,强化档案行政职能;有助于档案事业的宏观管理;有助于调动档案工作人员的积极性。因此,在档案事业管理中推行目标管理责任制是必要的。⑥

3)档案工作目标管理的实践与成效

1984年,时任江苏省盐城市响水县县委副书记朱红春决定将档案整理工作列入各单位领导人的目标管理责任制,年终由档案馆组织人员进行检查验收。⑦ 云南省曲靖地区档案局为了深入贯彻实施和调动全区档案管理者的积极性,加强档案工作人员的事业心与责任感,推动全区档案事业向前发展,根据国家档

---

① 大连电机厂档案室.运用方针目标管理 不断提高科技档案工作管理水平[J].辽宁档案,1986(2):16-17.

② 山绍伦.目标管理在档案工作中的运用及意义[J].贵州档案,1991(3):22,32.

③ 徐艳,马红岩.档案工作推行目标管理的特点[J].兰台世界,1995(6):16.

④ 董勤银.谈企业档案工作的目标管理[J].档案学研究,1995(1):33-35.

⑤ 郭建军.完善目标管理 促进档案事业发展[J].浙江档案,1989(6):16-17.

⑥ 胡绍华.河南省档案事业目标管理的实践与成效[J].档案学研究,1990(2):5-9.

⑦ 周德新.响水县档案工作列入领导干部目标管理责任制[J].档案与建设,1987(6):55.

案局和省档案局 1989 年工作要点,结合本地区实际制定《1989 年档案工作目标管理和考核、奖惩办法》,并转发全区执行。① 四川省达州市达县地区财政局把财政系统机关档案工作纳入行业目标管理,已取得初步成效。② 晓章介绍了首钢总公司的企业档案工作目标管理,顺利通过国家档案局、北京市档案局和冶金部办公厅档案处联合考评组的验收,以 985 分的成绩,成为本市首家企业档案工作晋升国家一级的先进单位。③

4)档案工作目标管理的问题与对策

王克松认为,实行目标管理应注意以下三个问题:①处理好档案目标管理与机关综合目标管理的关系;②处理好目标管理与档案管理升级的关系;③健全自我约束机制,加强目标控制。④ 阎桂芝认为,立档单位的领导错误地将档案工作达标作为短期目的;档案工作达标过程出现突击敷衍的行为,档案管理工作实际质量不高。⑤ 王金颖认为,开展档案工作目标管理活动存在的问题有:将开展档案目标管理视为目的而不是一种手段、缺乏巩固实施档案目标管理成果的有效机制、档案目标管理具体方案落后于档案工作要求;并提出将档案目标管理作为档案管理的常规性工作、建立可行的档案工作监督机制、调整档案工作目标管理的具体实施方案等相应的对策。⑥

(3)档案信息化建设评估研究

我国档案信息化建设评估的研究成果数量众多,但是主要集中在档案信息化建设指标体系的构建、档案信息化建设绩效评估研究、档案网站评价研究、电子档案信息系统评价研究、档案 App 评价研究五个方面,其中,档案网站评估研究更为系统和完善。

———————

① 尹建所.曲靖地区档案局制定《1989 年档案工作目标管理和考核、奖惩办法》[J].云南档案,1989(4):6.

② 杜晓国.我局把档案工作纳入财政系统行业目标管理的经验[J].四川档案,1991(5):15.

③ 晓章.首钢总公司企业档案工作目标管理率先通过国家一级考评[J].北京档案,1997(7):13.

④ 王克松.相关档案目标管理刍议[J].湖北档案,1994(5):25-26.

⑤ 阎桂芝.档案工作目标管理考核活动中不容忽视的几个问题[J].北京档案,1994(2):27-28.

⑥ 王金颖.关于档案目标管理的一点思考[J].北京档案,2001(9):27-28.

1）档案信息化建设指标体系的构建

张照余认为,档案信息化指标体系是指以某一区域档案信息化发展的总体状况为评估对象而建立起来的一组指标体系。在探讨档案信息化指标体系的依据、原则等问题的基础上科学地得出档案信息化指标体系,包含规划、组织、政策法规、人才、投入、人文环境、基础设施、资源建设、效益、安全 10 项指标以及 56 个观测点,并赋予相应的权重和计算方法。① 刘菁运用德尔菲法、层次分析法等方法构建了三级档案信息化指标体系,包含档案信息资源、档案信息化基础设施与技术应用、档案信息服务和信息化支撑条件 4 个一级指标、16 个二级指标和 51 个三级指标,并将浙江省 11 个地市级档案馆的测评结果与浙江省档案局的测评结果进行比较分析,局部修正后构建一个科学系统的指标体系。②

2）档案信息化建设绩效评估研究

朱丽梅认为,档案信息化建设绩效评价是指评价主体对档案馆在一定时期内实施档案信息化建设所做的投入、产出及服务结果进行的科学的评价。运用德尔菲法和层次分析法等方法构建了档案信息化建设绩效评价指标体系,并赋予相应的权重。结合问卷调查的方法收集了 2012 年、2013 年 4 个同源性档案馆的档案信息化相关数据进行实证剖析,得出绩效评价并未引起档案界的重视、投入不均衡等问题,并提出相应的对策。③ 米军认为,高校档案信息化建设绩效评价的主体分为内部主体和外部主体,并提出了构建其绩效评价指标体系的策略:提高认识、加强服务能力、建立动态协调机制等。④

3）档案网站评价研究

我国档案信息化评估的研究内容主要集中在档案网站建设评价研究,并取得了丰硕而成熟的研究成果。

①构建档案网站评价指标体系。档案网站指标体系的构建是评价档案网站建设质量的重要途径,2003 年颜海发表在《档案管理》上的《档案网站评价指标体系研究》一文是最早有关档案网站评估的研究成果,该文论述了档案网站

---

① 张照余.档案信息化指标体系研究[J].中国档案,2007(9):55-57.

② 刘菁.档案信息化指标体系研究[D].杭州:浙江大学,2009.

③ 朱丽梅.档案信息化建设的绩效评价研究[D].广州:华南理工大学,2014.

④ 米军.档案信息化建设的绩效评价研究[J].中国市场,2015(37):218-219.

评价指标体系包含的内容、技术、管理和效用 4 个评价指标,并进行了相应的实证分析。① 中国人民大学信息资源管理学院对我国 31 家省级档案网站进行了综合测评,得出排名结果,最后提出适合我国省级档案网站可持续发展的有效建议有:与电子政府网站衔接;增加资源建设的广度和深度;与用户互动;栏目和内容的规范化建设。② 夏天等人结合 Web 3.0 时代技术环境和用户行为变化,在提出的基本原则的基础上构建兼顾资源、业务和网站建设三个方面的指标体系。③

②档案网站绩效评估与方法研究。张畅在分析我国档案网站绩效评估的必要性、原则、意义等理论问题的基础上,总结出档案网站建设的对象、核心要素和方法,拟定档案网站绩效评估框架体系,发现问题,为优化决策提供依据,进而提高我国档案网站建设的整体水平。④ 华芳芳以安徽省地市级档案网站作为研究对象,确定档案网站评价指标体系,对安徽省地市级档案网站进行评价和评价结果分析,并为安徽省地市级档案网站建设的进一步发展提出建议。⑤

③档案网站影响力和服务质量评价研究。牛力等人运用网络计量学的方法,选择链接指标(8 个二级测量指标)和流量指标(3 个二级测量指标)开展对我国 31 个省、自治区、直辖市的政府档案门户网站的评价研究,通过对数据进行分析和处理,证明了链接分析、流量分析、定性评价可以共同作为评价省级档案网站影响力的方法,可以有效互补,实现全面评价。⑥ 李宗富和张向先利用链接分析法,以浙江省 11 个地级市档案网站为研究对象,选取 9 个链接分析指标,对其网站影响力进行评价并排名。调研结果发现研究对象建设整体质量较

---

① 颜海.档案网站评价指标体系研究[J].档案管理,2003(01):21-22.

② 中国人民大学信息资源管理学院档案网站调查和测评项目组.我国省级档案网站测评项目综述[J].档案学通讯,2007(4):4-10.

③ 夏天,张宁,王大众等.Web 3.0 时代的档案网站评价指标体系构建[J].档案学通讯,2019,(6):64-71.

④ 张畅.我国档案网站绩效评估问题研究[D].湘潭:湘潭大学,2006.

⑤ 华芳芳.安徽省地市级档案网站评价研究[D].合肥:安徽大学,2019.

⑥ 牛力,韩小汀,王为久.政府档案网站影响力评价研究:基于我国省级档案网站的网络计量[J].档案学研究,2013(6):21-25.

好,但却存在内部结构建设不完备等问题。① 邓君等人从用户感知视角对档案网站服务质量评价进行分析和实证研究,并构建档案网站服务质量评价体系,为提升档案网站的服务质量提供理论支撑。②

4)电子档案信息系统评价研究

吴昱颖针对工程电子档案信息系统实际应用价值匮乏的问题,对工程电子档案信息系统的评价指标体系进行了研究,从性能、技术水平、应用、管理绩效及系统效益五个方面因素构建评价指标体系,包括 5 个一级指标、22 个二级指标,以提升信息系统的科学性和应用性。③

5)档案 App 评价研究

韩丹从"信息""信息人""信息技术"三个维度出发,构建了包括"信息质量""用户服务""用户体验""基础性能""功能感知"五个一级指标和 44 个二级指标的档案 App 评价指标体系,并对具体的档案 App 进行评价,以证实该评价指标体系的实践价值。④

(4)档案安全风险评估研究

1)档案信息安全风险评价

项文新 5 年内连续发文 3 篇,对档案信息安全风险评估进行系统的梳理和研究。其中,《档案信息安全保障状况需进行风险评估》一文介绍了档案信息安全保障存在概念混淆、偏技术轻管理、缺乏评估体系等问题,并提出进行档案信息安全保障风险评估的可行性与保障措施。⑤《档案信息安全风险评估流程》一文认为,我国信息安全风险评估宏观流程具有可操作性不强的弊端,因此提出宏观管理流程中自评估、检查评估等环节的微观操作流程。⑥《基于信息安全风险评估的档案信息安全保障体系构架与构建流程》介绍了基于我国的等级保

---

① 李宗富,张向先.浙江省地级市档案网站影响力评价:基于链接分析法的研究[J].浙江档案,2015(2):16-19.

② 邓君,盛盼盼,王阮等.用户感知视角下档案网站服务质量测评实证研究[J].图书情报工作,2018,62(01):33-39.

③ 吴昱颖.工程电子档案信息系统评价指标体系研究[D].长沙:长沙理工大学,2019.

④ 韩丹.档案 App 评价指标体系建构与应用研究[D].武汉:湖北大学,2019.

⑤ 项文新.档案信息安全保障状况需进行风险评估[J].中国档案,2007(12):54-55.

⑥ 项文新.档案信息安全风险评估流程[J].档案学研究,2012(1):76-79.

护制度,在遵循我国国家信息安全保障政策和要求的前提下,以风险评估的方式构建国家信息安全保障三层体系,构建起了在档案信息系统分析、设计、实现、运行和废弃五个阶段的档案信息安全保障风险评估体系。① 田淑华认为信息技术的应用对档案工作提出新的要求,在论证电子档案信息安全评价指标体系必要性的基础上提出评价指标体系的组成,即包含物理安全、管理安全、网络安全、信息安全、系统安全五大项和 20 小项的评价指标,并运用层次分析等方法确定其权重。②

2)档案管理风险评价

彭远明等人分析了电子档案运行管理中的物理、技术、管理等安全风险,讨论了制定电子档案安全风险指标的基础条件,用定性与定量方法,分别制定了我国电子档案安全物理层、技术层、管理层的评价指标方案。③ 刘子芳依据档案馆档案安全评估指标体系的可操作、科学、系统等原则以及遵循一定的法律规章,设置其评估指标体系的环境、管理、技术三个影响因素,并据此设定为 3 个一级指标,又分解为 13 个二级指标以及 72 个三级指标内容。④ 刘嘉佳等人发现将传统易损性评估方法应用于电子档案数据易损性评估时会遇到数据破坏模式繁多、排序能力不足等主要问题,提出了适应时代发展需求的电子档案数据易损性评估的改进方法。⑤

3)电子文件安全保障评估

刘盼盼从实体安全、信息安全和管理安全三个层面构建电子文件安全保障评估体系,以武汉地区 34 家档案机构作为调查样本进行评估,并提出了电子文件安全保障评估体系的优化路径。⑥

---

① 项文新.基于信息安全风险评估的档案信息安全保障体系构架与构建流程[J].档案学通讯,2012(2):87-90.

② 田淑华.电子档案信息安全评价指标体系研究[J].北京档案,2009(7):13-15.

③ 彭远明,涂昊云.电子档案安全评价指标的制定与实现方式[J].档案学研究,2013(6):65-70.

④ 刘子芳.档案馆档案安全评估指标内容研究[J].档案管理,2012(1):31-34.

⑤ 刘嘉佳,孙雅静,杜牧野.电子档案数据的易损性评估[J].档案学研究,2013(1):71-75.

⑥ 刘盼盼.电子文件安全保障评估指标体系构建及应用研究[D].武汉:武汉大学,2019.

(5)档案工作评价研究

1)档案开放评价研究

郭俊卿在调查综合档案馆档案开放方面的现状的基础上,构建综合档案馆档案开放的评价指标体系,并通过实证调研综合性地提出我国综合档案馆优化档案开放的策略。① 韦忻伶等人在开放政府运动的新形势背景下,针对我国档案开放准备度不足的现状,对档案开放的准备度的评估体系进行研究。②

2)档案管理效益和资源建设质量评价

王永坚根据传统的档案管理流程六环节,构建了档案管理效益评价指标以及相应的 14 个二级指标,经过确定指标的评分标准、打分、确定权数、计算加权得分等步骤来计算综合效益。③ 郝春红等人综合分析了国内外数字档案资源建设相关评估指标体系的研究现状以及存在的问题,在此基础上初步构建了一套包含 4 个一级指标、15 个二级指标、35 个三级指标的国家数字档案资源建设评估指标体系,并运用访谈法和问卷调查法,对该评估指标体系修正,最终形成包括 4 个一级指标、16 个二级指标和 37 个三级指标的数字档案资源评估指标体系。④ 胡晓庆运用层次分析法明确了数字档案馆档案信息服务质量的评价指标体系是以基础条件、资源建设、服务过程以及服务效果 4 个一级指标和 13 个二级指标构成的。⑤

3)档案利用服务评价

霍振礼和李碧清认为,档案利用的复杂性决定了档案利用评价指标的多样性,应首先从档案利用率的概念探讨档案利用的其他评价指标,如馆藏档案动用率、档案利用的产出与投入比、档案利用拒绝率等,并进一步介绍了各指标之间的关系及对指标利用的选择。⑥ 杨霞从利用者的角度出发提出了一种基于社

① 郭俊卿.综合档案馆档案开放评价及实证研究[D].西安:西北大学,2019.

② 韦忻伶,安小米.开放政府背景下的档案开放准备度评估体系研究[J].图书情报知识,2019,(3):72-80.

③ 王永坚.档案管理效益评价指标体系初探[J].档案与建设,1997(7):18-20.

④ 郝春红,安小米,白文琳,等.基于档案多元论的国家数字档案资源建设评估指标体系构建研究[J].档案学研究,2017(1):31-41.

⑤ 胡晓庆.基于层次分析法的数字档案馆档案信息服务质量评价体系建构[J].学理论,2009(7):120-122.

⑥ 霍振礼,李碧清.档案利用评价指标研究[J].档案学通讯,2002(2):31-33.

会公众参与的档案利用服务质量评价的指标体系和评价量表,该体系包含档案
资源、服务设施、服务过程、服务结果4个一级指标以及16个二级指标。① 董宇
等人则从档案资源整合视角出发,构建了数字档案资源公共服务能力评价指标
体系,该体系包含公共服务提供力、服务保障力、服务满意度三级目标层评价指
标,以及13个二级方案层评价指标。② 马仁杰和丁乙从用户需求的角度出发,
运用问卷调查法,总结出馆藏资源、信息获取、设施及环境、服务与馆员四个方
面的评价指标。③ 此外,吕元智相继发文3篇介绍了我国公共档案馆服务绩效
评价的研究现状与理论模型。④⑤⑥

4)档案文献编纂成果传播媒介评价研究

邓君等人对档案文献编纂成果传播媒介评价进行实证研究,通过文献搜
集、专家访谈以及问卷调查3种方式,确立了"形式多样性""搜索功能""共享
性"等20个档案文献编纂成果传播媒介的评价指标,为档案文献编纂成果的有
效传播和用户满意度的提升提供数据支持和参考。⑦ 于梦文通过专家访谈、问
卷调查等方式确立档案文献编纂成果传播媒介的评价指标,为档案文献编纂工
作提供理论和实践意义。⑧

5)档案展览评价研究

党伟宁从档案展览的功能维度出发,按照"功能指标-基本指标-指标要
素"的结构构建档案展览评价指标体系,包括"资源开发指标""信息传播指标"

① 杨霞.社会公众参与的档案利用服务质量评价初探[J].档案学通讯,2012(4):40-44.
② 董宇,安小米,白文琳,等.档案资源整合视角下的数字档案资源公共服务能力评价
指标构建[J].档案学研究,2015(4):58-63.
③ 马仁杰,丁乙.档案信息服务评价的指标体系构建与应用[J].档案学通讯,2017
(1):51-59.
④ 吕元智.我国公共档案馆服务绩效评价研究现状分析[J].档案学研究,2010(2):
40-44.
⑤ 吕元智.公共档案馆服务绩效评价理论模型研究[J].档案学通讯,2011(2):20-23.
⑥ 吕元智,朱颖.公共档案馆服务绩效模糊综合评价实现模型研究[J].档案学通讯,
2011(6):77-80.
⑦ 邓君,于梦文,钟楚依等.档案文献编纂成果传播媒介评价实证研究[J].图书情报
工作,2019,63(20):62-73.
⑧ 于梦文.基于用户满意度的档案文献编纂成果传播媒介评价研究[D].长春:吉林大
学,2020.

"管理与服务指标"3 个一级指标和 10 个二级指标。①

(6)档案机构与人员评价研究

李丽燕以我国综合性档案馆作为评估对象,利用德尔菲法和层次分析法,构建包含经济效益和社会效益两个一级指标的综合性档案馆效益评估指标体系。② 盛梅也以综合档案馆为评估对象,以机构公共服务能力为评估内容,运用定性与定量相结合的方法构建出包含 3 个一级指标、9 个二级指标、22 个三级指标的国家档案馆公共服务评价指标体系,并进行了实证分析。③ 潘积仁认为建立档案机构绩效评估体系应遵循统一、科学、准确、开放、可操作等原则;提出建设包含资源建设、档案管理、档案利用、档案行政管理、发展潜力 5 个一级指标和 28 个二级指标的档案机构绩效评估体系的构想。④ 刘萌认为绩效考评起到加强档案人才队伍建设、档案工作发展的助推器、科学的效益管理、激活档案事业服务的能力等作用,因此,对档案人员绩效考评是十分必要的,并设计出包含德、能、绩的档案人员绩效考评指标体系,对档案人员绩效管理提供思路和启发。⑤ 杨艳首先分析了建立档案职业资格评价体系的必要性与可行性,明确了档案职业资格评价体系的基本内涵和架构,构建了由档案职业评价软环境、硬环境以及支撑保障体系组成的评价体系。⑥

(7)档案治理能力评价研究

陈雅雯以文献研究和专家意见为基础构建航道档案治理能力评价指标体系,并通过实证研究对航道单位的档案治理能力进行评价,分析并比较航道单位当前的档案治理水平。⑦ 董晨雪通过专家咨询、指标修改、确定权重,构建了综合档案馆档案数据治理能力评估指标体系,通过该指标体系对浙江省档案馆

① 党伟宁.档案展览评价指标体系构建及实证研究[D].郑州:郑州大学,2020.

② 李丽燕.我国综合性档案馆效益评估指标体系的构建及实证研究[D].杭州:浙江大学,2010.

③ 盛梅.综合档案馆公共服务能力评估与实证研究[D].杭州:浙江大学,2015.

④ 潘积仁.论建立档案机构绩效评估体系[J].中国档案,2005(6):20-21.

⑤ 刘萌.档案人员绩效考评的思考[J].档案学通讯,2007(6):81-85.

⑥ 杨艳.论档案职业资格评价体系的构建[J].档案学研究,2013(3):64-69.

⑦ 陈雅雯.航道档案治理能力评价指标体系构建研究[D].武汉:华中科技大学,2022.

展开测评,并提出相应的策略建议。① 张乐莹将善治理论与档案治理理论相结合,构建了我国档案治理能力评价指标体系,在此基础上开展我国档案治理能力现状的实证研究,并提出相应路径。②

（8）档案事业评估研究

20世纪90年代吴建华4年内连续发文3篇:《档案事业评估理论初探》《论档案事业评估误差及其控制》《试论档案事业评估中的心理行为及其调节》。文章系统地介绍了档案事业评估的含义、内容、作用、评估原则③、评估误差④以及评估心理行为及其调节等基础理论⑤。李彩丽以广西开展的档案事业评估为例,论述了开展评估工作对促进档案事业跨越式发展产生的积极效应:加强了领导对档案工作的重视,吸引大众对档案事业的关注,增强档案部门的凝聚力,促进档案事业健康发展等。⑥ 张锡田和车婷婷在提出遵循相关的构建原则和指标体系的基础上,对指标权重的确定等相关理论问题进行论证。⑦

1.2.1.2 国内档案机构评估研究的特点

档案机构评估30多年的实践发展,无论是研究对象、研究内容还是研究成果,都是在变化中拓展和丰富的。档案机构评估研究特点可总结为以下三点:

第一,档案机构评估理论研究落后于实践发展。档案机构评估研究内容在介绍评估实践时,谈功绩多,讲问题少;涉及评估理论时,简单聚焦评估指标体系的构建,缺乏系统性思维剖析现象产生背后的原因,前期的研究内容和成果大多是围绕国家政策引导下的档案管理工作的实践经验总结与反思借鉴,实践与理论的巨大脱节以及非专业性的语义表达,大大降低了理论研究的学术价值,更遑论前瞻性的基础理论研究成果的出现;现代档案机构评估实践与理论

① 董晨雪.综合档案馆档案数据治理能力评估指标体系构建及实证研究[D].郑州:郑州大学,2022.
② 张乐莹.我国档案治理能力评价研究[D].长春:吉林大学,2021.
③ 吴建华,杨金平.档案事业评估理论初探[J].北京档案,1994(1):7-9.
④ 吴建华.论档案事业评估误差及其控制[J].档案学通讯,1997(4):19-21.
⑤ 吴建华,薛志红.试论档案事业评估中的心理行为及其调节[J].档案与建设,1998(4):18-20.
⑥ 李彩丽.档案事业综合评估的效应:以广西为例[J].档案学研究,2009(3):14-15.
⑦ 张锡田,车婷婷.档案事业综合评估指标体系的理论思考[J].档案学通讯,2010(6):21-24.

研究的差距在逐渐加大,导致评估理论研究成果的超前性无法显现,甚至还出现评估理论研究成果无法作用于档案机构评估实践的状况。

第二,档案机构评估研究对象的多样化。受档案事业研究对象以及企业升级等社会因素的影响,早期的档案机构评估研究由两条主线引导和发展,即档案管理升级工作研究和档案工作目标管理研究。进入新世纪以来,档案机构评估研究倾向于以综合评估为主,专项评估、单项评估为辅,根据不同档案机构的特殊性质和职能,呈现出逐步推进、以点带面、全面覆盖的特点,评估的研究范围和对象也开始从传统的企业档案馆(室)、科技事业单位、综合档案馆等向电子文件、数字档案馆、档案网站等领域延伸,档案机构评估对象表现出更加多样化的特征。

第三,档案机构评估研究成果呈现出不协调、不平衡的状况。档案机构评估发展阶段的研究成果从中观、微观对档案机构的不同层面进行评估,其中,中观层面档案信息化建设评估的研究成果更为系统和完善,而档案编研成果质量评估、档案保护风险评估却鲜有相关的研究成果出现;微观层面的数字档案馆建设状况的总体评价、档案社交媒体传播质量评价等方向的研究有待进一步挖掘;此外,档案工作评估研究主要集中在档案利用服务工作上,对档案其他工作的研究也有待深入探索与完善。可见,档案机构评估内容研究呈现出不协调、不均衡的状况。

1.2.2 国外研究综述

对国外档案机构评估的文献检索,首先利用 WOS、LISA、EBSCO、Springer 和 PQDT 等外文数据库,以"题名"和"主题"为检索项,以"TI = (archiv* or record* or document* or file* or collect* or manuscript*) AND TI = (evaluat* or assess* or apprais* or measure* or estimate* or judge*)"等检索词设置变换句式,检索时间为 2023 年 2 月 20 日,检索到相关文献 846 篇,人工删除与主题完全不相关文献,最终得到国外档案机构评估的文献共有 166 篇,其年度分布如图 1.2 所示。通过文献内容分析法,得知国外档案机构评估的研究内容主要集中在档案服务质量评估、档案管理评价和档案机构评估、档案安全评估和档案记录的可信度评估、档案信息化建设评估、历史档案资源质量评估五个方面。

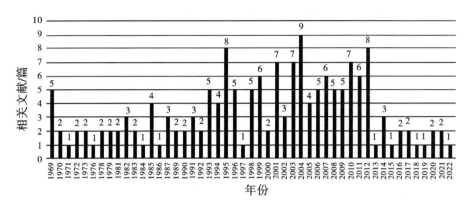

图1.2 国外档案机构评估研究文献年度分布

1.2.2.1 国外档案机构评估文献成果的主要研究内容

(1)档案服务质量评估

李大洪(Lee Dae-Hong)和玄真弘(Hyun Jin Hong)通过使用 SERVQUAL 模型评估民主起义档案专题存储库的服务质量。要做到这一点,需要揭示档案用户的意图、行动与服务的满意度、整体服务质量等因素之间的关系。通过这一研究,得到了档案服务评价的影响因子。[①] 韩国学者姜柱延认为由于档案保存和使用的重要性增加,研究档案变得更加重要。因此,许多科研机构提供基于 Web 的信息服务。然而,由于没有对这些档案进行评估,使得讨论这些服务的当前状态和他们未来的改进是困难的。因此,该文对基于网络的档案信息服务进行了评价,并提出了促进档案信息服务的途径。[②] 南非国家档案和记录服务局(NARS)是一家由公共基金支持的以便保存国家永久价值档案的机构,该机构的档案通过易于访问和推广的形式提供给社会公众使用。档案只有被使用才有用途,扩大服务范围是改善档案馆公众形象的一种特殊方法,由此可以增强社会公众的档案意识。南非大学信息科学部的恩戈佩·米孚(Ngoepe Mpho)

① Dae-Hong Lee,Hyun Jin Hong. A Study on the Evaluating Service Quality in Special Subject Repository:Focused on the 5·18 Archives[J]. International Journal of Knowledge Content Development & Technology,2017,7(4):85-106.

② 강주연, 남연화, 오효정. 웹기반연구기록정보서비스평가및활성화방안연구 [J]. 한국기록관리학회지,2017,17(3):139-160.

和恩古卢贝·帕特里克（Ngulube Patrick）的文章评估了 NARS 将档案对外服务给人们的程度。笔者在 2009 年进行了一项有目的的样本调查，并得出结论：有必要通过强有力的对外服务方案来促进 NARS 公众形象的提升和档案馆藏的使用。[①] 巴特利·贝琳达（Battley Belinda）和艾丽西亚·赖特（Alicia Wright）认为，定期评估档案是确保用户有权获得他们需要的信息的必要条件。新西兰档案馆多年来一直在使用自我调查问卷的方法测量顾客满意度，但最近试用了外部研究公司的两种新的评估方法，第一种评估方法是测量用户期望值和经验值之间差距的自我调查问卷；第二种评估方法为使用"神秘购物者"的方法，即用预定的场景和记分表直接测量参考服务，获得第一手经验数据。对比两个调查结果后，用来制定组织机构的服务改进计划。[②]

（2）档案管理评价和档案机构评估

恩戈佩·米孚等人对南非博茨瓦纳和埃萨比克地区国家档案管理状况进行比较评估。其目的是评估和比较 ESARBICA（国际档案理事会的东、南非区域分支）成员国，即南非和博茨瓦纳目前的档案管理状况。文章采用定性研究的方法，在两国的国家和省级档案机构进行了一项调查，次级数据来源于文献检索和问卷调查。虽然两国的档案服务都有立法，但两个国家的档案学者和档案管理人员仍然被国家行政部门边缘化。在这两个国家，没有档案和档案管理的政治拥护者。此外，档案机构领导人缺乏远见，档案馆建设缺乏基础设施、资金和人员。在南非，国家档案馆继承了先前分配的一个角色，即它仍然是艺术和文化体系中的下级单位，而不是相对独立的。在博茨瓦纳，国家档案系统是中央化的，也是青年、体育和文化部的下属机构。该文的调查结果和建议将有助于指导两国国家和省级档案机构的档案管理工作，以确定档案价值，使之能

① Ngoepe，Mpho，Patrick Ngulube. Assessing the Extent to Which the National Archives and Records Service of South Africa has Fulfilled Its Mandate of Taking the Archives to the People[J]. Innovation，2011，6(42):3-22.

② Battley，Belinda，Alicia Wright. Finding and Addressing the Gaps: Two Evaluations of Archival Reference Services[J]. Journal of Archival Organization，2012，10(2):107-136.

接近公众。① 卡洛杰罗·古乔(Calogero Guccio)等以2011—2012年意大利公共历史档案馆的管理效率为研究对象,以意大利公共历史档案馆的理论问题和制度特征为基础,评估了意大利公共历史档案馆在保存和利用工作方面的绩效。②

尼泊尔·迪昂(Nepgen Deon)对新西兰的档案机构进行了评估。研究的总体目标是确定档案机构是否符合美国档案工作者协会制定的一套指导方针。数据的结果表明,没有证据可以发现指导方针是不适用的,或者该准则可能更适合于特定类型或规模的机构。此外,新西兰的档案机构在很大程度上符合指南,但是宣传和公共项目与指南的一致性处于低水平。建议应考虑将指南当作方法,作为档案机构本身和利益相关者对档案机构评估的基准。③

(3)档案安全评估和档案记录的可信度评估

德瓦赫·彼德森(Dewah Peterson)和内森·穆恩亚马(Nathan Mnjama)对国家档案馆津巴布韦圭鲁档案中心的公共房屋建筑质量进行了实证评估。该研究主要采用了描述性调查方法和三角测量等定性和定量相结合的数据收集方法。通过问卷调查、访谈、房屋建筑观察和机构报告内容分析等方法收集数据。发现的主要问题是由于建筑的老化,津巴布韦圭鲁档案中心的地理位置以及资金缺乏等原因,该中心处于危险之中。为了改善档案的安全,建议投入资金建设一个专门用途的档案中心。④

阪口(Sakaguchi)对档案记录的可信度进行了评估。为了举例说明档案记录的可信性,首先分析了伪造的希特勒日记、由前总统堀江贵文(Horie Takafumi)发送的伪造的电子邮件和冲绳的秘密协议等案例;然后回顾了外交的

① Ngoepe, Mpho, Segomotso Masegonyana Keakopa. An Assessment of the State of National Archival and Records systems in the ESARBICA Region: A South Africa – Botswana Comparison[J]. Records Management Journal, 2011, 21(2):145-160.

② Calogero Guccio, Marco Martorana, Isidoro Mazza, Giacomo Pignataro, Ilde Rizzo. An assessment of the performance of Italian public historical archives: Preservation vs utilisation[J]. Journal of Policy Modeling, 2020.

③ Nepgen, Deon. Evaluation of Archival Institutions in New Zealand[J]. Mousaion, 2012, 30(2):171-186.

④ Dewah, Peterson, Nathan Mnjama. An Assessment of the National Archives of Zimbabwe's Gweru Records Centre[J]. ESARBICA Journal, 2013, 32(2013):79.

起源和方法。其次,它提到电子和数字化档案的出现,重新定义了传统的档案管理方法。最后,引用了一些新的方法来确保它们的可信性,例如数字签名、时间戳、光盘的评价和数字化过程的文档等。①

（4）档案信息化建设评估

法巴·佩雷斯（Faba Perez）以西班牙为例,设计了一个综合加权特征模型,对档案网站进行具体评价,并根据其特点对其质量进行排序。加权特征模型的设计基于两个参数:一是根据档案网站检索信息的相关性,分配给每个特征权重,二是档案网站对该特征的依从程度。模型的实际应用结果表明,经济水平或对特定档案立法的承诺程度不直接影响其网站的质量排名,档案网站的受众呈现出自己独特的行为特点。② 卡瓦列罗（Caballero）认为,随着因特网的开放,有必要对档案网站的质量进行评估,设计与结构或内容相关的指标,形成一个档案网站评价设计的综合模板。③ 潘多拉网络档案馆是澳大利亚国家图书馆和其他文化组织（包括澳大利亚战争纪念馆、国家电影和音像档案馆、澳大利亚土著研究所和托雷斯海峡岛民研究所）的参与者将十年的网络出版物进行存档的网站。档案网站中大约有12 000个主题,每个主题是一个单独的文档或一个包含数千页的整个政府网站。许多研究档案实践和政策的文章都源于潘多拉网络档案馆。克鲁克·埃德加（Crook Edgar）试图探讨出版商行为与互联网存档之间的关系。他们在网站上邀请了420人进行了一次在线调查,调查结果显示:许多出版商非常乐意归档。当在调查中被问及潘多拉存档是否值得的时候,97%的人认为值得,96%的人认为存档对他们的出版社来说是一件积极的事情。此外,调查还表明,在第一次接触档案之前,只有超过52%的出版商没有听说过该档案网站,35%的人曾经使用它来查看其他网站,29%的出版商认为

---

① Sakaguchi, Takahiro. Journal of Information Science and Technology Association (Joho no Kagaku to Gijutsu) Vol. 61, Iss. 1, (0, 2011): 28-33.

② Faba Perez, Cristina, Isabel María Sanz Caballero. Design and Implementation of A Weighted Features Model for the Evaluation of Archival Websites: The Case of Spain [J]. The Electronic Library, 2014, 32(2): 203-220.

③ Caballero, Isabel Sanz; Pérez, Cristina Faba. Design of A Model-based Criteria and Characteristics for the Evaluation of Archives Websites Revista General de Información y Documentación; Madrid Vol. 22, (2012): 307-331.

潘多拉网络档案馆不可能长期保存他们的出版物。研究结果表明,潘多拉存档迄今没有对出版物产生不利影响,甚至在某些情况下是有益的。^① 朱莉·福山(Julie Fukuyama)等为英国网络档案馆制定了一套评估指标体系,指标强调效用价值、教育价值、社区价值等,为英国网络档案馆提供了发展的最佳方案,也为网络档案组织提供了建议。^② 综上所述,国外档案信息化建设评估对象集中体现在档案网站建设上。

(5)历史档案资源质量评估

2011 年加拿大蒙特利尔大学马克罗夫-沙布·巴斯马(Makhlouf-Shabou Basma)的博士学位论文 *Study to Define and Measure the Quality of the Definitive Archives from an Evaluation*,论述了历史档案质量评估研究。该研究运用定量描述方法评估历史档案质量,使其具有可操作性。研究主要从"可信证据"和"可开发性"两个变量维度对历史档案质量进行评估,构建包含 10 个特定指标项的概念框架,该框架不仅为专业人员提供了评估历史档案质量的工具,也为其应用提供了指导。^③

1.2.2.2 国外档案机构评估的研究特点

国外档案机构评估研究成果呈现出以下四个方面的特点:第一,研究内容涉及档案机构评估的中观和微观层面。其包含的内容有中观层面的档案信息资源服务质量评估、档案教育评价、档案信息化建设评估以及微观层面的历史档案质量评估等内容,尚未出现从宏观角度进行评估的文献。第二,研究内容呈现出碎片化的特点。国外档案机构评估的研究内容缺乏体系,研究成果之间的继承性较弱,碎片化现象较为突出。第三,研究对象和范围的不均衡性。如档案信息化建设的研究对象集中在档案网站建设评估,而未有以数字档案馆为评估对象的研究成果;研究范围也仅仅表现在档案信息资源服务、档案信

① Crook,Edgar. For the Record:Assessing the Impact of Archiving on the Archived[J]." RLG DigiNews,2006,10(4).

② Julie Fukuyama, Simon Tanner. Impact assessment indicators for the UK Web Archive[J]. Performance Measurement and Metrics,2022.

③ Makhlouf-Shabou, Basma. Study to Define and Measure the Quality of the Definitive Archives from an Evaluation[J]. Archives (Quebec),2011,43(2):39-70.

息化建设等方面,缺乏不同行业和地区的档案机构评估成果。第四,研究成果善于运用实证研究方法从实践角度出发解决问题,形成档案机构评估的法治化、规范化和常态化的发展趋势,但是理论深度不够,研究方法也较为单一。

1.2.3 国内外研究述评

国内以"档案机构评估"为主题的文献研究成果数量比较丰硕,但是研究内容的质量有待提高。前期的兴起阶段,国内档案机构评估的研究内容出现了雷同的态势,在全国档案机构评估实践工作开展的潮流下,形成众多经验总结反思性文章,而且实践经验总结褒多贬少,缺乏理论深度。后期的发展阶段,档案机构评估研究侧重于档案机构评估某一方面指标体系的构建,且评估研究方法的使用较为单一,档案机构评估理论研究与实践发展仍有差距。总体上,国内档案机构评估名目繁多,形式多样,评估实践走在了评估理论的前面,而档案机构评估理论不仅缺乏一个系统、完整而又相对稳定的基础理论内核,还缺少更为完善的研究方法满足档案机构评估研究日益多样化的评估需要。国外以"档案机构评估"为主题的文献成果研究范围较为广泛,善于运用实证研究方法从实践角度出发解决问题。此外,国外档案机构评估的法治化、规范化、常态化和普及化评估特征是值得国内借鉴的。但是国外研究成果呈现出碎片化、不成体系以及不均衡的问题。

国内外档案机构评估的研究共性有:第一,研究范围聚焦在档案信息化建设、档案信息资源服务质量、档案信息安全等方面,但是存在整体的档案机构评估研究不均衡、不系统的问题。第二,研究方法较为单一,如构建评价指标体系常用的德尔菲法、层次分析法等,虽然研究问题决定研究方法的使用,但是档案学研究者缺乏对档案机构评估更多研究方法的探索。第三,理论深度不足。理论研究仅仅停留在实践经验的总结,研究成果理论深度有待提升。

国内外档案机构评估的研究差异有:第一,国内比国外的研究范围更为广泛。第二,国内档案机构评估研究是实践牵引理论,而国外更注重从实证角度解决实践问题。第三,国内尚无国家层面的顶层设计来规范档案机构评估的发展,同时缺乏国外已有的法治化、规范化的评估政策以及系统和工具。

综上所述,自 20 世纪 80 年代末以来,经过 30 多年的发展,我国档案机构评估实践已经积累了一定的实践经验,但是,理论研究稍显滞后,造成档案机构评估实践的发展仍受一些问题的困扰,迫切需要评估理论的指导。

1.3 概念界定

在现有学术研究和实践活动中,档案机构评估与档案事业评估、档案工作评价、档案管理评估、档案绩效评估等概念混用的情况屡见不鲜,因此,有必要对本研究中档案机构评估的相关概念进行界定,进而总结出档案机构评估体系的内涵。

1.3.1 档案机构及其相关概念

与档案机构评估混用的概念中会涉及档案事业、档案工作等概念,因此,应首先辨析和厘清档案机构与档案事业、档案工作等概念之间的关系。

(1)档案事业

档案作为一个概念由来已久,而档案事业作为一个专指名词,则是近代的法国大革命掀起档案改革的浪潮后,档案工作发展到一定的程度,各国纷纷建立起不同的档案行政管理体制和机构,档案各项工作不断发展和逐渐成熟,档案事业才逐渐兴起。刘国能将自鸦片战争以来的半殖民地半封建社会作为我国档案事业的形成和发展的开端,直到 20 世纪 90 年代形成我国完整的档案事业体系。[①]

(2)档案工作

冯惠玲和张辑哲认为,"档案事业是指广义上的档案工作,即由档案管理工作、档案行政管理工作、档案教育工作、档案科学研究、档案宣传出版、档案界国际合作与交流工作等组成"[②],是以管理和开发国家信息资源、服务于国家各项

---

① 刘国能.体系论 中国档案事业体系[M].北京:中国档案出版社,2001:13.

② 冯惠玲,张辑哲.档案学概论[M].2 版.北京:中国人民大学出版社,2008:69-70.

事业为宗旨的一项事业系统。[①] 而"狭义的档案工作是指档案管理工作,是指用科学的原则和方法收集、整理、鉴定、保管、利用与服务的过程,为党和国家各项事业服务的工作"。[②] 综上可知,广义的档案工作是指档案事业,狭义的档案工作是指档案管理工作,档案事业的范畴包含档案工作,档案工作则是档案事业不可缺少的基础工作和重要组成部分。

(3)档案机构

档案机构主要是指对档案、档案工作和档案事业进行管理的组织系统。科学合理地设置档案机构,是提高档案管理工作的基础,是档案事业得以充分发展的基本前提,也是档案法律法规得以遵守、执行的组织保证。[③] 目前我国已经形成了一个结构合理、管理科学、颇具规模的档案工作组织体系,包括档案主管部门、档案馆、档案室和其他辅助性机构四大档案机构类型体系。它们各负其责、各司其职,保障了档案事业的持续健康发展。即档案主管部门主要负责统筹规划、组织协调、监督和指导档案馆和档案室的工作,而档案馆和档案室直接从事的是档案业务的具体管理工作[④],其他辅助性机构主要是作为档案主管部门、档案馆、档案室的补充管理机构,如文件管理中心等。

(4)三者之间的关系

档案机构是档案事业的重要组成部分,档案机构的管理工作亦属于档案事业管理的重要内容。而狭义的档案工作的开展也是以档案机构为依托,同样的,档案机构的发展也离不开档案工作的正常进行。

(5)本研究中所指的档案机构类型

本研究中档案机构主要指档案馆和档案室两种机构类型。我国档案馆和档案室种类众多,根据不同的分类标准可以划分为不同的类型,目前档案馆分类依据行政级别、档案内容性质等特征可以划分为国家档案馆、专业档案馆、企事业档案馆,而档案室的分类则依据所属领域、档案内容性质和收藏范围等不同的标准,得出不同的分类结果,具体分类结果如图1.3所示。

---

① 《档案管理学考试参考书》编写组.档案管理学考试参考书[M].北京:中央广播电视大学出版社,1994:17.

② 冯惠玲,张辑哲.档案学概论[M].2版.北京:中国人民大学出版社,2008:70.

③ 刘迎红.档案法规基础教程[M].北京:知识产权出版社,2015:75.

④ 冯强.档案管理[M].北京:中国农业出版社,2006:19.

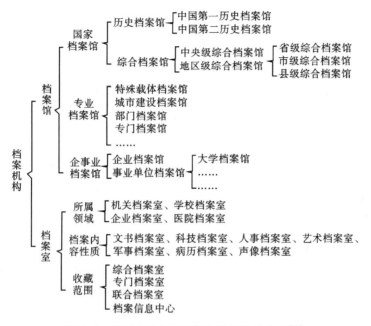

图1.3　我国主要的档案机构类型及其关系①②

1.3.2　档案机构评估

1.3.2.1　评估与评价、绩效评估（价）

在不同的学科领域存在评估与评价、评定、评鉴、评议、评判、评审等概念被当作同义词任意运用的状况。其中,评估与评价二词使用混淆的情况更为多见,而绩效评估一词是由"绩效"和"评估"两个词汇组合而成,但是与评估一词还是有实际上的差异,因此有必要首先对三者的内涵和外延进行概念辨析。

（1）评估与评价

《辞海》(第7版)中"评价"的定义有两种,一是评定货物的价格。《宋史·戚同文传》:"市物不评价,市人知而不欺。"二是评论价值高低。如评价文学作

①　赵屹.档案馆的现在与未来[M].上海:世界图书出版上海有限公司,2015:13.
②　朱玉媛.档案学基础[M].武汉:武汉大学出版社,2008:155-158.

品。① 今亦泛指衡量人物或货物的价值;就对象的看法发表意见。《辞海》中只有"评估公司"的释义,并无"评估"的具体含义。《现代汉语词典》(第 7 版)将"评价"释义为两种词性,一是动词,即评定价值高低;二是名词,即评定的价值。② 将"评估"释义为两层含义,一是评议估计;二是评价。③ 即估量、评价,多用于对企事业单位工作的检查。余胜基于信息管理学科视角将评估定义为"对服务或设备的效能、效率、利用及适应的测评程序"④。

由以上分析可以看出,评估的含义更为广泛,评估定义的范畴包含评价,此外,从语言学认知角度看,评估与评价二者均具有评价、评定的含义,内涵上并无严格意义的区分,而事实上在表述上的习惯遵循的规律是评价侧重于"价",即对某一事物、行为或问题的价值的衡量和确定,而评估侧重于"估",即估量、估计,对事物价值的大小或数目等进行的推断。档案机构是一个宏观的中性词,档案机构的发展质量和水平亟待测量和估量,因此在词汇组配上,档案机构评估比档案机构评价更为精准。

(2)评估与绩效评估(价)

绩效定性为名词,表示成绩或成效之意,如绩效工资或绩效显著,强调功业和成果。⑤ 而绩效评估(价)的含义是对某一对象所取得的显著成绩的评估,着重强调对成果和成效的评估,即对投入与产出的评估。绩效评估(价)在不同的学科具有不同的含义。如在行政管理学学科下,窦衍瑞和王建文在《行政法治与政府绩效评估法治化研究》一书中对"绩效评估"所下的定义为:"运用科学的标准、方法和程序,对个体或组织的业绩、成就和实际作为做尽可能准确的评价,鼓励竞争,实现组织管理者或者社会公众的监督,从而推动个人或组织的工

① 辞海编辑委员会.辞海缩印本[M].7 版.上海:上海辞书出版社,2022:1725.
② 中国社会科学院语言研究所词典编辑室编.现代汉语词典[M].7 版.北京:商务印书馆,2016:1009.
③ 中国社会科学院语言研究所词典编辑室编.现代汉语词典[M].7 版.北京:商务印书馆,2016:1009.
④ 余胜.关于图书馆绩效评估的研究与实践[J].中国图书馆学报,2006(4):101-104.
⑤ 中国社会科学院语言研究所词典编辑室编.现代汉语词典[M].7 版.北京:商务印书馆,2016:520.

作效率和服务质量的提高。"①从人力资源管理角度讲,威廉·F. 格鲁克(Willian F. Glueck)认为绩效评估是指企业通过评估来决定个人从事工作的有效程度。②以上定义均强调的是对"业绩、成就和实际作为"的正面评价。档案机构评估不是简单地对发展成果、组织业绩的一面进行评估(价),而是对其发展水平的高低和发展质量好坏的整体评估,因此,本研究中档案机构评估比档案绩效评估的表述更为贴切。

与国内状况类似,西方学术界对相关术语的应用也不十分规范,英文学术文献中经常出现 evaluation,assessment,appraisal,judge,estimate,measurement 等词混用的状况,学者只能根据作者想要表达的具体语境和实际内容对类似的词汇翻译出不同的含义。美国学者 Susan Starr 在 Moving From Evaluation to Assessment 一文中对"evaluation"和"assessment"进行区别辨析,她认为从教育学背景看,一方面,"evaluation"指的是对一组标准作出关于性能、工作产品或技能使用的质量的判断或判定被设计成记录已经达到的成就水平;另一方面,"assessment"侧重于衡量业绩、工作产品或技能,反馈优势和劣势,并为改进未来业绩提供方向,"assessment"是非判断性的,并且设计意图是用于改进。因此提倡图书馆服务应该由"evaluation"向"assessment"转变。③ 也意指评估比评价蕴含更深层次的寻求原因、以求改善、提高绩效的含义,这与档案机构评估研究的本质不谋而合。

1.3.2.2 档案机构评估与其他相关概念的区别和联系

评估、评价、绩效评估等类词汇运用于档案领域,则被赋予了特定的对象及其概念和含义。事实上,在现有的文献成果当中,还会出现档案工作评价、档案绩效评估等表述,但是其相互之间的含义仍存在差异。

首先对早期的档案机构评估的相关概念进行辨析。档案管理升级是指为了规范和强化档案管理工作,设计一定的等级标准,对被考核单位进行测

---

① 窦衍瑞,王建文. 行政法治与政府绩效评估法治化研究[M]. 北京:中国政法大学出版社,2016:201.

② 朱舟. 绩效考核与绩效管理[M]. 北京:中国电力出版社,2014:113.

③ Susan S. Moving From Evaluation to Assessment[J]. Journal of the Medical Library Association,2014,102(4):227-229.

量和监督的评估过程。山绍伦认为档案工作目标管理就是档案工作管理者以"目标"作为目的,对档案工作进行管理,按照工作任务,制订出一段时期内档案工作所要达到的具体目标,并根据档案人员配备进行目标分解,调动各方的积极性,形成自上而下的档案工作目标管理体系。[①] 档案管理升级具有特殊时代的语言应用语境,而档案目标管理概念在现有的法规制度中仍有体现,档案管理升级和档案目标管理的概念在本质上都是评估组织者对评估对象档案管理发展水平的监测和档案管理发展方向的管控,只是在称谓上带有明显的社会和时代发展烙印,故仍属于档案机构评估范畴。绩效评估(价)强调的是对成果和成效的评估,即对投入与产出的评估,因此档案绩效评估是指档案机构对投入与产出比率的评估,也属于档案机构评估的重要组成部分。

在前文的论述中,可知档案工作的概念包含广义指向和狭义指向,档案工作评估的广义指向是指档案事业的评估,包含档案机构评估、档案管理评估、档案学术评价等,是个更为广泛的概念范畴;档案工作评估的狭义指向是指档案管理工作的评价,即对档案管理活动,如整理、保管等环节的评价,此时,其含义更加接近于档案管理评估。因此,档案事业评估实际上是包含档案管理评估的。可见,档案事业评估、档案工作评价和档案管理评估的含义有重合的部分,具有交集,但并不完全等同。

1.3.2.3 档案机构评估

(1)档案机构评估的含义

在前文所述的档案机构与档案工作、档案事业,评估与评价等相关概念辨析的基础上,结合已有的学术研究成果中对档案机构评估、档案工作评价和档案绩效评估的定义,总结出本研究中所称的档案机构评估的定义如下:

档案机构评估是指评估主体依据一定的评估标准和指标体系,运用一定的评估方法,依照规范的评估流程,系统地评价档案机构各项管理工作发展的质量和水平,以此判定评估客体是否达到了评估目的的活动。这里的档案机构主要指档案馆和档案室两种机构类型,档案管理实践中所进行的档案工作升级、

---

① 山绍伦.目标管理在档案工作中的运用及意义[J].贵州档案,1991(3):22,32.

档案工作目标管理、综合档案馆测评或业务建设评价、档案机构人员考核等,均属于档案机构评估的范畴。

（2）档案机构评估的类型

根据不同的标准,档案机构评估可划分为不同的评估类型。第一,以档案机构的性质为划分依据,可划分为档案馆评估和档案室评估。第二,以对档案机构评估客体的具体评估内容为标准进行划分,可划分为综合评估和单项评估（或称专项评估）。档案机构综合评估是指把评估对象视为一个整体,对其方方面面进行的评估,称为综合评估,如档案事业综合发展评估、综合档案馆测评等评估活动属于综合评估;档案机构单项评估,或称专项评估,是指确定档案机构评估的客体以后,对其客体所包含的某一要素进行评估,如档案资源建设评估、档案机构人员考核、档案机构服务质量评估等均属于单项评估。第三,以档案机构评估的目的为标准进行划分,可划分为绩效评估和成效评估。档案机构绩效评估是指以投入取得的成效为评估目的,更加注重档案机构投入与产出之间关系的评估。其中,投入成本是指对档案机构所拥有的馆藏量,以及对人员、经费等成本的投入;产出是指档案资源的利用率等指标,因此,档案机构绩效评估强调的是投入产出比的评估。档案机构成效评估是指以对档案用户的服务质量为评估目的,注重档案服务质量影响和效果的评估。

（3）档案机构评估的特点

分析档案机构评估的特点,有助于进一步了解档案机构评估的本质,为进一步构建档案机构评估体系奠定理论基础。

1）多样性和复杂性并存

档案机构评估首先是一个多样化的评估系统,主要体现在评估客体和评估内容的多样化。一方面,评估客体的多样化是由档案机构种类繁多、类型多样的特征决定的。我国档案机构的类型多样,根据不同的划分标准也可以划分为不同的类型,主要包含国家和历史综合档案馆、企业档案馆、专门档案馆、部门档案室等,据国家档案局统计的 2022 年度数据可知,全国共有各级档案主管部门 3239 个。其中,中央级 1 个,省（区、市）级 16 个,地（市、州、盟）级 411 个,县（区、旗、市）级 2780 个。全国共有各级各类档案馆 4154 个。其中,国家综合档案馆3301个,国家专门档案馆261个,部门档案馆106个,企业档案馆135个,省、部属事业单位档案馆351个。① 由此可见,全国范围内如此庞大的档案机构基数,决定了档案机构评估的多样性以及档案机构评估类型的多样性。另一方面,档案机构评估体系还具有评估内容多样化的特点。档案机构评估是一个包含档案管理评估、档案信息安全评估、档案信息化建设评估以及数字档案馆(室)评估等具有多样性内容特征的评估系统,不同的评估内容被赋予不同的评估指标和权重,因此,档案机构评估具有评估内容多样性的特征。

档案机构评估还是一个复杂性的评估系统。由上组数据也可以看出,档案机构评估的复杂性体现在,无论是某一机构类型的档案评估、某一档案工作内容的评估,还是整体范围内的档案机构评估,是以某种分类标准进行评估,如以档案机构性质为分类标准进行评估、以评估内容为分类标准进行评估、以某一地区还是全国为视角进行评估等,不同的分类标准考虑评估的要素分解和流程都会有细微的差异,思考视角也会发生转变,生成的指标体系和赋予的权重也会存在差异,因此,会有连锁效应般的复杂性。此外,在档案机构评估中,如何有效地管理档案机构的人、财、物,如何有效地分配评估资源,以及各自的分配比重是多少,均需要科学的方法进行量化研究,也具有相当的复杂性。

2)评估共性和评估差异并存

档案机构评估的共性是指不同类型的档案机构评估目的的本质均是找不足、补差距,促进档案机构管理水平和质量的提升,评估本质的共性为剖析复杂的档案机构评估类型提供解决问题的思路和方案。档案机构评估的差异是指以不同的标准可以划分为不同的档案机构评估类型,不同类型的档案机构评估具有不同的评估特点,会构建出不同的评估指标体系,评估流程也会存在差异,认同不同类型评估差异性的存在是进行科学评估的前提。

档案机构评估共性和差异并不是割裂的,而是相互联系的有机体。二者是在共存的基础上进一步寻找共性,简化评估的分类;尊重差异,体现不同类型的评估特色。因此,档案机构评估还具有共性和差异并存的特点。

---

① 2022年度全国档案主管部门和档案馆基本情况摘要[EB/OL].(2023-8-30)[2023-9-12].http://www.saac.gov.cn/daj/zhdt/202308/bzd8cfbede0546c6864bfdb0889f2702.shtml.

3）相对的稳定性和永久的动态性并存

档案机构评估的相对稳定性特点是指颁布的档案机构评估文件和评估结果相较当下，在一定阶段内具有稳定性。档案机构评估规章制度的颁布是为了约束和规范档案机构评估行为，为了维持档案机构评估的连续性，在一定时期内不应随意更改和停止。评估结果是一定时期档案机构发展状况的反映和记录，一段时期的评估结果和排名具有相对静止和稳定性特点。不同阶段之间的相对稳定性的评估结果和排名具有比较和研究价值。

档案机构评估永久的动态性特点是指档案机构评估类型的动态发展，以及档案机构评估指标体系的动态变化。一方面，档案机构评估是随着评估客体、评估目的的变化而变化，不同的评估类型体现出不同的评估特点，并且随着档案评估实践的发展，新的档案机构评估类型还在不断动态涌现；另一方面，随着社会外部环境的变化和档案评估实践的发展，档案机构评估指标体系并不是一成不变的，是要随着档案机构评估对象的特征和外部环境的变化而变化，以积极适应内外部评估环境，保证档案机构评估的科学性和可操作性，因此，档案机构评估的指标和权重是动态性的。而将眼光放在评估长远发展的角度来看，档案机构评估的动态性变化是永久的、持续性的，而不是阶段性的、暂时的。

综上，档案机构评估系统在历时性维度下具有永久动态性，而在共时性维度下则具有相对的稳定性。

（4）档案机构评估的功能

美国著名教育评估专家 Stufflebeam 在项目评估中提到评估的作用和目的是改进，而不是为了证明。[①] 同样，档案机构评估的本质不是简单地为了评估结果的排序和奖惩优劣，科学的评估是为了在评估的过程中发现存在的问题，依据评估结果了解档案机构发展的水平和层次，找差距、补不足，以此来提高整个档案事业的管理水平和服务质量。因此，明确档案机构评估的功能是为了重申档案机构评估的本质和意义。

---

① Stufflebeam D. L. The CIPP Model for Program Evaluation［J］. In Madaus G. F, Scriven M. S, Stfflebeam D. L（els.）. Evaluation Models. Boston, MA: Kluwer-Nijhoff, 1983: 117.

1）规划和协调功能

档案机构评估活动是档案管理活动的重要组成部分,本质上也是为了提升档案管理的水平和效率。档案机构评估是一项系统的管理过程,需要规划和协调各方资源和力量。同时,对档案事业整体进行规划,统一实施和运行,此外,依照评估结果,协调分配下一阶段的资源投入,缩小不同地方的档案工作发展水平差距。

2）监督和指导功能

档案机构评估的监督功能指的是在评估的过程中监督被评估单位的准备和执行状况,这种监督是为了全面了解被评估单位的档案管理发展状况,判断其所处的发展水平和位置,以及查找以往档案管理活动的不足和问题,是评估组织单位对被评估单位的档案管理状况进行有效管控的重要手段和方法。档案机构评估的指导功能指的是以评估制度的制定和文件的颁布等形式呈现出来的评估功能,其不仅是对被评估单位进行档案管理优劣的简单判断,还是为了以评估制度和文件中的评估内容为指引,指导被评估单位未来的档案管理走向。科学的档案机构评估指标体系的构建具有鲜明具体的导向作用,鼓励档案机构人员及时调整其工作方向,提高档案管理水平。档案机构评估的监督和指导功能是档案机构评估最重要的职能之一。

3）认定和激励功能

认定功能是科学评估的基本功能之一,是指评估组织者运用一系列的评估方法和标准对被评估单位进行测量,最终做出判断、得出结论、进行认可的过程。认定功能是激励功能的基础。有评估活动就会有评估优劣和评估排名的对比,奖优罚劣只是手段,不是目的,评估结果公示的激励作用才是档案机构评估功能的重要体现,激励功能还有助于凝聚档案机构人员的力量办实事。

4）交流和预测功能

档案机构评估的交流功能指的是以评估为契机,评估组织者和被评估单位之间进行的一场有形的交流,评估组织者对被评估单位的档案管理要求,以评估指标体系为媒介,以评估审查为手段,以评估结果为最终表现形式来呈现,考察被评估单位档案管理的水平和质量。而且在评估的过程当中,双方通过语言交流,表达彼此对评估过程的要求和诉求。此外,档案机构评估指标体系中指标的设计和权重的设置本身就体现出评估主体对档案管理活动未来发展的要求,即具有预测评估活动未来趋势的作用,而且评估双方在交流的基础上,根据评估结果辅助评估组织者把握档案机构发展现状,不断调整评估指标体系的内容,预测档案管理活动未来的发展走向,体现出评估指标的预测性和超前性。

1.3.3　档案机构评估体系

体系是"若干有关事物互相联系、互相制约而构成的一个整体。如:理论体系、语法体系、工业体系"①。由此可进一步推导出档案机构评估体系的含义。档案机构评估体系是将档案机构评估看作一个整体或一个系统,在区分不同档案机构评估特点的基础上,分解其内在的构成要素,按照一定的评估流程、稳定健全的评估环境,保障其顺利进行的系统。

基于多元视角的含义就是基于评估要素、评估运行、评估保障的三个不同的视角,简而言之,基于多元视角的档案机构评估体系构建实际上是一个包含基于要素分解、评估运行、评估保障三个视角下的档案机构评估系统。第一个方面:基于评估要素视角的档案机构评估体系。不同类型的评估都可以分解为评估主体、评估客体、评估目的、评估标准及指标、评估方法、评估制度六大要素,六大要素的角色定位和相互之间的作用关系共同构成某一类档案机构评估活动的整体。第二个方面:基于评估运行视角的档案机构评估体系。从档案机构评估行政管理者的角度分析,将档案机构评估流程划分为评估计划、评估实施、评估反馈、评估结果的应用四个步骤,四项评估步骤构成一个完整的评估循环。第三个方面:基于评估保障视角的档案机构评估体系。档案机构评估是一个复杂的系统,为保障评估活动的顺利进行,需要内部科学的评估制度和外部稳定的社会环境做保障。三个视角相互联系、相互制约共同构成完整的档案机构评估体系。

---

① 辞海编辑委员会.辞海缩印本[M].7版.上海:上海辞书出版社,2022:2213.

1.4 研究意义

　　档案事业作为文化事业的重要组成部分,对推进文化事业的发展具有不可替代的作用。档案机构评估作为档案事业发展的重要组成部分,是客观存在的社会现象,加强档案机构评估体系研究,对档案事业高质量发展具有积极的理论意义和实践意义。

1.4.1 理论意义

　　第一,档案机构评估体系研究有助于拓展档案事业管理学学科的研究范围,提升档案事业管理学的理论研究水平。自1981年冯子直首先提出档案事业管理学的概念以来,构建档案事业管理理论框架对形成中国的档案事业体系具有重要的作用。档案事业管理学作为一门学科归属于应用档案学,但现代的档案机构评估理论和方法不应再局限于实践经验的总结和探讨,而应向方法模型、质化与量化方法相结合的评价指标体系发展,并将计算机处理技术融入档案机构评估活动当中,加大科学评估的实用性和可操作性。档案机构评估基础理论研究对档案机构评估实践来说起到方法论的意义,其研究成果不仅有助于扩大档案事业管理学学科的研究范围,还有助于提升档案事业管理学的理论研究水平。

　　第二,档案机构评估体系研究有助于完善档案学的分支学科,构建完善的档案学理论体系。档案事业管理学作为档案学的分支学科,档案机构评估也属于档案学研究的重要内容,档案机构评估研究在丰富了档案学分支学科的同时,其理论的重构和新的研究方法的应用还会促进档案学学科体系的完善。

　　第三,档案机构评估体系研究拓宽了档案学和评价学两个学科的研究范围和研究内容。系统评价学是一门方法论学科,以科学性和实用性著称,注重专业标准和科学基础。一方面,档案机构评估研究可以有效借鉴评估学的理论和方法构建档案机构评估理论体系;另一方面,档案机构评估研究丰富了评估学的研究范围和视角。档案学和评价学的跨学科研究助推两个学科的理论研究不断向纵深方向发展。

1.4.2 实践意义

第一,档案机构评估体系研究有助于促进档案事业与国民经济、社会事业协调发展,适应公共文化服务发展的需要。档案事业是公共文化事业的重要组成部分,档案机构作为档案事业的重要组成部分,亦属于公共文化事业单位的范畴。档案机构评估对于制定档案事业发展规划,评价档案事业发展水平,促进档案事业与国民经济、社会事业协调发展,推进我国档案机构公共文化服务建设的进程,具有十分重要的现实意义。

第二,档案机构评估体系研究有助于提高各级档案主管部门及专业主管机关的档案机构评估质量,规范名目繁多的档案机构评估种类,适时引导档案机构评估的发展方向。首先,评估工作是档案机构长期发展的有效监督管理机制之一,完善档案机构评估工作的方法和机制,有助于把控档案机构评估发展水平,促进全国档案事业均衡发展,提升管理者对档案事业管理的能力;其次,实现档案行政管理者对档案机构的整体管控是各级档案主管部门及专业主管机关的重要任务和目标,有助于规范实践中形式多样、模式复杂的档案评估行为;最后,系统完整的档案机构评估理论研究有助于提高档案机构行政管理决策科学化和管理民主化,对引导档案事业健康、全面、可持续地发展具有重要的实践意义。

第三,档案机构评估体系研究有助于倒逼档案机构不断调整档案工作以适应档案事业的发展,提高档案机构对档案工作的管理效率,提升档案资源的管理质量,有助于督促档案工作人员不断增长见识,完善自身的档案工作能力和水平。档案机构评估的本质是"以评促建"补短板,找出档案工作的缺陷和不足,如何对档案工作进行正确地评价是加强档案科学管理工作的重要内容,档案机构评估为档案机构调整自身定位与发展方向以适应现代信息化社会的发展提供了机会,同时也为提高档案工作的管理效率和档案资源的管理质量提供契机。同样,在档案机构评估的浪潮下,档案工作人员在提高自身档案管理专业技能的同时,还要补充相关统计学、计算机科学等学科的知识,充实和武装自己,以适应档案机构评估活动的开展。由此可见,档案机构评估体系研究不仅可以倒逼档案机构提高自身的管理水平,而且还同时督促档案工作人员提高自身的管理能力。

第四,档案机构评估体系研究有助于社会大众监督和反馈档案机构评估活动。一方面,有助于社会大众对档案机构评估发展进行监督,建立推动档案业务工作发展的长效监督机制,指出其发展中的不足和缺陷,认识和发现档案工作中出现的问题;另一方面,有助于社会公众对档案机构评估的不足和缺陷进行反馈,解决和完善档案工作中出现的问题,提升档案工作整体水平,提高档案资源管理质量,保障档案用户利用档案资源的合法权益。

1.5 研究内容、思路与方法

1.5.1 研究内容

档案机构评估研究对象包含档案馆和档案室两种机构类型,通过对档案机构评估研究文献的总结和评估实践历史与现状的梳理,发现我国档案机构评估存在的问题,并分析了产生问题的原因。因此,研究目的是解决档案机构评估实践出现的问题,构建档案机构评估理论体系,为档案机构评估实践提供理论与方法的指导。主要研究内容包含以下四个方面。

(1)档案机构评估体系构建的实践及理论基础

我国档案机构评估兴起于 20 世纪 80 年代末期,至今已经走过了 30 多年的评估历史,经历了档案管理升级、档案目标管理和档案事业评估三个阶段,虽然也取得了一定的成绩,但是进一步分析我国档案机构评估历史和现状,发现我国档案机构评估存在评估要素构成不完善、评估运行流程不规范、评估运行环境发育不健全等问题,并分析了产生这些问题的根源。本研究的理论基础包含档案价值理论、评价理论和绩效管理理论。其中,档案价值理论的指导贯穿全文;评价理论对档案机构评估的要素分解、评估运行和评估保障等研究具有一定的理论借鉴意义;绩效管理理论和方法可以指导基于运行视角下的档案机构评估体系的构建。

(2)基于多元视角构建档案机构评估体系的依据及分析

为解决我国档案机构评估存在的评估要素、运行机制、运行环境三个层面的问题,则需要从这三个角度来思考解决问题的路径。因此,从三个不同视角开展档案机构评估理论研究具有一定的必要性。国内外评估学理论研究成果和评估实践的经验特色是值得档案机构评估学习和借鉴的,因此,档案机构评估体系的构建还具有一定的可行性。三个视角之间是相互作用、相互影响的,共同构成完整的档案机构评估体系。

(3)基于多元视角的档案机构评估体系内容构成

首先,基于要素视角的档案机构评估体系明确了评估主体、评估客体、评估目的、评估标准及指标、评估方法和评估制度六大要素的角色定位和职能分工,其本身是档案机构评估体系构建的基础;其次,基于评估运行视角的档案机构评估体系的构建是从档案机构评估行政管理者的角度出发,将档案机构评估运行流程划分为评估计划、评估实施、评估反馈、评估结果的应用四个方面,运行视角是档案机构评估理论体系构建的条件;最后,基于保障视角的档案机构评估体系的构建从管理、技术和法规三个维度出发构建档案机构评估体系的保障系统,评估保障视角是档案机构评估体系的外在屏障。

(4)基于多元视角的档案机构评估体系应用研究

以国家副省级以上综合档案馆评估研究为例,证实档案机构评估理论体系具有一定的理论指导性和实践适用性。

1.5.2 研究思路

本研究遵循"提出问题—分析问题—解决问题"的基本思路展开研究。(如图1.4所示)

首先,"提出问题"——为什么要进行档案机构评估体系研究。我国档案机构评估经过30多年的发展,取得了一定的成效,但是随着评估实践的逐渐深入,我国现有的评估理论无法有效地指导评估实践中遇到的难题和痼疾,因此,档案界亟须构建一套科学的、具有一般解释力的中观档案机构评估理论体系以解决评估实践出现的问题。提出问题主要包含第1章的内容。

其次,"分析问题"——构建档案机构评估体系的实践和理论依据是什么。经分析可知,档案机构在评估要素、运行机制、运行环境三个方面存在一定的问题,因此,从评估要素、评估运行机制、评估运行环境三个不同视角展开档案机构评估理论研究具有一定的必要性。国内外评估学理论以及与档案馆性质类似的图书馆、博物馆评估实践形成的良好的评估传统和评估机制,为基于不同视角构建档案机构评估体系提供了可行性。分析问题主要包含第 2 章和第 3 章的内容。

最后,"解决问题"——如何进行档案机构评估体系研究。将档案机构评估体系看作一个系统的整体,分别从档案机构评估要素、评估运行和评估保障三个视角构建档案机构评估体系的理论框架,并以国家副省级以上综合档案馆评估研究为例验证档案机构评估体系的理论指导性和实践适用性。解决问题主要包含第 4 章、第 5 章、第 6 章和第 7 章的内容。

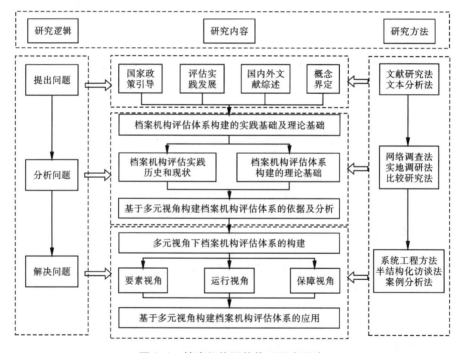

图 1.4　档案机构评估体系研究思路

1.5.3　研究方法

研究问题的性质决定研究方法的使用,档案机构评估研究在实证研究方法论的指导下具体采用了以下 7 种研究方法。

(1)文献研究法

本研究主要通过文献调研法和网络调研法来收集国内外相关的档案机构

评估文献,通过对文献内容的分析和研究,总结档案机构评估的国内外现状,发现前人已经形成的研究成果,并从中找出研究的不足,提出研究问题和研究目的。其中,附录1档案机构法规文件的检索是通过网络调研的方法,利用北大法宝、读秀法规文件数据库、各大档案信息网站的"法律法规"栏目等数据库和网站来获取相关数据和全文文本。

(2)历史研究法

通过文献研究法,可以总结出国内档案机构评估的总体发展现状和研究成果,而利用历史研究法,可进一步梳理档案机构评估的发展脉络和研究进程,以此总结我国档案机构评估30多年的发展演进轨迹,找出档案机构评估的问题以及分析问题产生的根源。

(3)比较研究法

档案机构评估是一项实践性和理论性都很强的研究,鉴于现有理论研究成果的缺失,可将眼光转向与档案机构评估相关的政府信息资源管理绩效评估、项目评估、图书馆质量评估等成熟领域的评估理论和方法,在比较分析异同的基础上,考虑适用性的前提下,有选择性地将其借鉴到档案机构评估的研究中来,丰富和完善档案机构评估理论和方法。

(4)实地调研法

为进一步探索档案机构评估的实际发展现状,分别选择档案机构评估主体(含组织者和评估专家)、档案机构评估客体等发挥不同作用的部门和角色进行实地调研和访问,获得一手的档案机构评估实践调研经验和资料。

(5)系统工程方法

系统工程方法是一种现代的科学决策方法或决策技术,不仅强调对要处理的问题及其有关情况加以分门别类、确定边界,还强调把握各门类之间和各门类内部诸因素之间的内在联系和完整性、整体性,否定片面和静止的观点和方法。[①] 系统工程方法的应用主要是利用这种完整、综合、强调内部因素相互联系的系统思维来指导档案机构评估体系研究的内在逻辑运行。

---

① 赵公民.科学技术概论[M].北京:机械工业出版社,2016:89-90.

（6）半结构化访谈法

半结构化访谈是由研究者所关注的预先确定的问题构成，它针对有代表性的受访者样本进行，以此来确认研究域，并辨识统计调查中所分析或使用的因素、变量以及变量的项或属性。① 对访谈对象的条件、所要询问的问题是根据粗线条式的访谈提纲而进行的非正式的访谈。在具体的访谈过程中，笔者会根据访谈对象的实际情况做出必要调整。本研究中半结构化访谈的基本思路是在考虑不同的档案机构评估类型（如综合档案馆、企业档案室、机关档案室等类型）、不同地区（江苏省、河南省、武汉市等）、不同人员（评估主体、评估专家和被评估档案机构人员等）的基础上，分层次分类别地选择评估访谈的样本和对象。最终共访谈到 13 人，其中 3 人拒绝录音，最终整理出 10 人的录音，时长12 小时 51 分钟，转化为文本约 17 万字，为进一步深入研究档案机构评估提供了研究基础。

（7）案例分析法

档案机构评估体系案例分析选择了国家副省级以上综合档案馆评估研究的案例，并辅以德尔菲法和层次分析法构建国家副省级以上综合档案馆评估指标体系，以此论证档案机构评估理论体系的理论指导性和实践适用性。

1.6 创新之处

我国档案机构评估实践亟须评估理论的指导，研究目的是解决档案机构评估实践出现的问题，构建档案机构评估理论体系，为档案机构评估实践提供理论与方法的指导，创新之处主要体现在以下两个方面。

第一，从三个视角解决了档案机构评估要素、评估运行和评估环境三个层面的问题，并构建了基于多元视角的档案机构评估体系。档案机构评估现有的研究成果主要聚焦微观的档案机构评估指标体系的构建，文中将档案机构评估"点"的研究拓展和提升到"面"的研究，立足档案机构评估实践，发现我国档案机构评估存在评估要素不完善、评估运行流程不规范、评估运行环境发育不健

---

① 斯蒂芬 L. 申苏尔，琼·J. 申苏尔，玛格丽特·D. 勒孔特. 民族志方法要义:观察、访谈与调查问卷[M]. 康敏,李荣荣,译. 重庆:重庆大学出版社,2012:104.

全等问题,并进一步分析了问题产生的根源,提出了相应的对策。评估要素、评估运行和评估保障三个视角之间具有一定的内在逻辑关系,结合评估学、绩效管理等理论,构建了基于评估要素、评估运行和评估保障三个视角的档案机构评估理论体系,该体系是现有研究在理论上的进一步提升。

第二,为档案机构评估标准及指标的构建提出了一套完整的理论和方法。档案机构评估已有的理论研究成果主要集中在微观的某一类评估指标体系的构建上,而本研究则从宏观角度出发,根据档案机构评估的性质和特点,提出构建档案机构评估标准及指标的理论和方法,主要包括档案机构评估标准及指标构建的原则、方法和流程,综合评估和专项评估构建评估标准及指标的差异,档案馆和档案室构建档案机构评估标准及指标的异同等内容,用于指导复杂多样的档案机构评估实践。

2 档案机构评估体系构建的实践和理论基础

我国档案机构评估实践可以追溯到 20 世纪 80 年代末期,已经走过了 30 余年的评估探索历程,有必要从历史主义的宏观视角梳理和挖掘档案机构评估的演变过程和特点,为构建档案机构评估体系提供实践基础。此外,档案价值理论、评价理论和绩效管理理论对本研究具有借鉴作用,指导档案机构评估理论体系的内在逻辑运行,为档案机构评估体系构建提供理论支持。

2.1 我国档案机构评估演变过程、存在的问题及原因分析

运用文献调研法、网络调研法和实践调研法,总结不同时期的档案机构评估过程、主要内容和形式,发现我国档案机构评估可划分为 20 世纪 80 年代的档案管理升级、20 世纪 90 年代的档案目标管理和 21 世纪初期的档案事业综合评估三个阶段。由于档案机构评估类型多样、分布广泛,而国家档案局颁发的国家层面的法规制度具有引导性,因此,档案机构评估历史发展脉络主线的梳理主要是以国家档案局开展的评估活动为主,以地方和其他行业开展的评估活动为辅。

2.1.1 档案机构评估演变过程

我国档案机构评估的发展历程大致经历了 20 世纪 80 年代的档案管理升级、20 世纪 90 年代的档案目标管理和 21 世纪初期的档案事业综合评估三个阶段,并呈现出不同的阶段特征。

2.1.1.1 档案管理升级活动演变过程

(1)档案管理升级活动的发展

1)企业档案管理的升级活动

企业档案是企业工作的重要组成部分,为了与企业升级的节奏相契合,贯彻落实国务院关于加强企业档案管理的规定,提高企业素质,1987 年 7 月 9 日,

国家档案局颁布了《关于印发〈企业档案管理升级试行办法〉的通知》(国档发〔1987〕15号),要求"在企业升级工作中,把企业档案管理作为企业升级考查的重要内容,加强企业档案管理,使企业档案管理更好地服务和促进企业升级工作"①。国家层面开展的企业档案管理升级工作,是我国档案机构评估的开端。企业档案管理工作是企业管理工作的基础,因此企业档案管理升级是在贯彻国家工业企业升级管理的基础上发展而来,企业档案管理升级的过程实际上也是要处理好企业升级和企业档案管理升级的关系。1987年,吉林省档案局首先响应国家号召,紧跟企业升级的步伐开展企业档案管理升级活动,随后,浙江省、北京市等省市开始开展相关的企业档案管理升级活动,并颁布相应的规章制度辅助档案管理升级活动的顺利开展。

20世纪90年代以后,我国经济体制改革进入市场经济转换时期,建立现代企业制度的呼声愈发高涨,为了适应国家市场经济企业发展深化改革的需要,国家档案局在1991年9月16日适时发布了《关于暂停企业档案管理升级考评工作的通知》,企业档案管理升级工作研究相对冷却。1989—1991年,历时3年的企业档案管理升级工作暂告一段落,但是依旧取得了一定的成绩,至1991年年底,全国共有国家一级档案管理企业649个,国家二级档案管理企业8191个,省级档案管理先进企业33 460个。② 与此同时,档案管理升级影响的余热尚未消失,其覆盖和延伸对象还在不断往其他部门和行业逐渐扩大。

2)科学技术事业单位档案管理升级活动

十一届三中全会以后,国家呼吁发展科学技术,科学技术事业单位的发展受到重视。四年的企业档案管理升级活动为科技单位的档案管理升级积累了丰富的经验,根据科学技术单位档案工作特有的特点,1991年5月28日,国家档案局、国家科委、建设部专门联合下发了文件《科学技术事业单位档案管理升级办法》(国档发〔1991〕16号)③,要求在县级以上的科研、设计事业单位开展

---

① 刘峰.论企业档案管理升级的原则、方法与意义[J].档案学研究,1987(1):32-35,70.
② 华林.现代企业档案目标管理与达标升级[M].昆明:云南大学出版社,2002:2.
③ 国家档案局.中华人民共和国档案法规汇编1949.10—1992.6[M].北京:法律出版社,1992:733-755.

档案管理达标升级活动,其评估涉及的行业包含能源、水利电力、海洋、建筑材料工业、医药卫生、气象等。

3)中央、国家机关开展档案工作达标升级活动

在科学技术事业单位档案管理升级热度的传导下,为进一步提高中央、国家机关的档案工作整体水平,1992 年 5 月 28 日,国家档案局颁布了《国家档案局关于在中央、国家机关开展档案工作达标升级活动的通知》(国档发〔1992〕9 号)。[①] 在此次档案工作达标升级活动中,行政管理和法规制约相结合的档案管理方式是中央、国家机关的一次重大改革。

4)中央、省、自治区、直辖市和计划单列市国家综合档案馆考评定级活动

为了提高省级以上和计划单列市国家综合档案馆的管理水平,1992 年12 月 10 日,国家档案局发布了《中央、省、自治区、直辖市和计划单列市国家综合档案馆考评定级试行办法》(国档发〔1992〕19 号)[②],与其他行业和部门的档案管理升级活动的发展前景不同的是,我国省级以上和计划单列市国家综合档案馆的档案机构评估以此为始,在以后的发展过程中,国家综合档案馆评估的主线愈发清晰。

(2)内容和特点分析

1)内容分析

笔者运用文本分析法,梳理了这一时期档案管理升级活动法规的内容(如表 2.1 所示)。可知,档案管理升级的评估主体是国家档案局,评估客体是不同行业和部门的组织,评估目的是提升不同行业和部门的档案工作水平,开发档案信息资源,适应社会经济发展的需要。评估内容也倾向于建设性评估,即注重资源投入与管理,档案信息资源开发与利用的评估所占比例较小。考虑到不同行业和部门的档案管理水平的高低和差异,评估等级的设定分为 3~4 个级别。评估方法的应用经历了由定性评估向定量评估转变的过程。评估流程大致经历了自检、初评、评审、审批、发证、表彰与奖励、监督与检查的过程。

---

① 国家档案局办公室,中央档案馆办公室编.档案工作文件汇集 第 5 集[M].北京:档案出版社,1997:377-391.

② 国家档案局办公室,中央档案馆办公室编.档案工作文件汇集 第 5 集[M].北京:档案出版社,1997:485-498.

表2.1　档案管理升级活动主要法规内容分析表

名称	《关于印发〈企业档案管理升级试行办法〉的通知》(国档发〔1987〕15号)	《科学技术事业单位档案管理升级办法》(国档发〔1991〕16号)	《国家档案局关于在中央、国家机关开展档案工作达标升级活动的通知》(国档发〔1992〕9号)	《中央、省、自治区、直辖市和计划单列市国家综合档案馆考评定级试行办法》(国档发〔1992〕19号)
颁发日期	1987年7月9日	1991年5月28日	1992年5月28日	1992年12月10日
颁发部门	国家档案局	国家档案局、国家科委、建设部	国家档案局	国家档案局
评估主体	国家档案局	档案主管部门和行业主管机关	国家档案局	国家档案局
评估客体(范围)	全民和集体所有制工业企业	国务院有关部门所属、地方政府部门所属和中国科学院所属的县团级以上(含县团级)独立的科学技术事业单位(包括工程勘察设计单位)	中央、国家机关,人民团体,民主党派机关档案部门;组建已满两年者,按程序进行考评	中央、省(自治区、直辖市)和计划单列市国家综合档案馆
评估目的	进一步提高企业档案管理水平,积极开发档案信息资源,切实地为企业"抓管理、上等级、全面提高素质"服务	强化科学技术事业单位的档案管理,促进档案信息资源的开发利用,使科学技术事业单位的档案工作跟上改革开放的步伐,适应新形势的需要	为进一步提高中央、国家机关,人民团体,民主党派机关档案工作整体水平,积极开发档案信息资源,更好地为机关工作以及其他各项工作服务,为国家积累丰富的档案史料	为了加强对中央、省(自治区、直辖市)和计划单列市国家综合档案馆的宏观管理和分类指导,提高档案馆的管理水平,更好地为改革开放和以经济建设为中心的有中国特色的社会主义建设服务

续表2.1

评估内容	1.企业档案管理体系;2.列入企业各项管理;3.档案工作业务建设;4.档案信息开发利用	1.档案工作管理体制;2.列入单位各项管理;3.档案工作业务建设;4.档案信息开发利用	1.机构与组织管理(15分);2.基础业务工作(45分);3.档案信息开发利用(13分);4.基础设施(17分);5.监督和指导(10分)	1.行政管理(13.5分);2.建筑与设备(16分);3.基础业务工作(35分);4.档案信息资源开发利用(35.5分)
评估等级	国家一级、国家二级、省(部)级三个等级	国家一级、国家二级、省(部)级三个等级	达标(79.5>达标>70)、良好(≥80)、优秀(优秀≥100,其中,第二大项中的基础业务工作≥40)三个等级	一级档案馆(≥95)、二级档案馆(≥80)、三级档案馆(≥70)、四级档案馆(≥60)四个等级
评估方法	定性评估	定性评估	定量评估	定量评估
评估流程	以企业自愿申请为原则。1.自检;2.提出升级申请报告;3.组织考核评定;4.批准发证	自愿申请,逐级晋升。1.听取申报单位自检情况汇报;2.逐项考核;3.根据考核结果进行综合评议,提出考评意见并作出考评结论;4.向申报单位公布考评情况,并宣布考评结果;5.整理汇总有关考评材料,向主管部门报告;6.审批;7.发证与奖励;8.监督与检查	1.自查;2.初评;3.审批;4.奖励;5.监督与复查	1.自检;2.初评;3.评审;4.审批发证;5.表彰与奖励
备注	2010年10月29日废止	2010年10月29日废止	2010年10月29日废止	2010年10月29日废止

2)特点分析

这一时期,档案管理升级活动的实施主体由企业转向科技事业单位,再到中央、国家机关,最后向中央、省、自治区、直辖市和计划单列市国家综合档案馆扩展和延伸(如图2.1所示)。评估对象之所以按这样的顺序扩展,结合历史背景,可能存在以下原因:首先,企业是国民经济发展较为活跃的组成部分,企业档案作为企业重要资产,在企业管理中发挥不可替代的作用,企业升级带动了企业档案升级,所以档案管理升级活动率先兴起于企业;其次,科技档案和企业档案具有一定的交集,因此,企业档案管理升级活动暂停以后,科技事业单位承其衣钵,继续开展升级活动;最后,企业和科技事业单位的档案管理升级积累了丰富的经验,档案管理升级活动逐渐扩展到覆盖范围更广、数量更多的中央和国家机关档案馆与馆藏更为丰富、评估指标更难确立的国家综合档案馆。由此,全国范围内档案管理升级活动的开展,呈现出由点到面、自下而上的覆盖特点。

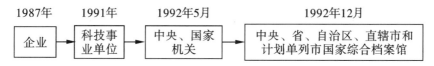

图2.1　档案管理升级活动的评估客体扩展示意

2.1.1.2　档案目标管理演变过程

(1)档案目标管理活动的发展

目标管理是现代管理的重要方法和发展趋势。20世纪80年代中后期,目标管理的思想开始运用于档案管理研究,成为档案管理评估活动的一种重要手段。1993年,我国档案管理的定级升级活动改为档案工作目标管理考核活动。

1)中央和国家机关的档案工作目标管理考评活动

在国家政府机构改革接近尾声之际,按照1992年《国家档案局关于在中央、国家机关开展档案工作达标升级活动的通知》(国档发〔1992〕9号)要求和1994年全国档案工作会议精神的要求,1994年5月,国家档案局发布了《关于在中央和国家机关全面开展档案工作目标管理考评活动的通知》(档发字〔1994〕5号),通知内容不再设置新的评分细则和标准,由国家档案局机关档案工作处负责对中央和国家机关开展档案工作目标管理考评活动,按照国家标准进行推广和规范,其中,国家档案局档案馆、室司或者经济科技档案司负责接收自查工作报告。有数据显示,截至1994年年底,中央和国家机关档案工作目标管理考评已有32家单位获得优秀等级、20家获得良好等级、1家获得达标等级。① 截至1995年年底,参与的248家中央和国家机关共有95家单位获得优

① 国家档案局机关档案工作处.中央、国家机关档案工作目标管理考评结果(一九九四年度)[J].中国档案,1995(1):5.

秀等级、50 家获得良好等级、3 家获得达标等级。① 随后,上海(1995 年)、重庆(2001 年)等地依据国家档案局文件颁布了地方性的机关档案目标管理规章,并开展了相应的活动,取得了良好的成绩。

2)省级和副省级市、计划单列市档案馆开展的目标管理考评活动

1992 年,国家在中央、省、自治区、直辖市和计划单列市国家综合档案馆开展了升级管理活动,取得了一定的成绩。档案机构升级活动转变为目标管理活动后,在中央、国家机关目标管理活动经验积累的基础上,1995 年 1 月 3 日,国家档案局颁布了《关于在省级和副省级市、计划单列市档案馆开展目标管理考评活动的通知》(档发字〔1995〕1 号)②,1992 年颁布的《中央、省、自治区、直辖市和计划单列市国家综合档案馆考评定级试行办法》(国档发〔1992〕19 号)随之废止。

3)科技事业单位档案工作目标管理考评定级活动

为了进一步提高科技事业单位档案管理工作的整体建设水平和档案信息资源开发的能力,1995 年 3 月,国家档案局在北京召开科技事业单位档案管理工作,下发了三年内(1995—1997 年)全面开展目标管理考评定级活动的通知。鉴于前期取得的成绩,考评依据将继续遵照执行 1991 年的《科学技术事业单位档案管理升级办法》,考评范围为全国县团级以上的 2.5 万家科技事业单位,其单位性质较之以往须是独立的,并且将事业档案馆、部门档案馆等独立的档案馆目标管理考评除外,考评活动由国家档案局经济科技档案业务指导司负责。③④⑤

① 王雁宾.中央国家机关档案工作目标管理考评活动回顾[J].办公室业务,1996(2):27-28.

② 李辰.省级和副省级市、计划单列市档案馆目标管理考评侧记[J].档案学研究,1997(3):35-38.

③ 国家档案局经济科技档案业务指导司.如何进行科技事业单位档案管理考评定级(之一)[J].中国档案,1995(10):18.

④ 国家档案局经济科技档案业务指导司.如何进行科技事业单位档案管理考评定级(之二)[J].中国档案,1995(11):19.

⑤ 国家档案局经济科技档案业务指导司.如何进行科技事业单位档案管理考评定级(之三)[J].中国档案,1995(12):20-21.

4）企业档案工作目标管理考评活动

企业档案管理升级活动虽然暂停了，但企业档案作为国有资产重要组成部分的事实没有改变。因此，时隔 5 年后，1996 年 3 月 25 日，国家档案局先后印发了《企业档案工作目标管理办法》的通知[①]，在全国范围内开展企业档案工作目标管理考评活动，企业可结合地区自身情况，按步实施。企业档案目标管理活动是以目标管理为导向，企业自愿参加为前提，拒绝形式主义，是新时期市场经济体制下的新鲜尝试。

5）其他评估主体开展的有关档案目标管理活动

档案目标管理活动不仅包含国家层面颁布的法规制度要求的档案机构参与，还包含人事档案以及城建档案保管机构。如 1996 年 12 月 25 日，中组部颁布的《干部人事档案工作目标管理考评标准》的通知，此后，天津市、保定市、南京市玄武区、绍兴市等区市响应号召，开展人事档案工作目标管理活动。城市建设档案馆目标管理活动始于 20 世纪 90 年代，由建设部负责和组织，并在 1997 年 5 月 27 日颁布了《城市建设档案馆目标管理考评办法》，各地依照该办法开展活动，云南省、吉林省等城市和地区的城建档案馆逐渐参与，档案机构评估范围不断扩大、评估内容不断拓展。

（2）内容和特点分析

1）内容分析

为进一步总结这一时期档案目标管理活动的主要内容和整体的评估状况，以上述四个由国家档案局作为颁布或参与主体的法规作为样本，运用内容分析法对其进行分析（如表 2.2 所示）。可知，档案目标管理时期的评估主体依旧主要为国家档案局和地方档案行政管理部门；评估客体为中央、国家机关，省级、副省级市和计划单列市综合档案馆、科技事业单位以及各类企业，可以很鲜明地看出以国家档案局为主要颁布单位的评估客体是在档案管理升级主体的基础上延伸而来；评估目的是结合当时的时代背景，以及针对不同的评估客体而设置的，具有时代特点和行业特征；评估内容集中在组织建设、基础设施建设、基本的业务建设以及开发利用等绩效管理评估；评估等级一般设置为三级或四

---

① 国家档案局.企业档案工作目标管理办法[J].中国档案,1996(5):16-17.

级;评估方法主要是定量评估;评估流程大致可分为自评、实地评审、得出评估结论等环节,而未有反馈等评估环节。

表2.2　档案目标管理活动时期主要法规内容分析表

名称	《关于在中央和国家机关全面开展档案工作目标管理考评活动的通知》（档发字〔1994〕5号）	《关于在省级和副省级市、计划单列市档案馆开展目标管理考评活动的通知》（档发字〔1995〕1号）	《科技事业单位档案工作目标管理考评定级标准》	《企业档案工作目标管理办法》（〔1996〕9号）
颁发日期	1994年5月19日	1995年1月3日	1995年3月	1996年3月25日
颁发部门	国家档案局	国家档案局	国家档案局经济科技档案业务指导司	国家档案局
评估主体	国家档案局机关档案工作处	国家档案局组织	国家档案局;省、自治区、直辖市档案局和国务院专业主管部门	国家档案局统一组织协调,由县级以上档案主管部门和国家专业（行业）主管部门分级分别负责组织进行;国家计划单列企业和国家企业集团由国家档案局会同归口管理部门组织进行
评估客体（范围）	中央、国家机关,人民团体,民主党派机关档案部门;组建已满两年者,按程序进行考评	省级、副省级市和计划单列市综合档案馆	2.5万家县团级以上的独立的科技事业单位（事业档案馆、部门档案馆等独立档案馆除外）	各级各类企业

续表2.2

评估目的	为进一步提高中央、国家机关,人民团体,民主党派机关档案工作整体水平,积极开发档案信息资源,更好地为机关工作以及其他各项工作服务,为国家积累丰富的档案史料	为了适应新形势下档案馆工作面临的任务,全面加强对省级、副省级市和计划单列市综合档案馆的宏观管理和分类指导,提高档案馆的综合管理水平,更好地为以改革开放和经济建设为中心的两个文明建设服务	为了强化科技事业单位的档案管理,对档案工作进行整体建设,实现档案工作综合管理,提高档案工作水平,进一步提高档案信息资源开发利用能力	为健全企业档案工作,提高企业档案工作的整体水平,更好地为企业发展和经济建设服务
评估内容	1.机构与组织管理（15分）;2.基础业务工作（45分）;3.档案信息开发利用（13分）;4.基础设施（17分）;5.监督和指导(10分)	1.组织管理(11分);2.建筑与设备(15分);3.基础业务建设(38分);4.档案信息资源开发利用(36分)	1.档案工作管理体制;2.列入单位各项管理;3.档案工作业务建设;4.档案信息开发利用	1.组织管理（30分）;2.设施设备（15分）;3.基础业务建设（30分）;4.开发利用(25分)
评估等级	达标（79.5>达标>70）、良好（≥80）、优秀（≥100,第二大项中的基础业务工作≥40）三个等级	国家一级档案馆(100≥分值≥90分)、国家二级档案馆(89≥分值≥80分)、国家三级档案馆(79≥分值≥70分)、国家四级档案馆(69≥分值≥60分)四个等级	国家级（一、二级）;省部级	国家一级（≥95分）、国家二级（≥85分）、省（部）级（≥70分)三个等级
评估方法	定量评估	定量评估	定性评估	定量评估

续表2.2

评估流程	1. 自查;2. 初评;3. 审批;4. 奖励;5. 监督与复查	1. 自检;2. 评审(听取汇报、审查证明材料、现场考察、审核自检分数、打分);3. 审批;4. 发证与奖励	1. 自查;2. 现场查看、逐项考核;3. 综合评议,提出建议,作出考评结论;4. 宣布考评结果;5. 向主管部门报告	1. 申报;2. 考评;3. 审批
备注	有鼓励分20分;国家机关档案工作目标管理考评制度已被取消,2011年1月30日废止	档案馆目标管理考评制度已被取消,2011年1月31日废止	依据的《科学技术事业单位档案管理升级办法》(国档发〔1991〕16号)2010年10月29日废止,本标准随之失效	企业档案工作目标管理考评制度已被取消,2011年1月30日废止

2)特点分析

第一,这一时期,档案工作目标管理继承了档案管理升级的部分评估管理经验,如主要的实施参与主体依旧是中央国家机关、综合档案馆、科技事业单位和企业(如图2.2所示),科技事业单位档案工作目标管理考评定级标准继续参考1991年的档案管理升级标准。第二,在评估时间上,较之档案管理升级有时间间隔年的特点,档案目标管理活动的主体参与时间非常紧凑。我国在1993年经历了第三次政府机构改革,因此,中央、国家机关率先步入目标管理的步伐。1995年,省级和副省级市、计划单列市档案馆及科技事业单位、企业等参与主体先后开展,一方面,体现出根据以往经验的积累,整体上各行各业对档案管理有所重视,要争优创先;另一方面,也反映出为提高档案管理水平,在国家发展活力的感召下,档案机构对新事物接受速度也更快。

图2.2　档案目标管理活动的评估客体扩展示意

2.1.1.3　档案事业综合评估演变过程

（1）档案事业综合评估的发展

1）档案事业发展综合评估

档案事业发展综合评估工作首先在地区实践发展层面开展,2003 年,江苏省连云港市开展档案事业"十五"计划中期评估①;2005 年,浙江省嘉兴等 11 个市根据省档案局制定的《全省各市档案事业发展综合评估办法》也开始了"十五"期间档案事业发展评估工作②;2006 年河北省档案局制定了《河北省市、县档案事业发展综合评估调查细则》,对 11 个市开展档案事业发展评估工作。③这批开展档案事业发展综合评估的省份分布在东部、北部、南部地区,其丰富的地方实践经验为全国范围内的评估做了良好的示范作用。

在广泛调研的基础上,2007 年 3 月 7 日,国家档案局、中央档案馆联合下发了《关于开展档案事业发展综合评估工作的通知》(档函〔2007〕31 号),制定了《档案事业发展综合评估办法》④,拉开了我国档案事业综合评估全面开展的序幕。通知要求在 2007 年和 2008 年两年内完成对"十一五"期间(2006—2010 年)31 个省、自治区、直辖市和计划单列市的档案事业进行综合评估。

2）市、县级国家综合档案馆测评

改革开放后我国经济发展突飞猛进,国家层面开始着重将社会精神文明建设提上日程。2004 年 9 月 1 日,中央文明委员会为提高城市文明,印发了关于《全国文明城市测评体系》(以下简称《体系》)的通知,为了与社会经济发展的步伐和节奏相适应,《体系》的版本也在不断修订,其中,《体系》2008 年版本在第四大项"健康向上的人文环境—文体活动与文体设施—国家档案馆"中规定:"第一,市档案馆为国家二级以上档案馆;第二,所属各区档案馆 30% 为国家二级以上档案馆。百分制规则下权数设置为 1.68。"《体系》2011 年版本规定:"第

① 葛新成.连云港市开展档案事业"十五"计划中期评估[J].档案与建设,2003(9):26.

② 浙江省局法规宣传处.省局部署开展"十五"档案事业发展评估工作[J].浙江档案,2005(10):2.

③ 宋玉红.省档案局进行全省档案事业评估[J].档案天地,2006(6):43.

④ 李向里.科学定位 完善细则:各地对档案事业发展综合评估工作的意见、建议及采纳情况综述[J].中国档案,2007(2):7-8.

一,市档案馆为国家一级档案馆;第二,所属各区档案馆30%为国家二级以上档案馆。"百分制规则下权数设置同样为1.68,相比之下,所属各区档案馆所占比例不变,只是对市档案馆的级别有重新要求。

2008年,为了配合市、区综合档案馆定级服务于全国文明城市创建活动的要求,2月21日,国家档案局办公室颁发了《市、县级国家综合档案馆测评办法》(档办〔2008〕30号),提出开展本地区市、县级国家综合档案馆的测评工作。截至2012年年底,全国共有727家档案馆参与进来,其中,国家一级档案馆有19家,国家二级档案馆有88家,国家三级档案馆有13家。[①] 这表明国家综合档案馆测评在辅助城市文明建设发挥自身作用的同时,对我国综合档案馆自身的发展也提供了机遇。

3)数字档案馆(室)建设评价

进入信息化时代,数字档案馆(室)发展迅速,2014年,国家档案局办公室印发了《数字档案馆系统测试办法》(档办发〔2014〕6号)的通知,推动了全国数字档案馆事业的可持续发展,是国家层面开展数字档案馆评估的开端。2016年,国家档案局办公室还颁布了《数字档案室建设评价办法》(档办发〔2016〕3号),目的是实现机关档案工作在数字时代的顺利转换。在地方实践层面,江苏省档案局(2012年)、浙江省档案局(2015年)也相继开展了数字档案馆(室)建设评估活动。

4)副省级以上综合档案馆业务建设评价

为了落实"十三五"规划提出的"完善档案事业发展规划实施和评估机制,创新档案馆(室)业务绩效考核评估制度"的要求,2017年10月13日,国家档案局颁布了《国家档案局关于开展副省级以上综合档案馆业务建设评价工作的通知》(档函〔2017〕211号),在2018年5—11月对全国47个副省级以上国家综合档案馆2013—2017年的业务建设情况进行评价,并规定此评价工作以5年

---

① 国家档案局办公室关于市、县级国家综合档案馆测评工作进展情况的通报[EB/OL](2013-1-10)[2023-9-13]. https://www.saac.gov.cn/daj/tzgg/201301/28c1147743b2412d91b008dcd8f3d3f6.shtml.

为一个考核周期定期展开,由国家档案局档案馆(室)业务指导司负责统筹和规划。① 在地方层面,2018 年 8 月 14 日,浙江省档案局结合国家层面的通知和当前省内市县级国家综合档案馆业务工作实际,制定了《浙江省市县级国家综合档案馆业务建设评价办法》(浙档发〔2018〕26 号),目的是提升市县级国家综合档案馆业务水平,推动全省档案馆事业科学、可持续发展。②

5)其他地区和不同类型的档案机构评估

①档案信息化建设评估。浙江省档案局在 2008 年开展全省 59 个综合档案馆的信息化评估工作。③ 辽宁省有 14 个市档案局(馆)参评 2008 年度市级档案局(馆)信息化建设评估④,档案信息化建设评估依旧会是未来档案事业发展的重要内容。

②档案安全评估活动。为了呼应国家档案局要求的加强档案安全体系建设的内涵,河南省在商丘市、三门峡市、永城市等档案馆调研的基础上逐渐完善并出台了《河南省各级档案馆档案安全评估办法》⑤,对规避影响档案安全因素的产生起到积极的作用。为进一步加强各级国家综合档案馆的安全管理,提高档案安全风险防范和保障能力,2018 年年底,国家档案局办公室印发了《档案馆安全风险评估指标体系》,以确保档案馆库、档案实体和档案信息安全。⑥

③档案工作年度评估活动。广东省在 2009 年调整省直单位档案工作评估

---

① 副省级以上综合档案馆业务建设评价工作拉开帷幕[EB/OL]. (2018-06-10)[2023-09-13]. https://www.saac.gov.cn/daj/ywgzdt/201809/2a90ed75c40443ed977174af6d4ed167.shtml.

② 浙江省档案局关于印发《浙江省市县级国家综合档案馆业务建设评价办法》的通知[EB/OL]. (2018-08-17)[2023-09-13]. https://www.zjda.gov.cn/art/2018/8/17/art_1378509_20919500.html.

③ 浙江省档案局关于 2008 年全省综合档案馆信息化评估情况的通报[EB/OL]. (2009-05-31)[2023-09-13]. https://www.zjda.gov.cn/art/2009/5/31/art_1378491_12551555.html.

④ 李映天.2008 年度辽宁市级档案局(馆)信息化建设评估结果揭晓[J].兰台世界,2009(5):10.

⑤ 国家档案局.中国档案年鉴 2013[M].北京:中国文史出版社,2013:129.

⑥ 国家档案局办公室关于印发《档案馆安全风险评估指标体系》的通知[EB/OL]. (2019-02-13)[2023-09-13]. https://www.saac.gov.cn/daj/tzgg/201902/fd66636dbe7c4a2a8ef7fdf6f3bcf57f.shtml.

等级标准,规定 3 年进行一次对省直单位的档案工作评估。甘肃省档案局印发了
《省直机关事业单位 2017 年度档案工作考核评分标准》的通知(甘档发〔2017〕
35 号)。此外,江苏省的无锡市、江阴市也开展了档案工作年度评估活动。

由此可见,新时期的不同行业和地区的档案机构评估内容在不断丰富,范
围还在不断扩大。

(2)内容和特点分析

1)内容分析

为进一步总结档案事业发展综合评估时期的主要内容和整体的评估差异,
同样运用内容分析法解读以上四项法规的内容(数字档案馆室评估以数字档案
馆评估为例)(如表 2.3 所示)。可知,档案事业综合评估时期的评估主体主要
为国家档案局;评估客体除档案事业发展综合评估是对各地档案事业整体的发
展为评估对象,其他三项评估对象均主要是针对综合档案馆而言的,对综合档
案馆的评估是现代评估的焦点和未来的趋势;较之前期评估目的的模糊和宏
大,这一时期评估目的更加具体和明确;评估内容集中在组织建设、基础设施以
及开发利用等方面,侧重于绩效评估;评估等级分为两种类型,第一种是设置为
二级或三级评估,第二种是依据评估结果进行定级;评估方法依旧是以分值打
分为代表的定量评估;评估流程分为自评、实地评审、得出评估结论以及反馈等
环节。

表2.3　档案事业综合评估时期主要法规内容分析表

名称	《关于开展档案事业发展综合评估工作的通知》(档函〔2007〕31 号)	《市、县级国家综合档案馆测评办法》(档办〔2008〕30 号)	《数字档案馆系统测试办法》(档办发〔2014〕6 号)	《国家档案局关于开展副省级以上综合档案馆业务建设评价工作的通知》(档函〔2017〕211 号)
颁发日期	2007 年 3 月 7 日	2008 年 2 月 21 日	2014 年 11 月 26 日	2017 年 10 月 13 日
颁发部门	国家档案局	国家档案局办公室	国家档案局办公室	国家档案局

续表2.3

评估主体	国家档案局政策法规研究司,下设全国档案事业发展综合评估委员会办公室	国家一级:省(自治区、直辖市)、计划单列市和副省级档案主管部门;国家二、三级;省级档案主管部门	国家档案局成立的建设评价工作领导小组并组建评价专家队伍	国家档案局档案馆(室)业务指导司
评估客体	各省、自治区、直辖市、计划单列市档案事业	参加全国文明城市创建活动的市、县级国家综合档案馆	县级以上国家综合档案馆数字档案馆系统	全国47个副省级以上国家综合档案馆
评估目的	全面检查档案事业发展规划和档案法律法规执行情况,客观评价各地档案事业发展状况,为科学合理编制档案事业发展规划提供决策依据	为提高市、县级国家综合档案馆(以下简称市、县级档案馆)的整体工作水平,更好地为创建文明城市(区)活动服务	为加强数字档案馆的科学建设、安全运维和绩效管理,推动全国档案事业可持续发展	为全面贯彻依法治国基本方略,加快推进依法依规治档工作部署,落实"十三五"规划,提升副省级以上综合档案馆业务水平,推动全国档案事业科学、可持续发展
评估内容	1.组织领导(17分);2.条件保障(19+2分);3.监督指导(25分);4.保管利用(23+4分);5.科技与创新(16+3分)	1.条件保障(28分);2.基础业务(33分);3.开发利用(24分);4.信息化建设(15分)	1.基础设施建设(12分);2.系统功能(12分);3.档案资源(52分);4.保障体系(14分);5.服务绩效(10分)	1.建筑与设备(17分);2.经费与人员(11分);3.档案基础业务(33分);4.开发利用服务(29分);5.工作落实(10分)
评估等级	评估90分以上为全国档案事业发展综合评估先进单位	国家一级(≥90)、国家二级(90>国家二级≥80)、国家三级(80>国家三级≥70)	分值≥90为"全国示范数字档案馆";分值≥80为通过数字档案馆测试	根据总得分情况确定各被评价档案馆业务建设等级

续表2.3

评估方法	定量评估	定量评估	定量评估	定量评估
评估流程	1. 自评摸底;2. 核实公示;3. 实地测评;4. 结果反馈;5. 总结评议	1. 自评;2. 提出测评申请;3. 评审(听取汇报、审阅材料、实地查看、逐项审核自评分数、填写测评得分与测评说明);4. 形成测评结论和等级意见;5. 测评审批;6. 颁发等级标牌和证书;7. 复查(五年一次)	1. 申请测试;2. 现场测试;3. 测评审批	1. 自评;2. 报国家档案局;3. 实地评审(听取汇报、审阅材料、实地查看);4. 形成意见;5. 初步反馈
备注	有加分项			

2)特点分析

首先,档案机构评估对象在不断调整。档案事业综合评估阶段(如图2.3所示),国家提倡为企业、中央国家机关减负,中央层面减少了对这两种档案机构评估的开展;随着国家对科技事业单位企业化管理的改革,国家层面科技事业单位的档案评估活动也逐渐淡出历史舞台;而综合档案馆作为存储档案的专门机构,则成为档案机构评估活动的重点。其次,地方层面的档案机构评估活动日渐活跃。江苏、浙江、湖北、辽宁等部分省市延续了以企业、机关事业单位、综合档案馆等机构为评估对象的传统。最后,档案机构评估内容不断扩展,即由传统的基础设施、业务建设评估逐渐向档案信息化建设、档案安全评估、数字档案馆(室)评估等方面拓展。

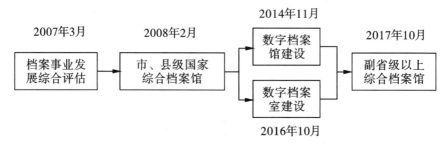

图2.3 档案事业综合评估活动评估客体扩展示意

档案机构评估走过了30多年的评估探索历程,每一评估阶段的发展不是此消彼长的关系,实际上,不同类型的评估在不同的发展阶段,在实践实施和学术研究中的角色并未完全消失,档案机构评估是为适应时代的进步和档案事业的发展而做的适时调整,不同类型的评估在不同的发展阶段都发挥着主要的引导和督促作用。

2.1.2　档案机构评估存在的问题

通过已有研究文献的梳理和评估实践历史和现状的总结,可以看出,我国档案机构评估已经取得了一定的成绩和成效,但是进一步分析可以发现我国档案机构评估在评估要素、评估运行、评估环境保障三个层面存在问题。

2.1.2.1　档案机构评估要素构成不完善

(1)评估主体过于单一

在我国档案机构评估实践30多年的发展历程中,无论是国家层面还是地方层面,评估主体主要由国家或地方的档案主管部门和行业管理机构构成,此外,评估主体还存在两种组织形式,分别是国家或地方的档案主管部门和行业管理机构单独组织的评估活动、二者以合作的形式联合组织的评估活动。档案机构评估主体在评估过程中要承担界定评估范围、选择评估研究方法、设计评估指标体系、制定和颁布评估政策、确定评估周期、组织评估专家、支配评估进度、统一接收评估结果和反馈、决定评估结果的公开与否和使用范围等职能。档案行业主管部门主导的档案机构评估主体几乎包揽和支配了评估活动从开始到结束的所有任务和进程。这种单一的档案机构评估主体的优势不言而喻,拥有档案行政管理权力的评估主体能够有效地集中人员开展评估活动,但是其弊端也显而易见,单一的档案机构评估主体缺乏活力和创造性,一言堂式的评估过程较为死板,难以激发档案机构整体的评估活力。

(2)评估客体"一刀切"

档案机构评估客体是评估主体的主要作用对象,我国档案机构评估客体类型众多,通过对档案机构评估实践历史与现状的梳理,发现档案机构评估客体的发展主线是围绕综合档案馆、企业、机关事业单位等机构展开的,也就是说目前档案机构评估对象的划分是面向整体评估,以机构类型为分类标准,将同一机构不同级别和地区的档案机构放在一起进行评估比较和研究,不考虑地区和行业发展的不平衡性。如将全国的综合档案馆看作一个整体,依据一定的评估标准和评估流程,最终得出评估结论和排名,评估结果会带有明显的地区和行业、社会和经济发展状况的烙印。这种针对评估客体"一刀切"的做法,严重侵害社会经济欠发达地区和行业的档案事业发展利益,长此以往,容易形成档案机构评估中的"马太效应",档案事业发展资源的投入依旧会流向档案事业管理水平更好的地区、机构和行业,而档案事业发展中的地区、机构和行业则得到的资源越来越少,加剧了档案事业发展的不平衡性。

(3)评估目标定位不明确

评估目标在整个评估活动过程中起到方向性的指导作用,制约着评估指标体系的构建,是决定评估任务和目标是否走偏的重要评估要素。然而,通过分析已有的档案机构评估法规制度文件不难发现,不同评估类型的评估目的设置并不十分合理,主要体现在:第一,评估目标的制定随意性较大,没有充分揭示该类评估所想要达到的战略目的和任务;第二,评估目标的制定语言使用较为笼统、宽泛,不利于档案机构评估目标的分解和执行;第三,评估目标的定位不精准,时代发展特点的痕迹较为明显,缺少确立档案机构管理目标的精准性和特色化。

(4)评估内容的科学性受到质疑

档案机构评估内容受到质疑主要体现在评估指标体系设计不科学。通过使用不同的比较方法,会发现档案机构评估内容存在以下不同问题。

1)横向比较

评估指标项和权重的合理性有待商榷。首先,早期在企业和科学技术事业单位开展的档案管理升级的指标体系采取的是定性的研究方法,根据考核内容人工打分,降低了评估结果的科学性;其次,无论是早期的档案管理升级、档案目标管理还是档案事业综合评估,其评估内容主要集中在档案管理体制、基础业务建设、信息资源开发和利用等方面,并未体现出不同评估机构本身具有的特色以及评估客体在不同时期评估的特点;最后,详细分析档案机构评估法规文件的指标体系可知,选取的部分指标和赋予的权重的科学性也有待商榷。如1992年的国家综合档案馆考评中有一项指标为"档案馆是文化事业实体(指机构单独设置,人员、经费全部自主管理)"①,分值设置为1.5分,那么什么是文化事业实体,机构单独设置,人员、经费全部自主管理的边界是什么,为什么设置为1.5分等问题无法经得起推敲。还有2016年的数字档案室建设评价中要求"传统载体档案数字化要设置总体规划,存在不符合规范要求的,扣0.1分"②。那么什么情况下不符合规范要求?总体规划对档案数字化工作具有导向性战略作用,扣0.1分是否权重设置过低?档案机构评估指标的科学性受到质疑。

2)纵向比较

评估内容的与时俱进特点不突出,评估指标体系综合评估和专项评估界限模糊,专项评估特色不明显。

①评估内容的与时俱进特点不突出。从同一档案机构不同时期的评估指标来看,以国家综合档案馆评估为例,国家档案局分别在1992年、1995年、2008年和2017年发布了有关综合档案馆的四份文件,将其评估标准放在一起进行比较研究可知,在国家综合档案馆25年的评估发展历程中,评估主要内容并无重大变化,只是在具体的指标设置上存在一些差异,评估内容的与时俱进特点不突出。(如表2.4所示)指标权重设置中,档案信息资源开发利用的分值从未高过基础业务建设,表明国家综合档案馆的评估重点主要是围绕绩效评估,即较为注重档案馆的基础业务建设,档案信息资源开发利用的成效评估发展趋势不明显,这与我国倡导的档案工作应由"重藏轻用"向"管用结合"的服务型发展目标不相吻合,存在档案机构评估发展方向与整体的档案事业发展方向脱节现象。档案机构评估内容不清晰的问题在企业、事业单位等其他评估活动中也有所体现,不再赘述。

---

① 国家档案局1992年12月10日发布的《中央、省、自治区、直辖市和计划单列市国家综合档案馆考评定级试行办法》(国档发〔1992〕19号).

② 国家档案局2016年10月10日颁布的《数字档案室建设评价办法》(档办发〔2016〕3号).

表2.4　国家综合档案馆评估中的评估内容比较

名称	《中央、省、自治区、直辖市和计划单列市国家综合档案馆考评定级试行办法》	《关于在省级和副省级市、计划单列市档案馆开展目标管理考评活动的通知》	《市、县级国家综合档案馆测评办法》	《国家档案局关于开展副省级以上综合档案馆业务建设评价工作的通知》
时间	1992年12月10日	1995年1月3日	2008年2月21日	2017年10月13日
评估范围	中央、省(自治区、直辖市)和计划单列市国家综合档案馆	省级、副省级市和计划单列市综合档案馆	国家一级:省(自治区、直辖市)、计划单列市和副省级档案主管部门;国家二、三级;省级档案主管部门	全国47个副省级以上国家综合档案馆
一级指标和分值	1.行政管理(13.5分);2.建筑与设备(16分);3.基础业务工作(35分);4.档案信息资源开发利用(35.5分)	1.组织管理(11分);2.建筑与设备(15分);3.基础业务建设(38分);4.档案信息资源开发利用(36分)	1.条件保障(28分);2.基础业务(33分);3.开发利用(24分);4.信息化建设(15分)	1.建筑与设备(17分);2.经费与人员(11分);3.档案基础业务(33分);4.开发利用服务(29分);5.工作落实(10分)

②评估指标体系综合评估和专项评估界限模糊,专项评估特色不明显。在深入研究的过程中发现和延伸出另一个问题,还以综合档案馆为例,综合档案馆评估性质一般为综合评估,那么无论是实践中的综合档案馆业务建设评价活动还是学术研究中的综合档案馆公共服务能力评估,单从评估标题来看,"业务建设评价"和"公共服务能力评估",前者评估的是综合档案馆日常档案管理工作的开展现状,后者强调的是综合档案馆的对外服务水平的高低和能力的大小,以及服务质量的好坏,评估的目的和内容是有具体差异的,但是若从评估标准和指标体系的内容来看,则发现一级指标并无明显区别,最大的不同则是二级指标的权重分值,但是无论是专项评估还是综合评估,其评估内容并无明显差异,这就产生了评估指标体系综合评估和专项评估界限模糊,专项评估特色不明显的问题。

综合档案馆专项评估和综合评估只是评估名称上的差异,实际的评估边界模糊不清的现状在其他档案机构也同样存在,并且这一现象还会在一定程度上影响评估效果的发挥。

(5)评估方法应用较为单一和不规范

从宏观的评估管理方法来看,档案机构评估实践中使用较多的是目标管理的宏观战略方法,宏观研究方法较为单一;从微观来看,学术研究中档案机构评估的指标项和权重的确定所使用的评估方法不规范,常常省略研究方法应用的过程和步骤,使评估指标体系的科学性遭受质疑;从评估手段来看,目前包含实地查看、查阅记录、抽查档案、随机抽查样本等方法,但评估手段仍注重实地评估,而忽略信息化环境下的档案机构评估方式的数字化和网络化。

(6)重实践探索,轻制度建设

档案机构评估种类众多,评估实践遍地开花,由上文档案机构评估实践的梳理可知,除了主线梳理出来的企业、事业单位、综合档案馆、中央国家机关的机构评估以外,还有专门行业的评估以及以省级、地市级等档案主管部门自行组织的地区评估。然而,目前,我国档案事业实践的发展,并没有形成有规律的评估运行制度,遍地开花的档案机构评估实践,也未有相应的评估分类理论成果作指导,评估实践长期化发展有余,制度化、规范化不足。这样的后果是各地档案机构评估模式自由发展,加剧全国地区和行业的档案事业发展的不平衡性。

2.1.2.2　档案机构评估运行机制不规范

我国档案机构评估虽然也经历了档案管理升级、档案目标管理和档案事业综合评估的发展历程,但是并未形成有时间规律可循的评估运行机制。

(1)评估过程封闭

评估计划、实施、反馈的过程过于封闭,忽略社会大众的参与度和评估参与者的心理状态。档案机构评估流程从计划、实施到反馈的过程基本处于封闭状态,档案机构评估法规文件的颁布一般都是成文的定稿,并未见相关的征求意见稿面世,虽然也有召开征求意见稿研讨会,但是这种半公开的评估意见方式并不能完全听取与评估利益切身相关的社会大众、其他地区和行业等群体的意见和建议。此外,评估过程也只是在地方和行业档案信息网站上看到新闻报道式的总结,除评估组织者、评估专家和被评估单位的相关人员以外,其他受众并不能窥览评估全貌,不得见真实鲜活的评估过程。评估过程的封闭化,不利于大众对档案机构评估运行过程的监督。此外,档案机构评估人员的心理问题,如评估人员的积极或懈怠、精神与疲态等心理状态均会作用于评估行为本身,并在评估过程和评估结果中呈现出来,影响评估的顺利进行,但在档案机构评估活动中却常常忽略和遮蔽这些问题,同时,评估组织者是如何解决该类问题的也不得而知。

(2)评估结果的应用不到位

评估结果仅限于公开排名或上等级的名单,而未公开档案机构评估总体的发展结果,以及档案机构评估结果优秀的机构的经验总结,这种有限的评估结果的公开与应用不利于档案机构评估结果的共享,一般评估单位也失去向标杆评估机构学习的机会。

(3)评估运行机制尚未形成,评估功能未能充分发挥

档案机构评估机构数量众多,需要耗费大量的人财物,笔者未找到档案机构评估投入的人力和财力资源确切的数字(据了解,笔者在实地调研的半结构化访谈过程中提到"迎接综合档案馆业务建设评价的资金投入"的问题时,某单位上报了100多万,实际审批并未如数达到),但是从参与评估的机构数量和培训人员数量可知,从自检到评估结果的上报,层层复杂的评估流程使档案机构背负一定的重担;从前文梳理的档案机构评估的历史和现状也可以发现,档案机构评估流程在不同机构的体现也不尽相同,同一机构性质在不同时期的评估流程也有差异,档案机构评估的规范性并没有很好地体现,成熟的、规律性的评估运行机制也尚未形成。对评估流程的规范性认识不够,被评估单位为准备评估需要耗费一定的资源,档案评估专家在评估的过程当中也会消耗双方的精力、物力和财力,彼此不堪重负,投入过多,产出结果蜻蜓点水,评估功能未能充分发挥,并不利于增强社会档案意识、建立档案机构在社会大众中的威信和承担文化机构应有的职能。

2.1.2.3 档案机构评估运行环境发育不健全

档案机构评估的顺利进行离不开稳定的评估运行内部管理环境和外部保障环境。通过文献分析、实地调研可知,我国档案机构评估运行环境还存在以下问题。

（1）档案机构评估伦理建设和评估文化培育研究欠缺

内部环境主要体现在档案机构评估离不开人的参与，涉及人员就要牵涉到评估伦理。正如评估本身就存在质疑的原因是评估能否真正对世界有一个准确的判断和认知，由于人们认识事物的局限性，科学地评估事物或行为与正确地认识客观世界不是对等的关系，永远存在评估误差的现象，档案机构评估也不例外。部分单位和人员不重视评估的作用，面对档案机构评估活动的开展，搞突击检查，应付评估，使评估活动流于表面①，更谈不上评估文化的养成和培育。因此，现有的理论研究成果忽略了档案机构评估伦理的建设问题，造成评估文化的缺失、评估功能不能有效发挥。

（2）档案机构评估数字化建设滞后

信息技术的发展为不同机构的评估活动带来机遇和便利，但是，目前行政主导下的档案机构评估仍然处在纸质化评估阶段，这就造成了大量的人力、物力和财力的浪费。图书馆和博物馆评估已经形成了评估管理系统的开发和运行模式，档案机构评估数字化建设的缺失会导致档案机构评估的影响力滞后于图书馆和博物馆评估，同时，在数字化公共服务中的作用发挥也会越来越弱。档案机构评估纸质化发展裹足不前的现状，与档案数字化、单轨制的发展前景背道而驰。

（3）档案机构评估法治建设的缺失

我国档案机构评估虽然出台了一系列政策文件来支持评估活动的进行和推进评估活动的开展，但是这些法规制度均对自愿参与评估活动的机构带有引导属性，而无实质的强制性约束评估各方评估行为的属性。迄今为止，我国尚未出台专门的保障档案机构评估运行的法律法规，顶层设计层面也只是在政策性文件中倡导呼吁一番，并无实质性的约束力。我国档案事业的发展拥有一套包含档案法律、档案法规、档案规章的法规体系，而现有的法规体系也并未包含档案机构评估方面的内容，档案机构评估有逐渐往常规化方向发展的趋势和需要，因此，从长远来看，法制的不健全还会阻碍档案机构评估的发展进度。

---

① 孙珩.档案工作质量评估的研究[D].沈阳:辽宁大学,2011.

2.1.3 档案机构评估问题产生的原因

针对以上提出的问题,结合档案事业的发展水平、档案机构的性质和职能,以及档案工作所处的时代背景,进一步剖析档案机构评估问题产生的原因。

2.1.3.1 档案机构评估政治属性的存在和评估实践发展的不平衡性

档案机构评估要素构成不完善的主要原因是档案事业管理的行政属性和地方评估实践发展的不平衡性。

第一,我国档案机构评估主体的单一性是由档案事业所处时代和政治背景决定的,我国档案事业自发展伊始就带有深深的政治属性烙印,这种政治属性引导全国的档案事业发展走向,以及主导档案机构评估活动的开展。

第二,评估客体一刀切的原因是我国档案事业的发展自形成开始就出现不平衡的发展态势,这是由我国外部的社会经济环境和内在的档案事业发展历史共同决定的。但是,分析档案机构评估演变过程可以发现,档案机构评估对象的划分是以机构类型为分类标准,将同一机构不同级别和地区的档案机构评估放在一起进行比较和研究,这种以机构区分档案机构评估的模式,忽略了我国不同行政级别和地区之间社会经济发展不平衡,以及档案事业实际发展水平不同的现状,带有受制于行政区划的政治属性评估烙印。此外,不同地区和行业的档案管理在本地区、行业承担不同的职能,这种评估客体“一刀切”、依据一套评估指标对整体评估的做法不利于档案机构评估的长远发展。

第三,评估目的不明确的原因,首先是忽略了评估目的在整体评估活动中的重要地位和作用;其次,由于时代背景的不同,不同类型的档案机构评估在该背景下的评估诉求也不尽相同,但正是在时代大环境的裹挟下,评估目的才会出现时代特点的笼统性;最后,探索中的档案机构评估也在寻找目标和方向,因此,评估目的还会出现随意性。

第四,档案机构评估内容的科学性受到质疑,一方面是由于评估手段本身对认识客观世界的科学性存在质疑,另一方面则是针对档案机构评估本身而言,机构评估指标体系的构建过程是封闭的,社会大众无法知晓评估指标体系构建的方法和过程是否科学,并且从现有的指标体系研究成果看,如综合和专项评估界限模糊、指标项的雷同等,并未突出二者评估的差异,也是对评估内容

的科学性质疑的原因之一。另外,评估组织者一开始就缺乏档案机构评估长期
发展的眼光和战略规划,也并未对档案机构评估发展现状有一个清晰的了解,
几十年的评估发展始终在绩效评估的旋涡里打转,造成评估内容之间继承性较
差的结果。

第五,档案机构评估方法的使用未能紧跟时代的思想和科技潮流。宏观的
评估管理方法较多的是目标管理的宏观战略方法,这是由于产生于 20 世纪
50 年代中期的目标管理方法引进国内以后,在 20 世纪 90 年代才真正应用于档
案机构评估研究领域,说明档案领域应用新思想和新技术的思维比较滞后,这
一诱因在重实地查看、轻信息化建设等评估手段中也有呈现,又由于目标管理
法在档案机构评估中取得较好的管理效果,因此,目标管理法一直沿用至今,也
相对造成宏观评估方法的单一。

第六,档案机构评估尚未形成制度化的长期发展机制,主要是由于档案机
构评估的长远发展缺乏顶层设计规划,国家层面的评估在探索中前进,档案机
构在历次机构改革的现实冲击中,也在不断调整职能定位。我国档案法制化建
设开始较早,但是尚未形成评估的制度化、法治化,总体上是由于档案机构评估
活动在档案事业发展中不受重视,深层次的原因是由于评估活动没有产生明显
的经济和社会效益。

2.1.3.2   未能形成长期化、制度化的档案机构评估机制

第一,我国未形成注重评估规范化的传统,不同时期评估的继承性较差。
由前文的梳理可以看出,主线脉络是围绕国家综合档案馆、企业、科技事业单
位、中央国家机关等机构进行的。如国家综合档案馆迄今进行了四次评估,但
是评估范围略有出入,可见,从第一次国家综合档案馆评估开始,档案机构评估
的组织者只关注了档案机构评估的连续性而忽略了档案机构评估发展的长期
制度化,战略眼光的局限导致我国档案机构评估并未形成注重评估规范化的传
统。评估理论和实践的脱节,造成评估种类泛滥却无相应档案机构评估分类理
论的指导,30 多年的档案机构评估时间也无规律可循。

第二,档案利用保密性的传统。档案机构具有信息管理和信息服务的职
能,还承担着档案信息保密的职责,档案的保密性观念在档案机构管理者的思
维中占据主导地位,这种思维还会通过其他方面表现出来,如档案机构评估过

程和评估结果的保密性。同时,保密性带来的连锁效应是同一类型不同时期档案机构评估的继承性较差,上一阶段的评估结果并未对下一阶段的评估产生深刻的影响和起到深远的作用,也就是说评估主体并未对以往的评估结果进行对比、分析、反思,评估结果只是上等级档案机构对外宣传的名片,评估于整体而言并无实质意义,这种局势的僵化加剧了形成评估常态化、制度化评估机制的难度。

第三,档案机构评估名目繁多、类型多样,评估历史由来已久,积累了一定的评估运行经验,但是长期以来促进档案机构评估长期发展的内部运行机制并不成熟,致使评估流程过于复杂,庞大的评估机构数量和种类决定任何一类的评估都将是群体性的,规模性的评估体量为优化评估流程也增加了难度,加之历史遗留的评估流程固化的弊端,创新档案机构评估流程运行机制更具有挑战性。

2.1.3.3 档案机构评估伦理建设和法制化建设的缺失

第一,档案机构评估伦理涉及档案人员建设,如果说评估主客体、评估指标体系、评估方法等都是涉及评估活动本身的客观问题,那么档案机构评估伦理建设则是关系到人员的主观问题,这与人的社会属性有关,牵涉人员问题就需要各种法规、制度和规范来调节和协调。

第二,档案机构评估数字化建设滞后主要是和档案机构评估组织者对评估信息化发展理念、信息技术的应用观念滞后有关,加上档案信息化的整体发展水平落后于相关行业,档案机构评估的信息化发展必然受其影响。

第三,档案机构评估法制缺失的现状,对档案机构评估的整体发展也产生了阻碍。究其原因,虽然档案机构评估历史时间较长,但是档案机构评估活动固有的上述原因,造成档案机构评估活动影响力较弱,在评估过程中出现的违反法规制度的现象,一来由于档案机构评估过程和评估结果的封闭性和保密性,档案机构评估违规现象无从知晓,也无法明晰违规问题以及剖析问题的根源,这就大大降低了档案机构评估法制的必要性,二来也无可供档案机构参考的与评估违规行为相关的法规制度,因此,档案机构评估法制化建设的缺失也谈不上会对档案机构评估产生保障作用。

2.2　理论基础

　　档案机构评估是包含不同类型和规模的档案馆(室)及其档案工作、档案人员、档案资源等内容的复杂系统评估。如何对档案机构进行有效的评估、运用什么样的理论能有效地指导档案机构评估、不同的理论对档案机构评估的适用性如何等是本小节要解决的主要问题。

　　档案机构评估的基本出发点是档案信息资源本身所具有的价值,因此,档案价值理论对本研究具有贯穿全书的指导意义。评价理论是对评估实践的总结,对一般评估活动均具有一般指导意义,叶继元教授的六要素评估理论对分解档案机构评估构成要素等方面具有指导作用;绩效管理理论的本质是提高管理效率,强调战略协同,实现最终目标。因此,接下来着重分析档案价值理论、评估理论、绩效管理理论的内涵、渊源以及在档案机构评估中的适用性。

2.2.1　档案价值理论

　　档案是不同社会主体在各种实践活动中形成的固化信息,具有原始记录属性,这种原始记录的本质属性是决定档案价值发挥区别于其他资料的基础条件,这也是档案价值的独特之处。

2.2.1.1　档案价值理论的内涵和主要内容

　　档案价值理论是档案学重要的三大基础理论之一,在三大基础理论的地位中起到档案运动的动力作用。

　　(1)档案价值理论的内涵和特点

　　1)档案价值的含义

　　从哲学角度来讲,价值是人们对满足他们需要的外界物的相互关系中产生和发现的,因此,"档案价值是指档案对国家、社会组织以及个人的有用性"①,是哲学中价值概念的延伸。由此可见,档案价值的发挥是主客体相互作用关系的结果,只其一方不能单独实现档案价值。其中,档案价值发挥的主体是国家、

――――――――――

　　①　冯惠玲,张辑哲.档案学概论[M].2 版.北京:中国人民大学出版社,2008:47.

社会组织或者个人,即档案价值主体产生档案利用需求,是档案价值发挥的前提条件;档案价值发挥的客体是档案,即在不同时期和地点由不同的单位、部门和个人产生的类型复杂、载体多样和内容丰富的档案,价值客体是档案价值发挥的客观基础。

2)档案价值的特点

档案在发挥其价值的过程中,会呈现出不同的特点,主要表现在客观性、主体性、多元性、时效性与动态性、隐蔽性与模糊性、再生性六个方面。

①档案价值的客观性是以档案的客观性存在和客观记录当时所发生场景的客观属性为依据的,档案价值发挥的主客体都是客观存在的,档案记录的原始属性决定档案价值的发挥也体现出客观性的特点,这是档案价值最基本的特点。

②档案价值的主体性是指国家、组织和个人等社会主体产生的对档案信息资源的能动性主观需求。

③档案价值的多元性体现在档案价值在不同的社会利用需求面前发挥的不同作用,表现出不同的价值形态,如凭证和情报价值、历史和现实价值等。

④档案价值的时效性与动态性是指不同的档案信息在不同时期和场合会发挥不同的效能。时效性本质是指档案价值发挥的时间阶段是有时间限制的,主要体现在一定时间内调动档案现行价值和长远价值的发挥是不同的,过了现行价值,长远价值的发挥会不如现行价值。动态性是由档案价值的多元性特点决定的,同一档案资源对不同的利用者还会产生不同的利用价值,同一档案资源在不同的时间点也会体现出不同的价值,也就是说档案价值的表现是动态变化的,并不是一成不变的。

⑤档案价值的隐蔽性与模糊性是指档案价值的显现并不是直接表现的,这就需要档案管理机构开发和组织档案资源,使其档案价值显性化。

⑥档案价值的再生性是指档案价值的发挥可能是独立的,但是外部环境和条件变化以后,档案资源自然生长出新的、不同于以前的档案价值。如一份诉讼档案在法官和律师手中表现的是凭证价值和法律价值,一系列诉讼档案在历史学家手中则会体现出史学研究价值。

(2)档案价值理论的主要内容

档案价值理论的主要内容包括档案价值内涵、档案价值形态、档案作用、实现档案价值的规律等,具有一定的现实指导性。前文已经解释了档案价值的含义与特点,在此不再赘述。下面主要从档案的价值形态、档案的作用、档案价值的实现规律三个方面来介绍档案价值理论。

1)档案的价值形态

档案的价值因其实现领域、时间、主体的不同会表现出不同的价值形态,如凭证价值和情报价值、现行价值和长远价值、第一价值和第二价值等(分类如表2.5所示)。首先,档案价值形态最基本的两种形式是凭证价值和情报价值,这两种形态是依据档案价值作用的实现效果和领域的不同而划分,档案价值作用效果归根结底还是反映在这两种形态上。一方面,档案可资凭证的特性构成了档案区别于一般资料的凭证价值,成为档案价值表现形态最基本的特点。档案的形成过程、内容和特征决定了档案所具有的凭证价值,档案的形成过程是客观反映当时所发生的场景原始记录的过程,档案的内容承载了客观事件发生的始终,而档案的形式特征,无论是不同载体的特质还是亲笔签名,抑或是印章等标记,都是活生生原始印记的反映,具有客观性和真实性;另一方面,档案积累的事实和经验决定了档案可供参考的情报价值。档案记录了事件发生的主体在不同的社会管理活动中的经过,形成相互联系的档案整体,经档案管理者有效的整理以后,当抽取某一类别有联系的档案组合就会成为挖掘某一事实的重要信息,情报价值由此体现。其次,现行价值和长远价值是依据档案价值实现时间的不同而划分,现行价值主要是针对当下档案形成单位和相关单位的有用性,可以预测和把握,而长远价值主要体现在档案对未来利用者的价值,鉴定难度较大。最后,第一价值和第二价值(双重价值学说)是美国档案学者谢伦伯格提出的,档案的第一价值是指对档案形成者和相关单位的价值,第二价值是指对其他社会组织、单位或个人的价值。

2)档案的作用

档案包含行政、业务、文化、法律和教育等作用。档案对主流官方文化的叙事模式决定了其对行政的参考作用,档案对社会活动和组织的原始记录属性决定了其业务作用和法律作用,而档案对历史事实的积累则彰显了文化作用,档案是第一手资料的集合,其蕴含的知识背景对社会大众具有教育作用。

表2.5　档案价值的不同表现形态划分标准

分类标准	价值表现	备注
根据档案价值实现领域和效果的不同	凭证价值	基本价值
	情报价值	
根据档案价值实现时间的不同	现行价值	凭证价值、情报价值
	长远价值	
根据档案价值主体的不同	第一价值	行政管理价值、法律价值、财物价值、执行价值
	第二价值	证据价值、情报价值

3）档案价值的实现规律

档案价值的实现规律主要包含三个方面：扩展律、时效律和实现档案价值的条件。档案价值的扩展律主要表现在档案价值的实现范围是从档案形成单位向社会大众逐渐扩展、档案价值的多样性随着时间的变化而不断扩展；档案的时效性是指档案的类别决定档案价值时效的发挥，不同的档案在不同的历史纵切面展现不同的价值，档案资源适时满足社会的档案利用需求有助于档案价值最大化的发挥。实现档案价值的条件要求有活跃的档案管理内部环境以及广泛的档案意识、稳定的社会环境、发达的经济环境、科学的技术环境、宽松的文化环境等外部环境。

2.2.1.2　档案价值理论对档案机构评估的适用性

档案价值理论的现实指导意义具有广泛性，档案价值发挥是档案管理活动顺利开展的内在动因。档案对社会利用者的有用性决定了档案的被利用价值和档案机构对外服务的能力，也正是档案的有用性才能决定档案机构在文化产业中的地位和作用——留存社会记忆，传承人类文化。某种程度上来讲，正是由于档案具有价值，也使不同种类和形式的档案机构评估这一客观存在成为可能，并逐渐发展成为一种常态的社会现象。档案机构评估是对实践中涉及的档案机构、档案人员、档案管理等不同评估对象的综合表达，其实质是对档案管理和服务质量的管控，评估的最终目的是发现档案价值发挥过程中遇到的问题，督促和检查档案价值是否得到最大限度发挥的过程。

2.2.2 评估理论

概念界定部分已经对"评价"和"评估"的联系和区别做了区分,在介绍评估理论时,引用了国内外学者的相关研究成果,该部分二者概念的使用会根据特殊语境下的表达有选择性地使用,最终仍落脚到评估理论对档案机构评估体系研究的指导意义,并不违背评估理论在档案机构评估中应用的本意。

2.2.2.1 评估理论的发展渊源与内涵

邱均平教授说过,"没有科学的评价就没有科学的管理;没有科学的评价就没有科学的决策",深刻表达了无评价不管理的含义。评估作为管理的重要手段和措施,在医学、经济学、行政管理等学科以及实践中的大学评价、竞争力评估、期刊评价等领域逐渐发挥越来越重要的作用。尽管评价如此重要,但是由于人们认识世界方式的局限性以及客观事物本身的复杂性等客观因素的存在,评估过程和结果的科学性依然会受到质疑和评判,因此如何有效科学地开展评估活动,是国内外学者共同面临的问题,各界对科学评价活动的探索依然孜孜不倦。

(1)国外评估理论研究的探索

实践探索中,国外的评估研究可以追溯到 20 世纪 20 年代,美国成立了评估和科技研究有关活动的部门——国会服务部(CRS),被认为是科技评估的早期雏形。此后,各国也开始不断探索评估在实践中的应用,其中形成了比较有特色的国家模式①:德国 20 世纪 50 年代成立的科学委员会属于政府性质的科技评估活动,标志着德国政府层面对评估活动的支持;英国在 20 世纪 80 年代开始展开对评估工作的不断探索,形成从中央到地方的宏观评估管理机制;日本在 20 世纪 90 年代以后颁布了一系列有关评估的法律法规,从法律上确认开放型的评估研究体制;法国目前也已经形成了上有国家层面、中有为本单位服务的基层单位评估、下有独立的私人或事务所评估机构的三层评估网络系统;韩国在 20 世纪末成立韩国科学技术评价院,负责开展对政府研究机构的评价,

---

① 邱均平,文庭孝等.评价学 理论·方法·实践[M].北京:科学出版社,2010:5-6.

2001 年,随着《科学技术基本法》的颁布,该机构的职能得到进一步巩固。① 不同国家探索的实践模式促进了评估理论的形成。

评估理论的研究在不同学科之间略有差异,对评估模式的梳理和学理分期也存在一定的差距。1989 年,美国学者古巴和林肯提出的"代际传承(Generation)"是早期的分类模式的尝试,即每一代的评估理论都是在上一代学者评估理论成果的基础上发展而来。② 如果将评估理论的研究从 20 世纪 30 年代的发端算起到现在,古巴和林肯在其著作《第四代评估》中论述了评价理论已经发展到第四代评估。③ 其中,四代评估的发起时间、代表人物和评估特点如表2.6 所示。④

表2.6　四代评估的发起时间、代表人物和评估特点

类别	第一代评估	第二代评估	第三代评估	第四代评估
发起时间	20 世纪 30 年代	20 世纪 30—50 年代	20 世纪 50—70 年代	20 世纪 80 年代
代表人物	约瑟夫·梅耶尔·赖斯(Joseph Mayer Rice)	拉尔夫·泰勒(Ralph W. Tyler)	罗伯特·斯塔克(Robert Stake)	古巴(Guba)、林肯(Lincoln)
评估特点	基于社会测量学实证范式的测量理论和测量技术	泰勒模式的目标描述评估	偏向于分析的判断、评估	协同构建、全面参与、价值多元

1)第一代评估(20 世纪 30 年代)

第一代评估是由被称为"学校评估之父"的美国学者约瑟夫·梅耶尔·赖斯提出的,他将心理测量的方法应用于评估学校学生成绩,作为教育评估的重要组成部分,引起系列反响,但是这一阶段仅仅是量的数据的获得,因评估方法上的漏洞造成批评。

---

① 乐慧兰,赵兰香,李扉南.韩国政府的科技评估[J].中国科技论坛,2002(5):76-79.

② 施托克曼,梅耶.评估学[M].北京:人民出版社,2012:117-118.

③ 埃贡·G.古贝(Egon G. Guba),伊冯娜·S.林肯(Yvonna S. Lincoln).第四代评估[M].北京:中国人民大学出版社,2008:9-14.

④ 施托克曼,梅耶.评估学[M].北京:人民出版社,2012:117-132.

2）第二代评估(20 世纪 30—50 年代)

第二代评估以泰勒模式的目标描述评估为代表,认为描述是评估者的中心任务,是指将产生的结果与原先制定的目标之间的差异进行对比。

3）第三代评估(20 世纪 50—70 年代)

第三代评估代表人物罗伯特·斯塔克区别于先前的研究,提出"应答式评估"的概念,突出强调评估的判断过程,对评估概念的发展做出了重要的贡献。

4）第四代评估(20 世纪 80 年代)

美国学者古巴和林肯将他们的评估研究划分为第四代评估,是指在理解评估对象信息需求的基础上分析参与者不同的价值取向,二人用流程图对第四代评估的方法和步骤进行分解和描述(如图 2.4 所示)。评估理论的不断完善和丰富,为指导实践评估的发展提供更多方法论的指导和解决问题的思路。

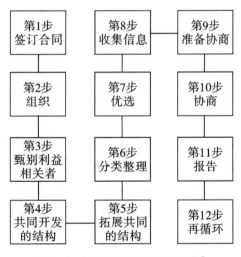

图2.4　第四代评估理论流程图①

此外,德国著名的社会学者施托克曼和梅耶在《评估学》一书中也系统介绍

---

① Guba E G, Lincoln Y S. Fourth generation evaluation[M]. Sage, 1989:186-187.

了评估理论,从科学本位的评估、评估模式、评估过程、信息收集与评价、评估环境等方面①,对评估这一管理手段进行了系统的理论剖析,同样对档案机构评估体系研究具有一定的理论借鉴意义。

(2)国内评估理论研究的探索

评估理论在国内有不同的演化方式,比较有影响力的评价理论有 2009 年邱均平的评价学理论与实践研究②,他将当前的科学评价活动划分为哲学层面的评价、学科层面的评价和社会生活层面的展开的评价三个方面,并构建了评价学基于学科、基于过程、基于应用的理论体系,介绍了评价学定量和定性、综合方法、知识图谱等研究方法,并佐以案例实证分析,突破机构、行业、地域等因素建构起一个具有一般指导意义的、较为全面的评价学学科体系。另外,2010 年,邱均平团队又在人文社会科学评价方向继续探索和研究,构建出人文社会科学的评价体系,产生一定的社会影响力。③ 2010 年,南京大学叶继元教授与课题组首次提出了"全评价"理论体系④,该理论体系对本研究具有重要的指导意义,因此下面专门作以介绍。

2.2.2.2 "全评价"理论体系的内涵和包含的内容

2010 年,叶继元教授与课题组打破以往二元对立的学术评价标准,以全新的视角,提出了全评价理论框架,经过近八年的实践取得了一些经验,该理论分析框架指导了国内的人员、期刊、学科成果等方面的评价,也产生了一定的社会影响。"全评价"分析框架简单来讲是"六位一体"和"三大维度"的组合。⑤

(1)六位一体

六位一体是指有组织的学术评价体系应该包含评价主体、评价客体、评价目的、评价标准及指标、评价方法和评价制度六个要素。

---

① 施托克曼,梅耶.评估学[M].北京:人民出版社,2012.

② 邱均平,文庭孝等.评价学 理论·方法·实践[M].北京:科学出版社,2010:4.

③ 邱均平等.人文社会科学评价理论与实践(上)[M].武汉:武汉大学出版社,2011:1.

④ 叶继元.人文社会科学评价体系探讨[J].南京大学学报(哲学.人文科学.社会科学版),2010,47(1):97-110,160.

⑤ 叶继元.基于质量与创新测度的人文社会科学"全评价"体系及其应用[N].光明日报,2011-11-25(14).

1）评价主体

评价主体和评价客体是一对相互作用的关系，评价主体是指学术共同体或同行专家等，同时建议健全"评价专家选择数据库"、增加二三级学科的"小同行"，充实学术评价队伍建设，评价主体是六要素的核心要素。

2）评价客体

评价客体是评价主体的主要作用对象，根据不同的标准可以划分为不同的层次和类别，此外，还要注意处理亦此亦彼评价客体类型存在的状况。

3）评价目的

评价目的起着龙头地位的作用，制约着其他几个要素，在不同的评价类型里评价目的会有具体的差异，为该类评估指引方向，是该类评估的动因。

4）评价标准及指标

评价标准及指标就是指学术评价要遵循一定的评价规则，在规则框架内建立科学合理的指标体系，主要是针对评价的内容而言的，构建评价指标体系还要遵循科学的规则。

5）评价方法

评价方法亦称学术评价的手段，是指将现行的同行评议法与引文评价法、文摘评价法等单一的评价方法结合起来整体考虑，根据学术评价的特质，打破传统的定性、定量或二者相结合的二元评价体系，扩展为三维评价，即形式、内容和效用评价。运用引文评价等定量的文献计量方法的实质是形式评价，同行评议法是定性的内容评价，根据实践和时间检验的最终评价是指效用评价。

6）评价制度

为了保证学术评价的长期有效运行，需要外在的制度保障，因此不仅要注重建立评价顺利进行的保障机制，还要注重学术评价的批评和反馈评价机制。

（2）三大维度

三大维度是指针对评价客体进行的形式、内容、效用评价三个维度的考察。

1）形式评价

形式评价主要是根据评价对象的表象来评价，前文也提到，运用引文评价等定量的文献计量方法属于形式评价，数据比较直观，客观推导过程和结果较为有说服力，但是无法摆脱定量评价流于形式化的弊端。

2）内容评价

内容评价是指深入评价对象的内部,需要依靠同行专家作为这一评价主体来运作,同行评议法是典型的运用定性评价方法的内容评价,会消耗组织者和评价专家的时间和精力。

3）效用评价

效用评价是指综合地对评价对象实际的社会和经济效益、应用结果、人们思想变化等的评价,根据实践和时间检验的最终评价是指效用评价,周期耗时较长。[①]

全评价分析框架为学术评价提供了较为全面、综合的路径和思路,在高校图书馆统计与评估[②]、教育评估[③]、数据库建设[④]、科技查新[⑤]等领域已有一定程度的应用,因此,全评价分析框架对指导相关性质和特点的评估具有借鉴意义。

2.2.2.3　评估理论在档案机构评估体系研究中的适用性

评估理论对档案机构评估的指导意义体现在分解档案机构评估的内部构成要素。全评价理论框架虽然主要应用于学术论文、期刊、学者等方面的评价实践,但对档案机构评估依然具有借鉴意义。一方面,档案机构评估和学术评价均属于评估学的范畴,具有评估方面的研究共性,学术评价和档案机构评估都是复杂的评估系统,都有针对性的、特殊的、复杂的、多类型的评估对象,都需要经历评价主体对评价客体做出某种反应,来查看评价结果的过程,二者可用一套一般意义上的用于指导实践的评估理论,因此"全评价"体系具有适用性;另一方面,从内容上具体来讲,"六位一体"要素分解的理论内核对档案机构评

① 叶继元.学术"全评价"分析框架与创新质量评价的难点及其对策[J].河南大学学报(社会科学版),2016,56(5):151-156.

② 叶继元."全评价"分析框架在高校图书馆统计与评估上应用的思考[J].铜陵学院学报,2017,16(6):3-6.

③ 刘丹.基于全评价理论的高校师德评价体系构建研究[J].科技情报开发与经济,2015,25(24):107-109,114.

④ 吴淑芬.基于"全评价分析框架"的特色数据库评价体系构建[J].宁波教育学院学报,2015,17(4):107-110.

⑤ 孙清玉,陈刚."全评价"体系在科技查新质量评价中的应用研究[J].河北工程大学学报(社会科学版),2015,32(1):41-43.

估同样适用。如档案机构评估主体是指档案主管部门和机关主管部门;评估客体亦称评估对象,是指类型多样、形式复杂的档案机构、档案人员、档案资源等;评估目的是把握档案机构发展的质量和水平,适时进行反馈和纠偏,保障档案事业的顺利前行,为国家的文化建设和精神文明建设添砖加瓦;评估标准和指标是指根据不同的评估内容,运用科学合理的研究方法构建出不同类型的评估指标体系;评估方法是指评估运行的手段和方式,国外学者以及邱均平和叶继元团队的评估方法均可以在考虑档案机构评估特点的基础上适当演绎、作用于档案机构评估;评估制度是为确保档案机构评估顺利运行的规范性文件。

在德国著名社会学者施托克曼和梅耶的评估学理论中,科学本位的评估分析了评估(定义)、评估什么(评估对象)、为什么评估(评估的目的和任务)、根据哪些标准进行评估(评估标准)、谁评估(评估主体)、怎样评估(评估方法)等问题,并进行了理论阐释。这一分析问题的思路和方法与叶继元教授提出的"六位一体"评估要素的分解具有异曲同工之处。因此,科学本位评估的理论内涵能够指导档案机构评估要素的分解;施托克曼和梅耶将评估过程划分为规划、实施、运用三个阶段,格外强调评估信息的收集、分析和评价的过程,对基于评估运行流程视角构建档案机构评估理论具有指导意义;评估环境的部分主要包含了评估活动与公共领域的关系、评估与组织的关系、评估与"利益相关者"的关系,对档案机构评估保障体系的构建也具有引导意义。总之,施托克曼和梅耶的评估学理论中的科学本位的评估、评估过程、评估环境等理论对本研究中构建基于不同视角的评估体系具有内在的理论逻辑指导价值。

2.2.3 绩效管理理论

2.2.3.1 绩效管理理论的内涵与发展渊源

绩效管理理论的发展和演变,在世界不同国家均有不同程度的体现。我国古代的绩效思想可以追溯到三皇五帝时期,经过几千年的发展,绩效管理思想的运用主要体现在行政管理和用人考核上,近代国内普遍应用的绩效管理理论则主要来源于西方。①

(1)绩效管理的内涵

绩效的含义为表示成绩或成效之意,如绩效工资或绩效显著,强调在某一活动过程中形成的功业和成果等,用英文表达是 performance。从绩效的外延看,绩效在不同的语义环境下还会呈现出不同的含义,是一个包含诸多要素的集合概念,即强调投入资源而节省的经济要素;强调投入与产出关系的效率要素;强调达成目标的效果要素;强调公正性的公平要素。② 目前具有"结果说""行为说""能力说"三种表现形态。其中,"结果说"强调绩效的结果和产出;"行为说"认为绩效是一个实现目标的行为和过程;"能力说"强调的是可以实现目标的能力,强调可以做什么的综合素质。由以上分析可以看出,绩效是一个具有多重概念的集合体。

绩效管理(performance management)属于管理学的范畴,管理学的核心就是提高效率。因此,绩效管理的概念本质上也是提高管理效率。伍彬认为"绩效管理是指从组织管理和战略的高度思考衡量,通过绩效规划(计划)、绩效目标设定、绩效监控、绩效信息的收集整理、绩效评估、绩效反馈(绩效沟通、应用)等一系列过程实现既定目标的管理活动"③。Luxhoj 和 James T. 在 *Performance Management:A Business Process Benchmarking Approach* 一书中提到绩效管理是指通过以过程为导向的方法,着重于绩效评估、测量以及绩效改进技术,包含生产力和竞争力、绩效规划、绩效评估、绩效改进和绩效影响因素五个组成部分的思维方式,通常被称为绩效管理。④

(2)绩效管理的发展渊源

绩效管理理论的发展始于 19 世纪,李敏将现代绩效管理的发展历史大致划分为三个阶段(如表2.7所示)。⑤

① 李敏.绩效管理理论与实务[M].上海:复旦大学出版社,2015:5.
② 伍彬.政府绩效管理:理论与实践的双重变奏[M].北京:北京大学出版社,2017:2.
③ 伍彬.政府绩效管理:理论与实践的双重变奏[M].北京:北京大学出版社,2017:6.
④ Luxhoj, James T. Performance management: a business process benchmarking approach[M]. Chapman & Hall,1995.
⑤ 李敏.绩效管理理论与实务[M].上海:复旦大学出版社,2015.

表 2.7　绩效管理理论的发展过程

阶段	时期	时间段	特点
第一阶段	成本绩效管理时期	19 世纪至 20 世纪初	早期是简单的以营利为目的的按本求利思想，后来出现了复杂的成本计算管理，但是由于是事后的分析计算，不便于控制成本，因此又演变为事前预算和事中控制
第二阶段	财务绩效管理时期	20 世纪初至 20 世纪 90 年代	常用的指标为投资报酬率、净资产回报率，其次为预算比较和历史比较，后逐渐形成以财务指标为主、非财务指标为补充的管理体系
第三阶段	绩效管理创新时期	20 世纪 80 年代至今	在公司战略中更为重视质量、市场份额和其他非财务性指标的新的绩效管理体系

1）第一阶段：成本绩效管理时期（19 世纪至 20 世纪初）

人们对绩效管理的认识最早可以追溯到 19 世纪的罗伯特·欧文，他在苏格兰将绩效考核引入管理，被称为"人事管理之父"。1813 年，美国将绩效考核应用于军方，1842 年，则将其考核方式应用于政府公务员。这一时期以复杂成本计算的管理手段并未形成气候。

2）第二阶段：财务绩效管理时期（20 世纪初至 20 世纪 90 年代）

20 世纪初，垄断竞争出现在资本主义市场，为绩效管理的发展提供了经济条件。资本市场考虑多种经营以及将资源投入利润最大化的领域。因此，实现经济利益最大化的财务绩效应运而生。20 世纪 70 年代以前，绩效评估作为一种有效的管理手段应用于不同行业，但是随着社会环境内外部因素的变化，绩效评估的过于单一性、缺乏有效的操作性和指导性等管理弊端逐渐显露出来，因此，20 世纪 70 年代后半期，管理界在绩效评估实践和已有理论成果的基础上提出绩效管理理念，并迅速传播作用于行政管理、公共管理、人力资源管理等管理领域和学科。总之，绩效管理理论是在绩效评估的基础上逐渐发展而来，绩效评估还是绩效管理的核心组成部分。

3）第三阶段：绩效管理创新时期（20 世纪 80 年代至今）

20 世纪 80 年代以来，原有的依靠财务绩效管理的模式已经不能适应新形势下的发展。因此，绩效管理兴起更加重视质量、市场份额等指标的战略规划。绩效管理模式不断调整和完善，由财务绩效转向绩效管理，新形势下的绩效管理新模式包含绩效计划、绩效实施、绩效评估、绩效反馈、绩效评估结果的应用五个基本环节。第一,绩效计划是指在总体战略的基础上确定各组织或个人的目标或任务的过程,是绩效管理过程的第一个关键步骤和起点。第二,绩效实施是指根据绩效计划进行有步骤有安排的动态变化实施过程。第三,绩效评估是指根据实际操作核对完成计划的情况,及时发现偏差和不足,以便更好地、更及时地完成战略任务的过程,是绩效管理的核心组成部分(绩效管理和绩效评估的联系和区别如表2.8所示)。绩效评估包含工作业绩评价、工作能力评价、潜力评价、工作态度评价四个方面的内容。第四,绩效反馈就是评估者向评估组织者递交评估结果的过程。第五,绩效评估结果的应用是指将评估结果作为下一轮绩效管理的依据。包含这五个阶段的绩效管理环节依旧是研究热点。

表2.8　绩效管理和绩效评估的联系和区别①

类型		绩效管理	绩效评估
联系		绩效评估是绩效管理过程的一个关键环节	
区别	管理过程	一个包括绩效计划、绩效监控、绩效评估、绩效反馈、绩效改进等环节的完整管理过程	一个环节
	侧重点	注重信息的沟通、绩效的反馈与改进以及绩效目标的达成	注重极小的测量、考核和评估
	管理阶段	伴随管理活动的全过程	绩效管理过程的特定事件
	特点	具有战略性、前瞻性	相对滞后性
	管理运用	组织、解构、业务流程再造	结果评估

(3)绩效管理的工具

绩效管理的工具有助于绩效管理的顺利实施。传统的标杆管理(benchmarking)、关键绩效指标(KPI)、目标管理、360度反馈法、平衡计分卡(BSC)等均是绩效管理的有效工具。第一,标杆管理就是指将自身的各方面状况与标杆优秀企业做比较,知晓自身劣势,学习对方优势的管理方法;第

① 伍彬.政府绩效管理:理论与实践的双重变奏[M].北京:北京大学出版社,2017:6.

二,关键绩效指标是指提炼和归纳出最具有目标导向、具有代表性、易操作量化的指标进行考察;第三,目标管理包括目标的制定、目标的实施、对目标成果的评估和反馈等实施过程,但是兴起于工商企业的目标管理工具在应用于政府管理、公共管理等领域时依旧有其局限性;第四,360 度反馈法是以被评估者为对象,对其进行自评估、上级评估、同级评估、下级评估、顾客评估的多元评估方法,但是具有多维度评估处理困难等弊端;第五,平衡计分卡是指围绕愿景和战略,从财务、顾客、学习与发展、内部流程思维角度进行评估的管理系统。随着绩效管理理论的不断发展,先进的绩效管理工具将会不断涌现。

绩效管理理论经过历史的发展和演变,将会朝战略性绩效管理、阶段性绩效管理、重视团队绩效、由考核型向发展型考核趋势发展。

2.2.3.2 绩效管理理论在档案机构评估体系研究中的适用性

档案机构评估的本质是提高档案资源的开发和利用效率,实现档案价值效益的最大限度发挥,这与绩效管理理论也是为提高不同机构或组织的管理效益的理论内核趋于一致。因此,绩效管理理论的研究成果对档案机构评估具有一定的借鉴意义。

新形势下的绩效管理模式包含计划、实施、评估、反馈和评估结果的应用,五个基本环节的思想内涵可同样作用于档案机构评估流程。首先,档案机构评估需要根据评估目的确定评估计划,为档案机构评估的有序进行指明路径;其次,明确了档案机构评估的目的、评估主客体以及相互之间的关系,利用档案机构评估指标体系来进行具体实地的实施和考核;再次,对评估结果进行解析,由评估者将被评估单位的评估结果上报给组织者,并将评估发现的问题反馈给被评估单位;最后,当某一类档案机构评估工作完成,可将总体的评估结果进行对比研究,找出评估差距和问题,调整指标体系中不符合实际的指标,为下一轮评估应用提供经验和教训。

档案机构评估的顺利进行同样离不开评估工具的使用。绩效管理的标杆管理、关键绩效指标、目标管理、360 度反馈法、平衡计分卡等工具对档案机构评估也具有适用性。第一,标杆管理方法鼓励档案机构向评估优秀的单位学习;第二,关键绩效指标提炼出最具有代表性指标的思维有助于解决档案机构评估复杂性的特点;第三,目标管理自20世纪80年代传入国内以后,90年代开始应用于档案目标管理实践和管理研究;第四,档案机构评估主体一直是单一的评估模式,现代的档案机构评估需要评估主体和评估方式的多样化,360度反馈法的多元评估特性为档案机构评估主体和方式的多样化提供思路和借鉴;第五,平衡计分卡对档案机构评估整体战略部署、多维视角评估具有启发意义。

3 基于多元视角构建档案机构评估体系的依据及分析

我国档案馆评估实践经历了 20 世纪 80 年代的档案管理升级、90 年代的档案目标管理，以及进入新世纪以来的档案事业综合评估，积累了丰富的经验。然而，通过文献梳理和档案机构评估实践分析，发现我国档案机构评估存在评估要素构成不完善、评估运行机制不成熟和不规范、评估运行环境发育不健全等问题，为解决档案机构评估存在的问题，则需要从问题的根源——评估要素、评估运行、评估保障三个角度进行分析。

3.1 基于多元视角构建档案机构评估体系的必要性

档案机构评估要素、运行机制、运行环境是影响档案机构评估活动顺利进行的三大重要影响因素，那么思考解决这些问题的路径也要从这三个方面展开。因此，分别从评估要素、评估运行、评估保障三个不同视角研究档案机构评估具有一定的必要性（总体逻辑思路如图 3.1 所示）。

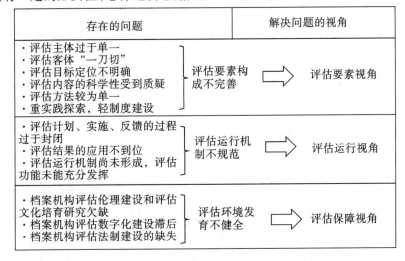

图 3.1 基于不同视角开展档案机构评估体系研究必要性的逻辑思路

3.1.1　要素视角构建档案机构评估体系的必要性

根据档案机构评估已有的研究成果和评估实践梳理可知,我国档案机构评估内部存在评估主体过于单一、评估客体"一刀切"、评估目标定位不明确、综合评估和专项评估的评估内容界限不清晰、评估方法不规范、评估指标的构建过程不公开、重实践探索轻制度建设等问题,而产生我国档案机构评估要素构成不完善这一问题的主要原因是档案机构评估政治属性的存在和评估实践地区档案管理发展水平的不平衡,而面向档案机构评估现象本身思考,直接原因则是档案机构评估各构成要素定位不明确、职能不清晰、要素之间的联系和互动不足。

理论构建是在概念界定的基础上探讨不同变量之间关系的过程,这还需要从经验世界中跳出来,从一定的理论高度去解释说明,并能不断应用于经验世界。为解决档案机构评估构成要素层面存在的问题,就需要深入档案机构评估活动内部,明晰其内部构成,分析其变量特征,揭开各要素(变量)之间相互影响、相互作用的关系。首先,明晰各个要素在档案机构评估活动中的角色定位和职能分工,即如何实现评估主体由单一走向多元;如何实现从评估客体"一刀切"走向分类分层级的科学管理;如何构建科学合理的档案评估标准及指标,发挥评估指标体系特有的预测和引导功能;如何具体地看待评估目的、评估方法的作用和职能;如何建立档案机构评估制度体系,实现档案机构评估的法制化建设进程。其次,明晰不同要素相互之间的作用关系,如评估主体、客体和评估目的是如何影响评估方法的使用、评估指标的构建、评估制度的制定等。最后,明晰要素视角如何为档案机构评估运转提供基础内核,催化档案机构评估运转,这是需要从要素视角给予解决和回应的。因此,从要素视角构建档案机构评估体系具有一定的必要性。

3.1.2　运行视角构建档案机构评估体系的必要性

档案机构评估要素构成是档案机构评估活动开展的基础,而档案机构评估的顺利运行则是评估活动开展的基本条件。纯粹、静态的档案机构评估要素的分解和职能定位并不能解决复杂、动态的档案机构评估运行问题。当档案机构评估各要素之间发生相互作用的关系,动态的评估运行应然发生,评估活动开始运转。目前我国档案机构评估还存在评估计划、实施、反馈的过程过于封闭,评估结果的应用不到位,评估运行机制尚未形成,评估功能未能充分发挥等问题,这都是档案机构评估运行机制不成熟和不规范的重要表现。产生这些问题的根源是我国档案机构评估尚未形成长期、制度化的评估运行机制,档案保密利用的思维惯性也加剧了规范化的评估运行机制的形成难度,而且档案机构种类众多、数量较大,规模性的评估特性也很难总结出适用于不同时期和不同评估类型的评估运行规律。

尽管如此,动态的档案机构评估计划、实施等评估流程依然为档案机构评估活动的顺利开展提供了运行框架,那么针对评估运行流程不规范的问题,如何有效地、规范地、科学地开展档案机构评估计划、实施、反馈等过程,如何对档案机构评估结果进行公开和有效地利用,如何最大限度发挥档案机构评估结果的社会价值和社会影响力,这都是需要在档案机构评估运行视角予以解决的问题,故基于运行视角构建档案机构评估体系也具有一定的必要性。

3.1.3 保障视角构建档案机构评估体系的必要性

档案机构评估是一种持续性、有周期性可循的评估活动,因此,如何建立规范的、制度化的、法制化的长期发展机制也是成熟的档案机构评估理论体系应解决的问题。档案机构评估内在构成要素的顺利运转离不开档案机构评估内部有效的管理、外部稳定的社会环境和法制作保障,但是我国档案机构评估环境存在档案机构评估伦理建设和评估文化培育欠缺、档案机构评估数字化建设滞后、档案机构评估法治建设缺失等问题。

面对以上问题,需要在以下方面给予回应:如何有效管理我国档案机构评估活动,如何完善档案机构评估伦理和培育良性的评估文化,如何促进档案机构评估过程数字化,如何建立规范的、稳定的、长期的评估法制机制等。回答这些问题离不开从评估保障视角予以解决。此外,优化档案机构评估环境还有助于内部评估要素职能的发挥和动态评估运行的顺利进行。因此,基于保障视角开展档案机构评估体系研究也具有一定的必要性。

3.2 基于多元视角构建档案机构评估体系的可行性

通过分析档案机构评估历史和现状,得出档案机构评估实践存在的问题,并进一步剖析了存在问题的根源,档案机构评估要素、运行机制、运行环境三大要素是影响档案机构评估活动顺利进行的重要因素,这一研究结论的得出不仅为基于多元视角构建档案机构评估理论体系提供了现实依据,还为评估体系的内容建构提供三个视角的支撑。

随着国内外评估学理论的发展,评估作为管理的重要手段得到各行各业的认可,并在行业机构管理中起到重要的作用。根据现有的理论研究成果发现,施托克曼和梅耶的评估学理论提到的科学本位的评估、评估模式、评估过程、信息收集与评价、评估环境等内容,与现实依据中提炼出来的三个视角具有不谋而合的理论统一性,进一步强化了上述三个视角构建评估体系的合理性。此外,“全评价”分析理论框架中“六位一体”要素分解对要素视角开展档案机构评估体系构建提供理论基础,绩效管理理论中的管理方法和流程等理论研究成果对运行视角构建档案机构评估体系提供理论支撑,全维度管理理论对保障视角的档案机构评估体系构建提供思维引导。同时,在评估实践中,图书馆、博物馆和档案馆均属于我国教育文化机构,并承担社会教育、提供知识、对外服务等社会职能,图书馆和博物馆形成的成熟的评估经验可以供档案机构学习和借鉴。

3.2.1 要素视角构建档案机构评估体系的可行性

施托克曼和梅耶的评估学理论中有关科学本位的评估和“全评价”分析理论框架中“六位一体”要素分解理论对构建基于要素视角下的档案机构评估体系研究具有重要的指导意义,该理论有助于分解复杂的档案机构评估内部构成,解析不同要素之间的关系,确认六大要素的角色定位和职能分工。图书馆评估实践中的评估主体多元化、评估制度常规化等经验为要素视角下评估主体的构成、评估制度的构建等方面提供实践参考。

3.2.1.1 相关理论的指导

德国著名社会学者施托克曼和梅耶在《评估学》一书中系统介绍了评估理

论,在《科学本位的评估》一章中主要对什么是评估(定义)、评估什么(评估对象)、为什么评估(评估的目的和任务)、根据哪些标准进行评估(评估标准)、谁评估、怎样评估等问题进行了理论阐释;叶继元提出的"全评价"分析理论框架中"六位一体"要素分解与施托克曼和梅耶的评估学理论中的科学本位的要素分解具有相同的理论内涵。档案机构评估是一个复杂的系统,如何剖析其内核,分解其内部构成要素,上述理论为解决这一问题提供思考路径。档案机构评估同样可以划分为档案机构评估主体、评估客体等六个要素,其中,评估主体、客体和评估目的三个要素影响评估方法、评估标准及指标、评估制度三个要素的发挥。

3.2.1.2 图书馆和博物馆评估实践的借鉴

(1)图书馆和博物馆评估制度的常规化

图书馆评估的对象主要集中在高校图书馆和公共图书馆,图书馆评估首先始于20世纪80年代中期的高校图书馆评估,后评估对象的重心逐渐向公共图书馆转移。早期的以教育部门为主导的高校图书馆评估和以文化部门为组织者的公共图书馆评估无一不是政府管理部门起关键和统领作用,这种权力集中的优势在于形成了常规化和规范化的评估制度。如在公共图书馆评估中,在2004年就制定下来以4~5年为评估频率的制度,一方面是出于政府权力对图书馆评估发展方向和发展质量的把控,另一方面则体现出正是政府主管部门的正确引导才使得图书馆评估作为一种常态评估的规则被延续下来。这种连续性、有规则可循的评估频率为不同级别的图书馆评估提供历时性的发展契机和指向,也使得常规化的图书馆评估传统得以形成,每一次评估的内容和细则不仅是图书馆要接受评估的主要方面,还是对图书馆发展方向的一种指引。同时,图书馆评估的内容和细则也并不是一成不变的,而是随社会和行业的发展做出动态调整。总之,评估制度的常规化有助于图书馆评估的长期运作,长远来看,还有助于图书馆事业的繁荣发展。博物馆评估开始于21世纪初期,立足博物馆事业发展的需要,考虑其分布的差异性和建设状况的不均衡性等实际问题,制定了博物馆评估定级评审的标准和办法,也逐渐形成了3年一次的评估制度。

（2）图书馆评估主体的多样化发展趋势

图书馆评估主体的多样化主要体现在公共图书馆评估上,公共图书馆评估主体经历了由政府单一主导到现在的政府主导为主、中国图书馆学会和高校机构参与为辅的发展过程。在此过程中,中国图书馆学会作为评估主体,前期承担了为公共图书馆评估提供专业指导、指正评估细则中不符合实际发展需要的工作,后期承担了承接评估定级的工作;高校机构的参与则为图书馆评估实践和理论研究提供了解决问题的路径,如制定评估定级标准。二者是在符合图书馆评估发展需要的前提下参与到评估实践中,均为图书馆评估注入新鲜的血液和无限的活力。

由此可知,图书馆和博物馆评估制度的常规化为档案机构评估的制度化和规律化也提供了经验基础;图书馆评估实践中的评估主体的多元化为档案协会、高校、社会大众等参与档案机构评估主体多元化提供经验借鉴。

3.2.2 运行视角构建档案机构评估体系的可行性

施托克曼和梅耶的评估学运行理论、绩效管理理论与方法对构建基于运行流程视角下的档案机构评估体系具有指导意义。图书馆评估实践中评估过程的自动化,博物馆评估实践中评估流程现代化和评估政策、评估结果共享化为运行视角构建档案机构评估体系提供经验借鉴。

3.2.2.1 相关理论的指导

（1）施托克曼和梅耶的评估学运行理论

施托克曼和梅耶评估学理论中的评估模式、评估过程、信息收集与评价等评估流程对构建基于运行流程视角下的档案机构评估计划、实施、反馈和评估结果的应用等流程提供理论参考,并为解决四个评估流程中出现的问题给予理论指导。

（2）绩效管理理论与方法

新形势下的绩效管理模式包含计划、实施、评估、反馈和评估结果的应用五个基本环节,其思想内涵可同样作用于档案机构评估流程。绩效管理理论中的标杆管理、关键绩效指标、目标管理、360度反馈法、平衡计分卡等评估方法和工具对档案机构评估也具有适用性。

3.2.2.2 相关机构评估实践的借鉴

（1）图书馆评估过程的自动化

如果称公共图书馆前五次评估为手工评估，那么2017年的第六次评估则为自动化评估。图书馆评估过程的自动化主要通过由商业盈利专业单位运用新技术开发的图书馆评估管理系统平台实现，在该平台中，评估客体可将评估材料上传至系统，系统自动算分，评估专家对上传的评估材料进行审核打分。图书馆评估的自动化主要体现在前期评估，实现了无纸化办公，为评估活动节约了大量的物力和财力，以及节省了评估组织者和评估专家等人力。

（2）博物馆评估流程的现代化

博物馆评估流程的现代化主要体现在升级、降级双轨道运行模式和"全国博物馆评估管理系统"的应用两个方面。一方面，博物馆实行升级、降级双轨道运行模式是其一大特色，即不同等级的博物馆要始终与社会发展和行业发展相适应，不断调整管理手段和运行模式，谨防被淘汰；另一方面，中国博物馆协会委托《中国博物馆》编辑部（评估工作办公室）联合有关技术机构开发了"全国博物馆评估管理系统"，在线接受各博物馆报送评估材料，通过系统内置的账号注册功能在线申请系统账号，各博物馆线上上报材料服务，该系统的上线运行标志着博物馆评估自动化运行的开始。

（3）博物馆评估政策和评估结果的共享化

博物馆三级评估和运行评估的政策和结果均依托于中国博物馆协会官网进行公布，设置博物馆定级评审专题，实现评估结果的监督和共享，还有利于大众利用评估数据进行宣传和研究。

档案机构评估目前仍以纸质化评估为主，图书馆、博物馆评估实践中的评估过程的自动化和现代化管理为档案机构评估数字化发展提供经验借鉴，博物馆评估过程和评估结果的共享化为大众监督评估运行、提升博物馆的社会认可度起到重要作用，档案机构评估过程和评估结果的公开、共享也可以借鉴此路径。

3.2.3 保障视角构建档案机构评估体系的可行性

全维度管理理论中的管理、技术、法规三个层面的思维路径对解决档案机构评估内外部环境存在的问题提供思考维度。评估实践中,图书馆和博物馆评估运行的法制化和常态化的可持续发展机制对构建保障视角下的档案机构评估体系提供实践经验,也为档案机构可持续评估发展机制的形成提供经验基础。

3.2.3.1 相关理论的指导

南京大学吴建华教授提出的"全维度"档案管理主要是指从管理、技术、法规三个层面对档案管理方式进行阐释。[①] 其中,管理是基础,技术是支撑,法规是保障,适用于解决较为复杂的档案管理系统。[②] 档案机构评估体系亦是一个复杂的档案管理系统,全维度理论能较为全面地分析和处理复杂系统中的档案管理行为。因此,全维度管理理论对构建基于评估保障视角下的档案机构评估体系具有现实指导意义。

3.2.3.2 相关机构评估实践的借鉴

(1)图书馆评估的法制化和常态化

图书馆评估领域的《中华人民共和国公共文化服务保障法》《关于推进县级文化馆图书馆总分馆制建设的指导意见》等相关政策法规不断出台,各地也积极贯彻落实各项政策法规,并推出相关规范、管理办法等,为图书馆评估的可持续发展提供政策与资金保障,对今后一段时间内国家公共文化服务发展与创新起到引导作用。

(2)博物馆评估的法制化和常态化

博物馆评估经历了由试点、个例评估向综合评估转变的过程。博物馆综合评估从顶层设计的角度考虑,形成了平均3年一次的等级评审以及2年为一周期的运行评估机制,具有全面性、科学性、规范化、常态化的评估特征,国家文物局颁布的《博物馆运行评估标准》,为评估法制化提供支撑。

档案机构评估法制化建设的缺失,在一定程度上阻碍了档案机构评估的发展进程。相关机构评估实践证明,档案机构评估法制化、常规化有助于保证评估活动的连续性,规范评估各方行为,不断提高机构评估的质量和活力。

---

① 吴建华.新常态·新挑战·新发展[J].档案与建设,2015(1):12.
② 吴建华,高胜楠.论新时代档案工作的主要矛盾[J].档案学通讯,2018(5):4-8.

3.3　基于多元视角的档案机构评估体系的内容及其逻辑关系

人们对世界的认识往往不是建立在单个经验的研究基础之上,而是站在更广阔的视野去认识实践,在此基础上不断提炼认识、积累认识,实现理论化的过程,最终成为具有一般解释力的理论框架。风笑天根据不同的解释力将理论划分为三个层次:第一,宏观理论,它以全部的社会现象或社会行为为研究对象,提供庞大的解释力和高度概括的框架,如马克思主义理论等;第二,中观理论,它以某一方面的社会现象或社会行为为研究对象,提供相对来说稍显具体的解释力框架,如社会分层理论等;第三,微观理论,是指能够解释一组若干概念之间的关系的命题,简单来说,"能陈述两个变量之间关系的命题就可以称之为微观理论"①,如"高教育率会导致低生育率"等。并且,解释范围越广越精确、结构越简单越是好的理论。② 档案机构评估体系研究的目的是解决评估实践问题,构建一套中观的对档案机构评估实践活动具有一般解释力的理论和方法。前文分析了评估要素、评估运行和评估保障三个不同的视角构建档案机构评估体系的必要性和可行性,那么基于多元视角下的档案机构评估体系的内容实际上就是包含评估要素、评估运行和评估保障三个不同视角的理论体系。

3.3.1　档案机构评估体系的内容

档案机构评估体系构建的必要性从不同的视角提出了档案机构评估实践存在的问题,为评估体系内容的构建提供了现实依据;档案机构评估体系构建的可行性总结了可以用于指导评估实践的理论成果和相关机构的实践经验,为评估体系的内容构建提供了理论依据和实践基础。现实依据和理论依据为多元视角下构建档案机构评估体系提供研究基础(总体的逻辑思路如图 3.2 所示)。

---

① 风笑天.社会研究方法[M].4 版.北京:中国人民大学出版社,2013:21.
② 风笑天.社会研究方法[M].4 版.北京:中国人民大学出版社,2013:22.

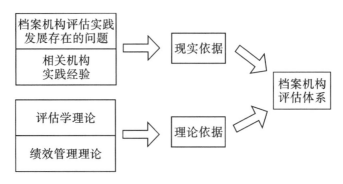

图 3.2   档案机构评估体系内容构建逻辑思维

档案机构评估体系是将档案机构评估看作一个整体或一个系统,在区分不同档案机构评估特点的基础上,分解其内在构成要素、规范评估流程、健全评估环境。简而言之,基于多元视角的档案机构评估体系实际上是一个包含基于评估要素、评估运行、评估保障三个视角下的档案机构评估完整系统。

(1)基于要素视角的档案机构评估体系构建

基于要素视角构建档案机构评估体系是为了解决档案机构评估要素构成不完善的问题。该视角是指任何一种类型的档案机构评估都可以划分为档案机构评估主体、评估客体、评估目的、评估标准及指标、评估方法、评估制度六个要素。其中,评估主体就是指评估组织者和评估专家,评估客体就是评估对象和评估内容,评估目的是评估方向,评估标准及指标是评估依据,评估方法是手段,评估制度是保障。六个要素之间相互联系、相互制约,档案机构评估主体和客体决定评估的性质,评估目的调节评估过程,评估方法和评估标准及指标直接作用于评估客体,评估制度则是外在保障,保证其他五个要素的职能发挥。基于要素视角构建的档案机构评估体系包含评估主体"一言堂"向"多元化"发展趋势的转变,评估客体"一刀切"向"分类分层级"管理思想的转化,档案机构评估标准及指标的构建方法和流程,不同档案机构评估类型适用的评估方法,档案机构评估目的、评估制度等要素的职能定位等内容。

明确和重申六大要素在档案机构评估中的差异性、各自承担的职能和发挥的作用,以及六大要素之间的相互作用关系,为科学、有效地评估运行流程提供要素支撑。因此,要素视角是档案机构评估体系构建的基础。

（2）基于运行视角的档案机构评估体系构建

基于运行视角的档案机构评估体系是指针对不同类型的档案机构评估，由评估组织者来引导、制约、决策与人、财、物相关的各项评估活动的基本准则及相应制度的动态过程。该视角主要解决的是档案机构评估运行规范化的问题，分析档案机构评估运行中出现的问题，探索评估发展的一般运行规律和机制。从档案机构评估主管部门的视角，将评估流程划分为评估计划、评估实施、评估反馈、评估结果的应用四个方面，四项评估步骤构成一个完整的评估循环，当最后一步评估流程结束，可以根据评估结果的反馈进入下一个评估循环，以期实现档案机构评估的长效运行，保障评估活动的可持续性发展。

档案机构评估活动涉及评估组织者、评估专家、被评估单位人员等评估人员的管理问题，物质投入和产出的关系问题，评估计划、实施、反馈、结果的应用等评估流程管理问题，需要从评估运行视角，解决档案机构评估体系构建问题。因此，运行视角是档案机构评估体系构建的条件。

（3）基于保障视角的档案机构评估体系构建

基于保障视角构建档案机构评估体系是为解决评估运行环境发育不健全的问题，该视角是维护档案机构评估内部有效管理、外部有效运行的重要保护机制。档案机构评估是一个复杂的系统，为保障评估活动的顺利进行，这就需要内部科学的评估制度和外部稳定的社会环境做保障。

基于保障视角的档案机构评估体系的建立是从管理、技术、法规三个维度进行分析的。其中，管理维度主要是指对档案机构评估管理环节的调节和控制，是档案机构评估保障建立的基础；技术维度主要是指如何运用现代技术对档案机构评估过程中收集到的数据进行科学的管理，比如采纳何种档案机构评估技术、如何构建档案机构评估系统、如何建立档案机构评估数据库、如何管理和开发利用档案机构评估数据等，以利于评估过程和结果的横向与纵向的比较，技术维度是档案机构评估保障建立的支撑条件；法规维度是指为保障档案机构评估活动的顺利开展，建立相应的层级法律规范，是档案机构评估保障建立的前提。三个维度共同构成基于保障视角的档案机构评估理论体系，促进档案机构评估活动的顺利进行。基于保障视角的档案机构评估体系的构建，有助于保障要素视角评估体系的发挥和运行视角评估体系的顺利运转,因此,保障视角是档案机构评估体系构建的外在屏障。

3.3.2　档案机构评估体系内容之间的逻辑关系

基于多元视角的档案机构评估体系是一个包含评估要素、评估运行、评估保障三个视角的完整系统,三个视角之间是相互联系、相互影响、相互作用的,共同构成档案机构评估体系(具体内容主要包含第4、第5和第6章,具体内容构成关系如图3.3所示)。

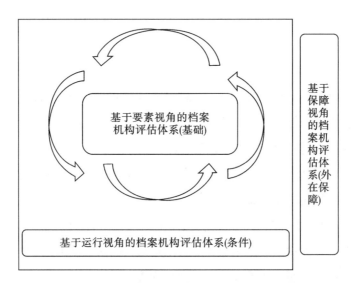

图3.3　基于多元视角的档案机构评估体系内容构成

首先,三个视角之间是相互联系的,共同构成解决档案机构评估问题的路径。人们看待世界的方式具有不同的视角,通过文献调研、深度访谈、评估实践的梳理可知,要素分解视角是分析档案机构评估六大要素角色分工不明确、职能发挥不充分的问题;运行流程视角是探析档案机构评估计划、实施、反馈等运行流程不规范的现象;环境保障视角是解决档案机构评估环境发育不健全的问题。因此,从以上三个视角出发去思考解决档案机构评估问题的路径,才能全面、准确地认识档案机构评估现象。

其次,三个视角之间是相互作用、相互影响的。档案机构评估三个视角之间不是相互孤立、独自存在的,而是具有内在的逻辑关系,如重实践探索、轻制度建设的状况将会影响评估运行机制的形成;评估流程过于封闭会使社会大众质疑档案机构评估标准及指标构建的科学性和合理性;评估数字化建设滞后会影响评估结果的应用;评估法制化建设的缺失会影响评估主体和客体的利益等。可见,评估要素视角会影响评估运行视角的运转,运行视角也会反过来影响要素视角的完善,保障视角也会影响要素视角和运行视角的发挥,因此,三个视角之间是相互作用、相互影响的(三者之间的关系如图3.4所示)。

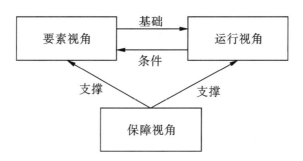

图3.4 档案机构评估体系三个视角之间的逻辑关系

要素视角是运行视角构建档案机构评估体系的基础。要素视角下的档案机构评估体系的构建是以档案机构评估实践为研究对象,将其分解为六大要素,并剖析各要素之间的关系。规范的评估运行离不开不同评估要素功能的发挥,如评估主体、客体的明确有助于评估计划的明确;评估目的、评估方法和评估标准及指标的确定有助于评估实施的顺利进行;评估制度建设有助于档案机构评估形成长期化、规范化的运行机制等。评估要素的分解和职能定位是微观档案机构评估良好运行的基础,评估要素角色不清、功能发挥不到位,必将影响档案机构评估运行的质量,评估运行的规范化更无从谈起。因此,要素视角是运行视角构建档案机构评估体系的基础。

运行视角是要素视角构建档案机构评估体系的前提条件。档案机构评估运行是档案机构评估现象发生的前提条件,要素视角中的六大评估要素相互作用并应用于档案机构评估计划、实施、反馈、评估结果的应用等评估过程,产生动态的评估运行机制。评估运行是评估要素功能发挥的催化剂,评估要素只有在评估运行机制中发挥作用和影响,其评估地位和功能才会得到彰显,如开展评估计划和实施督促评估主体、客体、评估目的的明确,评估标准和指标的构建;评估实施、反馈和评估结果的应用促进评估方法和评估制度职能的发挥。由此可见,只有评估运行带动评估要素各司其职、各有分工,静态的评估要素才会焕发出应有的活力,发挥其应有的作用。因此,运行视角是要素视角构建档案机构评估体系的前提条件。

保障视角是构建档案机构评估体系的外在屏障。档案机构评估活动内部要素的职能发挥、评估运行的良好运转,离不开评估环境的保障。没有良好的评估运行环境,评估要素和评估运行的重要作用也无从发挥。如档案机构评估要素的角色定位和职能发挥离不开顶层设计、组织机构、人员建设、评估文化等管理维度和法规维度来维护和保障;档案机构评估运行的计划、实施、反馈、结果应用等流程的规范化运行同样离不开技术维度的技术支持和法规维度评估条文的支撑,因此,从保障视角构建档案机构评估体系的目的是保证档案机构评估内部要素作用的有效发挥、外部评估运行的有效运转。由此可见,保障视角是档案机构评估要素视角和运行视角的重要保护屏障。

4 基于要素视角的档案机构评估体系构建

为了解决档案机构评估要素构成不完善的问题,构建档案机构评估术语及术语之间的相互作用关系,探究档案机构评估活动的内容,剥开档案机构评估的内核,有必要首先从要素分解的视角对档案机构评估的静态要素构成进行解构。为此,将叶继元教授"全评价体系"中的"六位一体要素"作用于档案机构评估要素分解,可以得到档案机构评估主体、评估客体、评估目的、评估标准及指标、评估方法、评估制度六个要素,六要素的角色定位和相互之间的作用关系共同构成某一类档案机构评估活动的整体。

4.1 档案机构评估主体

评估主体是评估活动的发起者和组织者,在档案机构评估活动中起到掌控和支配评估活动走向的作用。

4.1.1 档案机构评估主体的基本特征

(1)档案机构评估主体的含义

档案机构评估主体是指在评估活动中基于一定的评估目的主动组织开展和实施评估行为的实体,在具体的评估实践活动过程中,主要是指以档案主管部门和行业主管机关为代表的档案机构评估组织者或包含由评估专家组成的档案机构评估执行者。其中,档案主管部门主要是指国家档案局和地方档案行政机关;评估专家也属于档案机构评估主体的队伍,但是评估专家也可以是评估客体的领导者,存在亦此亦彼的情况,因此,在不同的评估活动中还要根据具体的评估行为判定其角色定位,分配其评估任务。

(2)档案机构评估主体的特点

我国档案机构评估的性质和特点是单一政府行政权力主导下的评估行为,即由档案主管部门和行业主管机关主导的档案机构评估活动,政府主导下的档案机构评估活动的典型特点是拥有行政权力的档案评估主体对评估过程有统筹规划和管理协调的权利,能够迅速、有效地集中人力、物力和财力开展评估活动,但是其弊端是使档案机构评估活动的开展和运行缺乏活力。

(3)档案机构评估主体的职能

以档案主管部门和行业主管机关为代表的档案机构评估主体的职能有界定评估范围、选择评估研究方法、设计评估指标体系、制定和颁布评估政策、确定评估周期、组织评估专家、支配评估进度、统一接收评估结果和反馈、决定评估结果的公开与否和适用范围等。档案行政机关和行业主管部门主导的档案机构评估主体几乎包揽和支配了评估活动从开始到结束的所有任务和进程。

(4)档案机构评估主体的作用

不可否认的是,档案机构评估主体在评估活动中的角色定位具有统筹规划评估活动的宏观管理、组织和协调评估人财物的合理分配、执行档案机构评估活动的开展、监督和控制档案机构评估活动的顺利进行等作用。

(5)机构改革后档案机构评估主体的变化

机构改革后,28 个省(自治区、直辖市)都将原来档案局(馆)承担的行政职能划入党委办公厅,档案馆由党委、党委办公厅或者党委系统的档案局管理。[①] 这种改革现状对档案机构评估主体职能的发挥和权力的行使提出了新的思考。

在国家层面,国家档案局的行政职能被保留,对地方档案局仍具有行政管理权力,但是大部分省级和市级的档案局行政职能划归党委办公厅,国家档案局行政职能的发挥对象有所转移,国家档案局所拥有的档案机构评估组织者的行政权力将作用于党委办公厅。在地方层面,部分省级和市级的档案馆不具有行政权力,档案局的行政职能大部分划入党委办公厅,党委办公厅作为档案机构评估活动新的组织者,也为评估活动的开展带来一些影响。一方面,档案机构改革为档案机构评估提供契机,党委办公厅为档案机构评估行政权力的行使者,那么发布的评估标准和通知对地方档案馆的评估行为具有较强的强制力和

---

① 徐拥军,张臻,任琼辉.国家大数据战略背景下档案部门与数据管理部门的职能关系.图书情报工作,2019,63(18):5-13.

约束力。另一方面,党委系统增加档案行政职能,为其增加新的行政负担,评估活动的长期化、周期性运行无从保障。机构改革后,档案机构评估主体单一性等问题依然存在,档案机构评估主体多元化发展研究具有一定的必要性。然而,无论档案机构评估的组织者如何变化,评估主体在档案机构评估活动中固有的地位和作用将不会发生改变。

4.1.2 档案机构评估主体的组织模式

档案机构评估的组织模式是指以何种形式开展评估活动,目前,档案机构评估主体的组织模式有单一型和联合型。单一型是指档案主管部门或行业主管单位单独组织的评估;联合型是指档案主管部门之间联合、行业主管单位联合、档案主管部门和行业主管单位联合组织的评估。根据目前的档案机构评估实践可以归纳为三种:第一,档案主管部门或行业主管机关组织的评估;第二,不同档案机构或行业内部自行组织的评估;第三,从属于档案机构或行业内部的档案机构评估。

(1)档案主管部门或行业主管机关组织的评估

档案主管部门或行业主管机关组织的评估可分为带有强制性接受评估和自愿性参与评估两种,强制性接受评估模式主要是国家层面或行业在全国范围内开展的档案机构评估活动,自愿性参与评估主要是地方层面的档案机构或行业范围内开展的评估活动。档案主管部门或行业主管机关组织的评估模式的优点是通过隐形行政权力的行使,组织规模性的评估活动,能够比较和发现不同档案机构或行业档案部门的发展差距,更有效地督促被评估单位规范和整改自身的档案工作,如国家层面开展的副省级以上综合档案馆业务建设评价工作、地方层面开展的机关事业单位档案工作评估等。

(2)不同档案机构或行业内部自行组织的评估

不同档案机构或行业部门内部自行组织的评估亦可称为自评估,其特点有:第一,自评估对规范本机构的档案工作具有重要的现实意义。自评估是单位档案管理部门自行组织的评估活动,评估范围和评估对象较为稳定和集中,评估主体更易把控评估活动的走向和监督评估进展,评估组织模式比较灵活自由,评估实施操作更为方便。第二,自评估存在的劣势是没有外部的监督和指导,评估主体对单位内档案工作评估的计划和实施随意性较大,容易致使评估工作流于形式,失去与其他机构进行比较、发现差距、弥补不足的机会。这种评估组织模式如国家电网公司企业内部的评估等。

(3)从属于档案机构或行业内部的档案机构评估

从属于行业或机构内部的档案机构评估主要是针对系统内的管理工作评估而言的,是指档案工作评估从属于行业或机构整体评估,是行业或机构整体评估的一部分,档案工作评估的指标和权重设置只占据其中的一部分,如企业内的竞争力评估包含的档案工作评估内容等。

档案机构评估的三种组织模式是可区分存在的形式,即不同的评估类型选择不同的评估组织模式;也可以是相互继承的组织模式关系,即从属于档案机构或行业内部的档案机构评估是内部机构评估的基础,不同档案机构或行业内部自行组织的评估是档案主管部门或行业主管机关组织的评估的基础或前提,同一单位有可能在不同的时间节点接受不同机构组织的评估,因此,还要注意同一被评估单位同时接受多机构评估带来的压力。其实,无论何种形式的组织模式,实质上均未改变行政权力主导下档案机构评估主体单一的性质,联合组织模式究其根本还是以行政权力为主导的运行模式。

4.1.3　档案机构评估主体的多元化协同发展趋势

单一行政权力主导下的档案机构评估主体已经不能满足档案机构评估实践发展的需要,档案机构多元评估主体的社会整体意愿呼之欲出,中国档案学会、不同类型的档案机构、第三方机构、社会公众等协同参与档案机构评估具有一定的可行性。

4.1.3.1　档案机构评估实践发展需要评估主体的多元化

档案机构评估的对象具有类型多样的复杂性,目前的评估活动主体依旧是以档案主管部门为主导,但是也应看到这种单一评估主体带来的弊端:一方面,评估主体的单一性面对评估客体的复杂多样时,会使评估活动不能涵盖评估客体的全貌,使评估活动流于形式;另一方面,还会致使评估主体要投入大量的人力和财力等资源,不堪多客体评估的责任重负。此外,对评价档案工作发展状况和质量把控最有发言权的档案工作者和社会公众始终被隔离在评估活动的边缘,成为被评估者,也会因此失去听取评估建议的最佳对象。近年来,档案机构评估主体的执行者也已经形成档案机构管理人员、档案学术研究者等人员构成的专家评估多元化发展态势,但是缺乏社会用户的参与和发声。随着档案机构服务型职能的转型和发挥,档案机构多元评估主体的社会整体意愿也呼之欲出,并在未来逐渐加强。

4.1.3.2　档案机构评估主体多元化协同发展的理论支撑和实践借鉴

(1)理论支撑

20世纪80年代以来,古巴和林肯提出的第四代评估提倡构建协同、全面参与、价值多元的评估模式,为档案机构评估主体多元化提供理论支撑,第四代评估意指不再强调评估主体单方面的判断和分析,而是更加注重社会多元力量的参与和协同创新。

(2)实践借鉴

单一档案机构评估主体的组织模式在建设服务型政府的背景下,逐渐显露出其不协调、不相适应的态势,无论是国内还是国外,与档案机构具有相似职能的图书馆和博物馆都在向评估主体多元化趋势方向发展。如英国、加拿大和韩国等国的国家图书馆学(协)会在图书馆评估领域承担重要的职能[1];具有国际声誉的英国国家级图书馆以及信息服务研究和信息咨询中心定期分析、诠释、发布英国公共图书馆的系列统计数据,为英联邦国家的公共图书馆界评估提供数据来源[2],然后通过企业形式的咨询公司,制定评估计划、设计调查问卷、实施评估。[3] 美国公共图书馆通过问卷调查、家庭用户电话访问、发电子邮件、实地访谈等方式进行读者调查,让读者参与到图书馆评估中。[4] 国内的图书馆评估实践也鼓励中国图书馆学会、高校等机构参与到评估活动中来,为图书馆评估

---

①　Ke Ping, Gong Ping. Research on Public Library service performance evaluation[C]. IConference 2017. WUHAN,CHINA,2017.

②　张红霞.图书馆质量评估体系与国际标准[M].北京:国家图书馆出版社,2008:48.

③　贾东琴,金胜勇.我国公共图书馆评估主体研究[J].图书与情报,2011(2):35-39,52.

④　殷沈琴.条件价值评估法在公共图书馆价值评估中的应用[J].图书馆杂志,2007(3):7-10.

带来新鲜的血液和活力,承担评估活动的统筹规划和制定评估指标体系等职能。①

4.1.3.3　档案机构评估的多元参与主体

档案机构评估实践发展的需要是档案机构评估主体多元化发展的重要驱动力,分析档案机构评估活动的相关利益主体,可知与档案机构评估相关的中国档案学会、不同类型的档案机构、第三方评估机构、档案用户等机构和个人等参与档案机构评估主体多元化具有不同的特点和优势。

（1）中国档案学会

中国档案学会是一个全国性、学术性、非营利性社会组织,既可以开展档案学术研究、学术交流等档案学术活动,又可以对外承担社会服务活动、普及档案知识、推动档案事业发展等档案实践活动,这种社会组织的双重性质,为国家和地方的档案学会提供了具备参与档案机构评估的条件和优势,即档案学会的工作性质、积累的丰富经验为参与档案机构评估提供学术和实践指导,非营利性的组织性质决定了参与档案机构评估的可行性,参与法律法规的制定、举办会议和培训、提供咨询服务等职能性质成为其参与档案机构评估的先天优势,非行政性机构的性质也决定了档案学会不会与档案机构评估组织者的行政权力产生冲突。因此,档案学会所具备的天然特点和优势能够使其承担档案机构评估计划、实施、反馈等环节的职能。

（2）不同类型的档案机构

不同类型的档案机构是档案事业的重要组成部分,是档案机构评估的主要作用对象,在档案机构评估活动中存在亦此亦彼的状况。一方面,当档案机构的领导和专家在国家、地方、机构评估中扮演档案专家的角色时,其拥有丰富的档案机构评估检查经验;另一方面,当档案机构作为被评估单位时,则拥有档案机构评估自检的经验。由此可见,不同类型的档案机构在档案机构评估活动中承担亦此亦彼的客观角色定位,有助于丰富和完善档案机构评估主体多样化的角色构成。因此,让不同类型的档案机构参与到档案机构评估主体中,可以承

---

①　贾磊.公共图书馆评估定级的新阶段:柯平教授谈第六次公共图书馆评估定级[J].图书馆理论与实践,2017(7):62-69,79.

担评估计划和评估实施等职能。

（3）第三方评估机构

第三方评估机构是指因其与政府无隶属和利益关系而开展、组织和实施评估活动的第三方部门和民间机构。① 据国外实践研究表明，独立性是评估活动的首要原则，评估的独立性程度和评估结果的可信度呈正相关关系。② 第三方评估机构的独立性和专业性是评估结果公正客观的保证和基础③，也因此备受关注和期待。第三方评估机构的产生是评估内外部环境共同作用的结果，目前，国外已有第三方评估的先例，国内在科技评估、高等教育评估、政府绩效评估等领域初现端倪，如在西方国家存在由独立的审计部门、质量认证机构或学术机构实施的图书馆评估，我国也已有逾10个省市成立了专业性的教育评估中介机构④，第三方评估机构的性质有科研机构、资源提供方、商业咨询公司、出版机构等⑤，但是目前我国并无产生规范的第三方档案评估机构。随着社会和档案事业内外部环境的发展，档案机构评估需要第三方评估机构的出现，其独立性、专业性为档案机构评估过程的科学和评估结果的公正提供保障，第三方评估机构需要与评估活动的组织者签订保密和安全协议，并被授予收集评估数据的权利，或者全程参与档案机构评估过程的权利。

（4）档案用户

档案用户或称社会公民，是档案机构对外服务的主要对象，档案机构的社会服务职能和政策的制定主要是围绕档案用户而言的，是档案机构评估的直接受益对象，因此，根据档案机构发展实际状况的测量准则和要求，档案用户作为档案机构的重要服务对象，也应有参与档案机构评估过程的机会。此外，虽然档案用户的评估能力参差不齐，但是可以选择参与过图书馆评估、博物馆评估、高

---

① 包国宪,张志栋.我国第三方政府绩效评价组织的自律实现问题探析[J].中国行政管理,2008(1):49-51.

② 王再进.国外科技评估的历史、现状及其启示[J].北京航空航天大学学报(社会科学版),2006(4):76-80.

③ 伍彬.政府绩效管理:理论与实践的双重变奏[M].北京:北京大学出版社,2017:158.

④ 夏开萍.我国高等教育评估机制的内在缺陷及对策探讨[J].学术探索,2008(6):130-133.

⑤ 李海涛,宋琳琳.美国大学图书馆评价主体的研究[J].图书馆建设,2010(4):104-109,114.

等教育评估、科技评估等评估活动的专家、学者、基础人员参与进来,一方面,不仅为档案机构评估主体注入多元化的新鲜血液,另一方面,这些人员拥有机构评估的经验和方法,可供档案馆吸收和借鉴,发展档案机构评估实践和学术研究。

可见,档案机构评估主体的多元化参与能够打破档案机构评估"一言堂"式的评估格局;各评估主体可根据自身的优势分担评估任务,为档案机构评估建言献策;各评估主体之间还可以相互监督,规范各自的评估行为。如中国档案学会的性质和职能可以承接评估指标体系的构建职能;不同类型的档案机构是"既是运动员,又是守门员"的角色,可以承担评估标准的制定等职能;第三方评估机构和档案用户的中立性地位,可以承担评估数据的收集、监督各方评估的行为等职能。档案机构评估类型和模式多样,多元化的档案机构评估主体参与需要根据评估内容、特点和性质来选择合适的、可行的评估主体。评估性质不同,多元化评估主体的具体参与方、可以承担的评估职能也会有所差异,因此,档案机构评估主体多元化协同发展模式的实质是参与主体的多元化和参与模式的多样化。

4.2　档案机构评估客体

评估主体和评估客体是一对相互作用的关系,评估客体是相对于评估主体而言的,是评估主体的对象和目标,亦称评估对象。档案机构评估客体可以从其含义、特点、类型等方面进行阐释。

4.2.1　档案机构评估客体的含义和特点

(1)档案机构评估客体的含义

档案机构评估客体是评估主体的主要作用对象,是指包含评估内容、人员和评估机构的复杂综合体,是判断档案机构评估性质(综合评估、专项评估或单项评估)的重要依据。档案机构评估客体可以是机构、人员、档案资源等对象,如对综合档案馆建设的综合评估,其评估客体为综合档案馆;若是对综合档案馆公共服务能力的评估,则评估客体为综合档案馆的对外服务能力。

(2)档案机构评估客体的特点

档案机构评估客体具有类型众多、复杂多样等特点。首先,我国的档案机构分类可以划分为综合档案馆、专门档案馆、企业档案馆(室)、机关事业单位档案馆(室)等类型,还可以称为被评估单位;其次,档案人员评估包含档案机构的人员评估和机构内的干部人事档案评估;再次,档案资源的评估包含档案资源建设评估(含档案资源信息化建设评估)、档案服务质量评估、档案资源安全评估等内容;最后,档案机构评估的范围决定评估档案机构的数量,档案机构评估的客体可以是一个机构、一个地区、一个行业、一类性质相同的档案馆(室),机构性质相应地决定评估机构客观数量的多寡。

4.2.2 档案机构评估客体的分类分层级管理

档案机构评估客体根据不同的分类标准可以划分为不同的类型,而如何对档案机构评估客体进行科学、合理的分类,实现分类分层级管理,是本小节要重点解决的问题。为解决档案机构评估客体分类的问题,笔者围绕附录1中的法规制度开展的档案机构评估实践活动为基础样本,择取共性进行开放型编码,最终形成以地区分布、机构性质、评估主题内容、活动性质为对象进行的评估类型,梳理出档案机构评估客体的内容构成(如图4.1所示)。

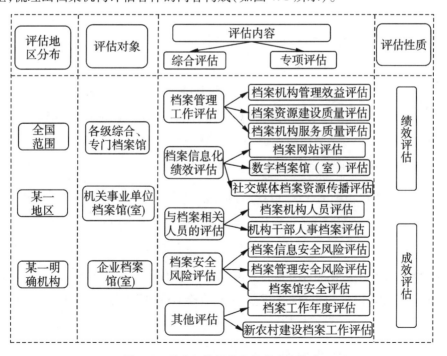

图4.1 档案机构评估客体的内容构成

4.2.2.1 以地区分布为对象的档案机构评估

档案机构评估实践活动分布的地区十分广泛,根据地域分布的特点可以归纳为以全国范围为对象的档案机构评估、以某一地区为对象的档案机构评估和以一个明确的档案机构为对象的档案机构评估三种。

(1)以全国范围为对象的档案机构评估

以全国范围为对象的档案机构评估是由国家档案局或者中央行政管理机构组织的评估活动,该类型评估开展的前提是具有相同的机构性质和行政级别,一般以综合评估为主,对被评估对象进行全面的测量和评估,以便比较评估结果。

(2)以某一地区为对象的档案机构评估

现有的以某一地区为对象的档案机构评估通常是以某一省、市或者县等具有行政级别划分特点的区域为对象,属于区域性档案机构评估,一般是地方档案主管部门或行业主管机关为评估组织者和评估主体,对某一类型或者档案内容的管理方式和行为进行评估。区域性评估的目的更侧重于成长性评估,重点在于对档案机构的管理行为进行纠偏和引导,促进档案机构的良性发展,形成地方竞争力。

(3)以一个明确的档案机构为对象的评估

以一个明确的评估对象为客体的个体评估是区域评估的基础。个体评估是机构内部的评估,属于自我评估的范畴,其特点是评估主体较为明确、便于组织、评估活动开展消耗的人财物相对较少,但是还存在评估过程难以公开的问题。

4.2.2.2 以机构性质为对象的档案机构评估

我国档案机构种类众多,根据不同的分类标准可以划分为不同的类型。冯惠玲将我国的档案机构划分为"各级国家档案馆(含历史档案馆和综合档案馆)、专业档案馆(含专门档案馆和部门档案馆)、企事业单位档案馆和内部档案机构档案室等"①。依照此分类标准并结合前文档案机构评估演变过程梳理出来的评估客体主线,将以机构性质为对象的档案机构评估类型划分为各级综合

---

① 冯惠玲,张辑哲.档案学概论[M].2版.北京:中国人民大学出版社,2008:84-91.

档案馆、专门档案馆、机关事业单位档案馆(室)、企业档案馆(室)等类型。

(1)各级综合档案馆、专门档案馆评估

各级综合档案馆、专门档案馆均属于公共档案馆,其中,综合档案馆评估是较为常见的评估类型,评估主体一般为国家档案局或地方档案主管部门。从前文对档案机构评估发展历史的梳理可以看出,在 1992 年、1995 年、2008 年、2017 年,国家档案局分别开展了全国范围内的不同级别的综合档案馆评估活动,评估范围集中在副省级以上和计划单列市综合档案馆。2008 年为配合"全国文明城市"的评选,综合档案馆评估的触角范围才延伸到市县级综合档案馆。此外,地方上如重庆市(2009 年)和广东省(2018 年)则相继开展了市县级国家综合档案馆评估,为其他地方的市县级综合档案馆提供借鉴和经验。以上论述表明我国综合档案馆评估活动分布范围呈现出以副省级以上和计划单列市综合档案馆为主,市县级综合档案馆为辅的特点,这种明显重视较高行政级别综合档案馆评估活动的发展态势在一段时间内还会持续下去,但是随着市县级综合档案馆评估的扩张,自上而下的由高行政级别向地方行政级别蔓延的综合档案馆评估将会成为未来档案机构评估发展的趋势。

不同行政级别的综合档案馆承担不同的职能,市县级综合档案馆相比副省级以上综合档案馆的数量表现出一定的碾压态势,评估活动的难度也相应有所增加。我国国家专门档案馆已经达到 261 个[①],但是现有的专门档案馆评估主要集中在城建档案馆这一对象,如 2006 年江苏省建设厅开展的江苏省城建档案馆(室)目标管理考评活动、2012 年黑龙江省开展的城建档案馆(室)目标管理评估活动、2014 年吉林省开展的城建档案馆目标管理评估活动。但是,除城建档案馆之外的其他专门档案馆评估标准和准则的缺失导致其发展程度和水平如何、相互之间的发展差距有多大等问题无从知晓。

(2)机关事业单位档案馆(室)评估

我国已经形成了从中央到地方的以机关事业单位档案馆(室)为评估对象的评估规模,评估主体为中央或地方档案主管部门以及中央或地方的专业主管

---

① 2022 年度全国档案主管部门和档案馆基本情况摘要(一)[EB/OL]. (2023 - 8 - 29)[2023 - 9 - 14]. http://www.saac.gov.cn/daj/zhdt/202308/bzd8cfbede0546c68b4bfdb0889f2702.shtml.

机关,评估范围集中在中央、国家机关,人民团体、民主党派机关档案部门、科技事业单位等。

在中央层面,1992 年和 1994 年分别开展了中央和国家机关单位的档案评估活动;科技事业单位具有一定的特殊性,在 1991 年和 1995 年分别进行了两次评估活动。此后再未开展中央层面的统一评估。

地方层面机关事业单位档案评估的开展主要有两种模式:①联合评估。联合评估是指两个以上不同机构性质的评估主体颁布统一的规范性评估文件。联合评估包含两种形式:第一,中央和国家机关、科技事业单位和企业的档案工作两两评估联合进行,如 2003 年黑龙江省开展的企业、科技事业单位档案工作目标管理考评活动,河北省机关、团体、事业单位档案工作目标管理办法等。第二,中央和国家机关、科技事业单位和企业三者联合开展的档案评估,如 2008 年重庆市开展的企业、事业单位档案工作目标管理考评,2009 年江苏省机关团体企业事业单位档案工作规范测评。②分别评估。顾名思义,分别评估是指中央和国家机关档案评估与科技事业单位的档案评估分开进行,如 2010 年浙江省开展的科技事业单位档案工作目标管理等级评估、2016 年湖北省机关档案工作目标管理考评等。值得一提的是,湖北省机关档案工作目标管理考评活动自 1989 年制定并实施以来,已经经历了 1999 年第一次修订,2007 年第二次修订,2009 年第三次修订,2011 年第四次修订,2016 年第五次修订的过程,并在相关的科技、企事业单位档案工作目标管理考评中有所体现,考评标准的修订过程体现出评估历史的连续性,此举对全国范围内形成规范、常规的连续性评估提供了典范。

(3)企业档案馆(室)评估

前文提到,以企业档案为评估客体的评估活动通常与中央或事业单位等机构联合进行,但是企业作为独立的社会主体,有其自身的特点和复杂性,而且我国档案机构评估的起点也是从企业开始,因此,将其单独作为一种评估机构进行讨论。

从国家层面看,国家档案局在 1987 年以全民和所有制工业企业为评估范围、1996 年以各级各类企业为评估范围分别开展了全国范围内的企业档案评估,国务院国有资产监督管理委员会也于 2011 年在全国开展了中央企业档案工作评估活动,国家档案局和行业主管机关以全国范围内企业档案为评估客体,其用意是系统地规范企业档案管理行为和把控企业档案管理发展方向,虽有成效,但基于为企业减负等考量,相关评估活动相继遭遇暂停和取消。

从地方层面看,不同于国家层面的企业档案评估是在艰难中不断探索和尝试的情形,地方上的企业档案目标管理、评估活动进行得如火如荼,如北京市(1987年)、重庆市(1991年)、浙江省(2010年)、天津市(2012年)等十几个省、市开展了企业档案评估活动,其中,天津市在2005年制定了《天津市企业档案工作评估暂行办法》,2012年废止此规范文件并印发了《天津市企业档案工作评估办法》的通知,体现了地方企业档案评估活动为积极适应社会和经济发展而不断地进行自我调整和更新。

4.2.2.3 以主题内容为对象的档案机构评估

我国的档案机构评估按照具体的评估内容,宏观上可以划分为综合评估和单项评估(或称专项评估)。档案机构综合评估是指把评估机构视为一个整体,对其进行系统的评估,一般包含档案基础设施、档案基础和业务管理工作、档案开发和利用、档案信息化建设等方面的评估,如档案事业综合发展评估、综合档案馆测评等活动均属于综合评估;档案机构单项评估,或称专项评估,是指对评估机构的档案资源、档案人员、档案信息化建设等要素进行的评估,如档案资源建设评估、档案机构人员考核、档案机构服务质量评估等均属于单项评估。档案机构综合评估是各类档案机构单项评估的集合体。

根据档案机构评估现有的评估对象以及内容可以将档案机构评估的类型划分为档案管理工作评估、档案信息化建设评估、与档案相关人员的评估、档案安全风险评估四种类型,这四项评估可以共同构成档案事业综合评估,每种类型还可以继续细分为不同的次级单项评估。下面将对这四种不同类型的评估及其包含的评估内容进行梳理和解析。

(1)档案管理工作评估

档案事业的繁荣发展离不开档案管理工作的顺利开展,档案管理工作是档案工作的重要组成部分。档案管理工作评估是指狭义上的档案机构在收集、整理、鉴定、保管和利用服务等管理流程的总体评估。档案管理工作评估有助于评估主体把握档案管理发展的水平和把控档案管理的质量和方向,寻找档案管理过程中出现的问题和不足,及时调整和改善,促进档案管理工作平稳、顺利地向前发展。档案管理工作评估是档案机构评估中较为常见的类型。此外,根据档案管理工作的内容,将档案管理工作评估进行次级划分,可以分为三项专项评估,包括档案机构管理效益评估、档案资源建设质量评估和档案机构服务质量评估。

1)档案机构管理效益评估

档案机构管理效益评估是对档案机构的档案管理工作投入与产出状况的评估,其评估性质属于典型的绩效评估。由于档案机构本身的社会和经济效益产出具有滞后性和难以测量性,这类专项评估的特点是难以用定量的方法对档案管理产出效益以数字化的方式量化打分,增加了定量评估的难度。档案机构管理效益评估强调的是档案机构管理的产出和效益比,因此,较易形成区域评估。

2)档案资源建设质量评估

档案资源建设质量评估是为检测档案机构资源建设质量的好坏而开展的专项评估活动,一般与档案机构管理工作、服务质量、信息化建设共同构成档案机构的综合评估,单项评估活动的开展则属于专项评估。我国档案机构馆藏资源具有物理载体复杂、类型多样、形式众多等特点,这也在无形中决定了档案资源建设质量评估存在评估标准难以统一、评估计量单位难以统一、指标项难以量化等问题。

3)档案机构服务质量评估

档案机构服务质量评估是指评估主体对某一档案机构的对外服务水平和质量开展的专项评估。在学术层面上,浙江大学傅荣校在 2018 年申请的《基于全地区样本的国家档案馆公共服务能力评估体系研究》获得国家社科基金年度重点项目,郑州大学李宗富申请的《国家综合档案馆公共服务能力评估指标体系构建及实证研究》获得 2018 年度国家档案局科技项目,均在一定程度上反映了国家层面对档案机构服务质量评估的重视和倾斜。此外,从第 1 章文献综述部分也可以看出,档案学者有关此类评估的研究成果也较多,表明档案学术研究也偏向于保持对档案机构服务质量评估研究的热情和兴趣,这与近些年来提倡的档案机构对外服务社会化、档案机构的主要职能向利用服务方向转变和拓展不无关系。

（2）档案信息化建设评估

自 2002 年国家档案局中央档案馆印发的《全国档案信息化建设实施纲要》规定了将档案信息化纳入国家信息化建设的总格局以来[①]，档案信息化建设成为我国档案事业的重要组成部分。2021 年，中办、国办印发的《"十四五"全国档案事业发展规划》提出"加快推进档案信息化建设，引领档案管理现代化"的主要任务，要求深化档案信息化战略转型，以实现档案信息化建设再上新台阶的发展目标。近些年来我国档案信息化建设取得了一定的成果，但是档案信息化发展的水平如何、质量如何、存在什么样的问题、地区发展差距有多大、距离建设目标还有多远等问题亟须解答，档案信息化建设评估日渐提上日程，并发挥应有的作用。目前，档案信息化建设评估主要集中在档案信息化建设的整体评估，以及档案网站评估、数字档案馆（室）建设评估、社交媒体档案资源传播评估等次级评估方面。

1）档案网站评估

档案网站作为对外展示形象的窗口，承担着对外宣传的职能。互联网的出现为档案学研究带来重大变革：1996 年我国开始了档案网站的筹建工作，并于 1997 年成功开通了我国首家档案网站——北京市档案信息网。20 世纪初，随着档案网站数量和质量的不断增加，档案网站建设水平和质量亟需测评，以高校为代表的中国人民大学信息资源管理学院档案网站调查与测评项目组（2003 年年底成立）与南京大学信息管理学院的吴建华教授团队的测评小组，根据科学的方法设计出档案网站建设指标体系，对各类档案网站进行测评和打分排名，并以期刊发表的形式对外公开研究结论。

档案网站建设评估较之其他类型的评估，是档案机构评估中为数不多的将评估过程、结论或结果外对公开的类型，以便于社会大众了解档案事业发展的状况和趋势，档案网站建设评估有此优势的原因有二：第一，与评估主体不是政府主导的评估性质有关，档案网站建设的评估主体集中在高校的档案学术研究者上，档案学术研究者作为独立的第三方评估主体，拥有科学的评估方法和不受权力、利益干扰的客观立场，更能公正、科学地进行评估；第二，信息化时代，

---

① 国家档案局中央档案馆.全国档案信息化建设实施纲要[J].中国档案,2003(3)：35-37.

档案网站作为档案馆对外展示形象的门面窗口,具有评估信息易获取的天然优势,这种对外展示档案馆资源的公开特性也决定了其评估过程和结果的公开性。如南京大学吴建华教授的档案网站普查小组,从 2004 年始每年都会在年底对 22 个省、5 个自治区、4 个直辖市、2 个特别行政区、112 所"211 工程"高校、39 家城建档案馆的档案网站进行普查,并形成评估报告,普查数据用于公开的学术发表,总体上积累的历年普查数据对了解档案网站发展和演变过程具有重要意义。

2)数字档案馆(室)建设评估

数字档案馆(室)不同于实体档案机构,但是同样承担存储和保管利用档案的职能。数字档案馆(室)建设评估属于专项评估,适用范围有国家层面的和地方层面的。第一,国家层面的数字档案馆评估。2014 年,国家以县级以上综合档案馆为评估范围,对其数字档案馆系统进行测试和规范;2016 年,国家档案局对机关(含团体和其他社会组织)数字档案室进行评价,这两项评估活动均是对国家层面数字档案馆(室)建设进行的初步探索和尝试。第二,地方层面的数字档案馆评估。如浙江省在 2009 年和 2015 年分别开展了浙江省示范数字档案室评选和全省数字档案室建设测评活动;2012 年江苏省颁布了数字档案馆和数字档案室的等级评估办法;2018 年吉林省四平市也开展了数字档案室建设评价活动。这些地区的数字档案馆(室)建设测评工作为其他地区开展同类型的评估活动积累了丰富的经验。

3)社交媒体档案资源传播和服务评估

近些年,社交媒体的发展主要以微博、微信、博客、论坛、播客、短视频等为主,其凭借自发式传播、速度快、互动交流功能强大、传播方式多样化等特点得到众多行业的青睐。档案领域也不例外,各档案机构纷纷开通本机构的档案微博账号、档案微信公众号,将本单位的档案资源开发状况和对外服务的功能呈现给社会大众,为传统的档案资源传播方式注入一剂活力。

目前,档案微信传播已然成为传播媒介的新宠,档案学界根据档案微信易统计的点击量、点赞量、阅读数等指标,量化数值进而运用一定的算法计算出 WCI 值,评估档案微信传播能力,并将年测评、月测评甚至周测评的排名结果在网络定期公开发布,这种公开发布评估结果的行为调动了档案机构提升其服务质量的积极性。档案微信资源传播力评估也是非政府主导的第三方机构评估,具有客观性、科学性、广泛性和公开性的特征,评估需要的数据收集以及评估结果的公开性,使无行政性干预的档案机构参与度高涨,凸显了评估手段的作用和活力。

（3）与档案相关人员的评估

档案人员评估可以划分为两种类型:第一,档案机构的人员评估,主要是针对从事档案管理工作人员的评估,即对档案机构的领导者、档案保管人员、档案对外服务人员、档案信息化建设人员等的评估;第二,不同机构的干部人事档案的评估,即针对不同行业机构干部人事档案的专项评估。

1）档案机构人员评估

档案机构人员评估主要是对单位内的档案工作人员进行的专项评估,一般是在一个单位内部单独进行,评估目的是规范档案工作人员的管理行为。如2017年浙江省新昌县档案局开展的干部队伍建设绩效考核活动。目前,尚未进行国家级或者区域性的档案机构人员评估,究其原因有二:第一,与不同地方、层次、类型的档案机构性质有关,无法开展纵向或横向的档案机构人员评估;第二,档案机构人员的测评一般还体现在综合评估中,作为评估内容的一部分参与综合评估,在综合档案馆评估、机关事业单位评估等类型中较常出现。

2）机构人事档案评估

机构干部人事档案评估是指以某一机构的干部人事档案为评估客体,对人事档案管理的状况进行的专项评估。早在20世纪90年代就已经出现了国家层面的人事档案评估的先例,如1996年12月25日,中组部开展的干部人事档案工作目标管理专项考评活动。随后,内蒙古自治区（1998年）、中国科学院（1999年）、湖北省交通厅（2007年）、贵州省交通厅系统（2009年）等地区、高校、行业相继开展了地方层面的系统内人事档案工作评估活动,积累了丰富的经验。由此可见,机构人事档案评估的范围可以大至国家层面,小到一个具体的单位,评估范围的伸缩性和扩展性较强。

（4）档案安全风险评估

档案是国家、社会组织等不同机构或个人在各项管理活动中形成的具有保存价值的原始记录,具有凭证、记忆等价值属性,一旦损毁或丢失会造成不可估量的损失,因此,国家档案局一直比较重视档案安全管理。2017 年,时任国家档案局局长李明华在天津举行的全国档案安全工作会议上指出:"档案安全是档案事业的根基","要从维护国家安全的高度认识和推进档案安全工作。各级档案部门一定要把国家利益至上作为档案安全工作乃至整个档案工作的根本理念,谋划和推进工作必须考虑是否符合国家利益,评价和检验工作必须考虑是否有利于国家利益,切实增强维护国家利益的自觉性和坚定性"。① 由此可以看出,国家层面对档案安全风险的重视程度。根据现有的学术成果和实践发展,可以将档案安全风险评估的内容细分为档案机构安全评估、档案管理安全风险评估、档案信息安全风险评估(含电子文件信息安全评估)三类单项评估。

1)档案机构安全评估

档案机构安全评估主要是指以档案机构的馆库安全、安防设施齐全、档案实体安全、档案信息安全和档案管理安全等为主要内容的评估,属于专项评估的范畴。在国家层面,国家档案局越来越重视到档案安全实践中"重决策轻落实、重布置轻检查"的现象,因此,2018 年 12 月 24 日,国家档案局印发《档案馆安全风险评估指标体系》的通知,评估内容包含馆库安全、档案实体安全、档案信息安全、安全保障机制 4 项一级指标、15 项二级指标、56 项三级指标②,该通知的发布为各级档案馆加强风险治理提供了重要的参考依据;在地方层面,2012 年,河南省在市、县级综合档案馆、专业档案馆、部门档案馆、企业档案馆开展了档案安全评估活动,将档案馆安全建设与风险防范相结合,运用定量评估与定性评估相结合的方法,对指导档案馆及时发现问题、解决问题,预防、降低、规避风险起到了重要作用。

2)档案管理安全风险评估

档案管理安全风险评估是档案机构安全评估的重要组成部分,是专门针对档案在收集、整理、鉴定、保管和利用等管理环节进行的安全风险评估,包含档

① 我国将出台《档案馆安全风险评估指标体系》[EB/OL]. (2017-06-07)[2023-09-14]. https://www.saac.gov.cn/daj/yaow/201706/13c9f88308fb427faf60b493ee7c2f5e.shtml.

② 国家档案局办公室关于印发《档案馆安全风险评估指标体系》的通知[EB/OL]. (2019-02-13)[2023-09-14]. https://www.saac.gov.cn/daj/tzgg/201902/fd66636dbe7c4a2a8ef7fdf6f3bcf57f.shtml.

案实体的管理和档案信息的管理。随着信息技术的发展,档案信息的呈现方式出现多样化的特征,档案信息的物质载体不再是传统的纸张等形式,还出现硬盘、磁盘等物理载体,新型载体的出现无形中为档案管理安全风险评估增加了测量的难度,因此,有必要对新载体形势下的档案管理安全风险评估进行研究。

3)档案信息安全风险评估(含电子文件信息安全评估)

档案信息安全风险评估是档案安全评估的重要组成部分,档案信息安全风险评估是其他档案安全评估的基础,一旦档案信息安全存在隐患,档案管理安全和档案实体安全风险的评估也变得毫无价值。随着信息技术的进步,档案信息安全风险的评估还出现了包含电子文件信息安全的评估,主要是对档案的信息内容进行的评估。在学术研究中,项文新 5 年内连续发文 3 篇,对该类评估有深入的研究积淀;在实践中,一般作为档案机构安全风险的重要内容进行评估。

4.2.2.4 以活动性质为对象的档案机构评估

我国档案机构评估类型多样,还有部分评估类型是以某种活动性质为对象的评估,概括总结有如下两种:档案工作年度评估和新农村建设档案工作测评。

(1)档案工作年度评估

档案工作年度评估是指以档案主管部门为评估主体,以某一档案机构或联合机构为评估客体,一般以 1~5 年为一个评估周期,对其档案事业发展状况进行测评的活动。目前,我国档案工作年度评估主要集中在广东省和江苏省两个省份,如广东省省直单位档案工作年度评估(2006 年、2010 年、2015 年)、广州市教育局局属各单位档案工作年度评估(2013 年)、无锡市档案局开展的无锡市档案工作年度评估(2013 年)、江苏省江阴市关于开展档案工作年度评估(2017 年)、中山市市直单位和镇区档案工作年度评估(2018 年)等。从档案工作年度指标可以判定其评估性质为综合评估,评估方法有定性评估和定量评估,如无锡市档案局开展的无锡市档案工作年度评估方法就是定性评估,而江阴市则以定量打分评估为准。

(2)新农村建设档案工作测评

"社会主义新农村建设是指在社会主义制度下,按照新时代的要求,对农村进行经济、政治、文化和社会等方面的建设,最终实现把农村建设成为经济繁荣、设施完善、环境优美、文明和谐的社会主义新农村的目标。"①2005 年 12 月，《中共中央国务院关于推进社会主义新农村建设的若干意见》提出，要按照"生产发展、生活宽裕、乡风文明、村容整洁、管理民主"的要求，协调推进农村经济建设、政治建设、文化建设、社会建设和党的建设。② 新农村建设档案是指国家或地方在新农村建设活动管理过程中形成的具有保存和备考价值的档案，因扎根于基层，所以具有草根性、基础性等特点，具有一定的特殊性。

　　档案工作为辅助社会主义新农村建设，积极开展由地方层面发起的新农村建设档案工作测评活动，如 2010 年，辽宁省开展的社会主义新农村建设档案工作示范县的评估；河南省档案局在 2011 年也开展了社会主义新农村建设档案工作示范乡（镇、街道办事处）、村（居委会）测评活动；北京市档案局、北京市民政局、北京市农村工作委员会作为评估主体在 2012 年也开展了北京市新农村建设档案工作测评活动。由此可见，新农村建设档案工作测评工作是评估主体一般为地方档案主管部门、民政局或农村工作行政管理机构，评估客体为地方的农业农村档案，评估内容为新农村建设档案管理的组织领导、业务建设、开发利用等工作的整体评估。

　　综上所述，我国档案机构类型众多、分布广泛、内容丰富等特点决定了档案机构评估客体的复杂性，不同档案机构的性质、职能和地区发展状况的差异性决定了档案机构评估客体分类分层次管理的必要性。随着社会化程度的深化，评估客体的层次化程度也会进一步裂变加深，档案机构评估始终都要遵循评估客体层次化、等级化的运行规律。

4.3　档案机构评估目的和评估方法

　　档案机构评估目的是评估活动的核心动因，是评估活动开展的本源动机。评估方法是实现评估活动的重要手段。

---

① 《高层大讲堂》编写组. 高层大讲堂 十八大以来中央政治局集体学习的重大议题[M]. 北京:红旗出版社,2016:221。
② 中共中央国务院关于推进社会主义新农村建设的若干意见[EB/OL]. (2005−12−31)[2023−09−15]. https://www.gov.cn/gongbao/content/2006/content_254151.htm.

4.3.1 档案机构评估目的的明确

评估目的的设定标志着评估发展的方向,不同评估类型的评估目的会有具体显见的差异,体现不同类型评估的特色和走向,可以从档案机构评估目的的含义、特点、作用和设置注意事项来进行进一步阐释。

(1)档案机构评估目的的含义和特点

档案机构评估目的是指确定评估发展方向和目标的要素,评估目的的设置是根据评估主体、客体确定的评估范围和对象而明确表达想要达到该项评估目标的过程。不同的评估类型具有不同的评估目的和评估特色,因此,类型多样的评估机构赋予了评估目的多样化的特点,以及评估特色化的性质。

(2)档案机构评估目的的作用

档案机构评估目的是六大要素中决定评估走向的最重要的影响因素,起到不断调节评估过程的作用,特别是影响档案机构评估指标体系、评估方法和评估制度设置的重要因素;档案机构评估目的是把握档案机构发展方向和把控档案机构发展质量,当评估方向走偏或滞后,评估目的还能起到适时纠偏和反馈的作用,以此保障档案机构评估的顺利发展。

(3)明确档案机构评估目的

首先,档案机构评估目的的设置要与社会经济、档案事业发展的步伐相同步,这是评估目标设置的前提和原则;其次,档案机构评估是把控评估发展方向的重要因素,因此,档案机构评估目的的设置要明确和具体,切忌模糊和多义,如此才能分解评估任务,明确评估的发展路径;最后,评估类型决定评估特色各异,评估目的也存在差异,因此,档案机构评估目的的设置还要能体现出该项评估客体的特点,避免不同类型的评估目的趋于雷同,使评估活动流于形式。

4.3.2 档案机构评估方法的多样化

评估方法是实现评估活动的重要手段。可以从档案机构评估方法的定义、功能、具体的评估方法等方面介绍该要素在档案机构评估活动中担任的角色和作用。

4.3.2.1 档案机构评估方法的基本特征

（1）档案机构评估方法的定义

档案机构评估方法这里侧重于广义的或称宏观的研究方法，是指为测量和评估档案机构发展状况和水平所采用的技术、方法和手段。

（2）档案机构评估方法的作用

档案机构评估方法是评估顺利运行的手段和方式，是连接档案机构评估主体和档案机构评估过程和结果的重要桥梁；档案机构评估方法承担着工具化的职能，辅助档案评估主体认识评估客体的发展现状和不足，而科学的档案机构评估方法更能揭示和发现评估活动开展的客观意义。

4.3.2.2 档案机构评估方法及其应用

广义的档案机构评估方法注重从整体系统的角度考量决定评估活动如何开展，强调战略思维。借鉴评估学、绩效管理评估、图书馆评估、高等教育评估等学科和领域评估方法，其中适用于广义的档案机构评估方法有：标杆管理、关键绩效指标、目标管理、360度反馈法、平衡计分卡、PDCA循环法。

（1）标杆管理（benchmarking）方法的应用

标杆管理就是指将档案机构评估客体自身的各方面状况与同一性质和等级的标杆优秀档案机构做比较，认清档案客体自身在档案管理方面的劣势和不足，学习标杆机构有效的档案管理方法。标杆管理对标的范围十分广泛，内容也有很多，但是标杆管理方法作用于档案机构评估活动需要具备两个前提条件：第一，具有某种相同的性质。需要在同一类型的档案机构评估中进行纵横向比较或者不同类型评估的某种相同评估指标进行比较，如同一类综合档案馆的服务质量评估的比较，企业档案馆和综合档案馆在资源建设方面的评估的比较等。第二，公开评估结果。评估结果的公开并不仅指评估结果排名的公开，而是公开评估客体在该次评估中表现突出的地方，如评估专家的评估结论以及评估反馈等内容的公开，否则是无法进行深入内容的持续地、系统地对标比较的。此外，标杆管理评估方法的流程有：确定标杆学习目标、组织团队、明确对标学习对象、收集信息、分析信息、实施、评估和反馈。标杆管理评估方法适用的档案机构类型有专业档案馆评估、企业档案馆（室）评估等。

标杆管理评估方法在档案机构评估活动中的优势彰明较著，就是能够不断地、系统地学习标杆评估单位的档案管理优势和经验,来评估和指导自身的档案管理行为;劣势也显而易见,标杆管理的学习是一个模仿的过程,容易出现管理雷同趋势,较难实现评估工作的超越和创新。

（2）关键绩效指标（KPI）方法的应用

关键绩效指标评估方法是指提炼和归纳出最具有目标导向、具有代表性、易操作量化的指标进行考察。关键绩效指标评估方法的应用流程为:分解目标,提取关键要素;设定考核范围和指标;审核;实施与监督。关键绩效指标的评估方法适用于评估客体和评估指标的选取,其优势是能化繁为简,解决档案机构评估的复杂性;劣势是很容易忽略无法具体操作和量化的评估内容,致使评估指标体系不科学,评估结果没有说服力。

（3）目标管理方法的应用

目标管理自 20 世纪 80 年代传入国内以后,90 年代已经应用于档案目标管理实践和管理研究,由于目标管理的评估方法具有较强的适用性和可操作性,可以作用于不同的档案机构类型,所以至今仍作用于我国的档案机构评估活动中。目标管理就是以档案机构评估目标为导向,由不同档案机构和人员制定分目标而开展的一系列管理活动,一般可划分为三个步骤:制定评估目标、目标的实施、评估和反馈目标成果。目标管理的优势是可以分解评估目标,按照分工、步骤保证评估目标的实现;目标管理的劣势是目标的设定、量化、分解本身的客观性无法保证,会影响评估目标的最终实现。

（4）360 度反馈法方法的应用

360 度反馈法是以档案机构评估客体为对象,对其进行自评估、上级评估、同级评估、下级评估、社会评估的多元评估方法。360 度反馈法的多元评估特性为档案机构评估主体和方式的多样化提供可能、借鉴和思路。尽管如此,360 度反馈法也具有相应的劣势,该方法是从不同层面收集评估客体的信息,能较为全面、客观地反映档案机构评估客体发展的状况和水平,但是 360 度反馈法在档案机构评估中尚未具备实践的条件,而且还存在多维度评估处理困难、成本较高等弊端,同时,还要注意不同评估主体同一时期对同一评估客体进行的评估活动,会给后者造成不必要的负担,因此,360 度反馈法较为适用于小范围的评估活动,如企业档案室评估、地方档案机构评估等。

(5)平衡计分卡(BSC)方法的应用

平衡计分卡是围绕档案机构评估目标和战略愿景,从财务、顾客、学习与发展、内部流程思维四个角度进行评估的管理系统。其中,财务维度是指如何保障投入档案机构的资金发挥其最大的社会价值,如挖掘档案价值、提升档案机构的服务价值等;顾客维度是指档案用户(泛指社会人员)如何提高档案用户使用档案资源的满意度,也就是说从档案用户的角度考虑其需求和服务;学习与发展维度是指评估主体对评估客体长期发展潜力的一种检测,包括对档案机构人员的综合能力、档案资源的开发能力以及档案机构的组织能力等方面的衡量;内部流程思维维度是指档案机构反观自身在档案信息资源管理的过程中所具备的优势和条件,如档案业务管理流程、档案用户服务流程等。平衡计分卡在整体战略部署、利用多维视角进行评估的管理系统思维对档案机构评估具有借鉴意义,但是档案价值本身的不可测量、档案价值对社会发展经济价值的滞后性以及档案机构的非营利性在一定程度上影响了平衡计分卡财务维度的发挥。因此,企业档案馆(室)较为适用该评估方法。

(6)PDCA 循环法的应用

PDCA 循环法又称戴明循环(Deming Circle),PDCA 即指计划(Plan)、执行(Do)、检查(Check)、处理(Act),PDCA 循环法是指将档案机构质量管理活动划分为四个阶段,即各项工作按照列出计划、计划实施、检查实施效果、处理实施结果,将不足的地方进入下一循环解决,如此循环往复,实现档案机构质量管理的优化,一般的档案机构类型均可采用此评估方法。PDCA 循环法的优势是有助于从整体或细节把握档案机构评估活动的进行,思维清晰,方便操作;劣势是PDCA 是在不包含人的创造性内容基础上完善现有工作,容易导致按流程工作的惯性,难以体现出创造性。

以上方法的使用有其适用的对象和范围,但是方法之间并不是独立发挥作用的,而是根据评估类型的特征,共同服务于档案机构评估活动。

4.4 档案机构评估标准及指标

不能描述就无法评价,而无法评价就无法有效地管理。这里的描述指的就是对评估对象各方面状况的合理揭示,即评估标准及指标的构建。档案机构评估标准及指标是评估活动能否客观、科学进行的重要组成要素,在一定程度上甚至是决定着评估活动能否有效开展的重要前提,对评估结果的呈现也起到支配作用。但是,由于档案机构评估指标并非只有量化的数据,如馆藏种类和数量,还有难以量化的、质性的复杂存在,如档案鉴定和利用制度等,不可量化的指标增加了档案机构评估标准及指标构建的难度。

评估标准及指标是评价实施要遵循一定的评价规则,在规则框架内建立科学合理的指标体系,主要是针对评估内容而言的。档案机构评估标准及指标的基本特征可以从评估标准及指标的含义、特点、作用和设置原则、构建流程和方法等方面进行深入的分析。

4.4.1　档案机构评估标准及指标的基本特征

(1)档案机构评估标准及指标的含义

档案机构评估标准和指标指的是评估主体根据不同的档案机构评估内容制定出评估规则,运用科学合理的研究方法构建评估指标体系,不同类型的档案机构会构建出不同的评估标准和指标体系。

档案机构评估标准及指标是对评估对象内容的测量和评价。为了统一档案机构评估实践和学术研究的概念,需要分析档案机构评估标准、评估指标、评估指标体系三个概念之间的区别和联系。①档案机构评估标准是衡量档案机构管理水平和质量的准则,评估标准以定性为主,可操作性比较差。②评估标准可以细化为评估指标,而指标项是揭示被评估对象内容的量化概念,具体到档案机构评估活动中,评估指标项的含义等同于评估指标,包含指标名称、指标定义、标志和标度。① ③档案机构评估指标体系是由若干个既相互独立又相互联系的指标项构成的整体,包含指标项和指标权重。通过上述分析可以总结出档案机构评估标准、评估指标、评估指标体系三个概念之间的关系:评估指标由评估标准派生出来,评估指标是评估标准的细化;评估指标的含义等同于评估指标项;评估指标体系包含评估指标项和指标权重。

① 王文,靳东旺.现代图书馆建设[M].沈阳:沈阳出版社,2012:364.

（2）档案机构评估标准及指标的特点

档案机构评估标准及指标的制定是相对于评估内容而言的，而决定评估内容的则是评估客体和评估目标，我国档案机构评估客体具有类型众多、复杂多样的特点，评估目标具有指引评估发展方向的作用。因此，档案机构评估标准及指标首先具有多样化的特点，不同的评估类型会产生不同的评估标准；其次，具有全面性和丰富性的特点，力求指标体系能够全面反映评估内容和评估目的的全貌和细节，避免盲点；最后，还具有能依照指标细则进行具体实施的可操作性特点，保证评估活动的顺利进行。

4.4.2 档案机构评估标准及指标构建的原则

档案机构评估标准及指标的构建是档案机构评估实施的重要前提。档案机构评估指标体系是评估内容的外在表现形式，是将评估内容分化、整合和量化为一组相互联系、互为补充的严密逻辑体系，科学、客观的评估指标体系设置的本质是评估专家考核被评估档案机构档案管理状况和社会服务水平的有力工具和手段，但档案机构评估指标体系的构建不是毫无原则的堆砌和设置，而是要在考虑档案机构评估现有的管理水平的前提下，尊重评估指标体系的一般构建原则。

（1）系统性

档案机构评估指标体系的系统性是指指标项的设置要能够涵盖评估客体的全部概念和特征，不能存在缺项和重复性指标。如综合档案馆评估一级指标要包含组织和制度建设、软硬件设备（人员和设备等）、基础业务发展水平、档案信息化建设、档案社会化服务水平和能力等方面，而不能忽略其中任何一个构成要素。

（2）可操作性

可操作性是指指标的量化赋值，便于评估专家依据量化的指标打分，指标项的表达应清晰无异议，避免一条指标多人理解不一致的现象出现；对于不能或难以对评估指标进行量化的要素，可以在分解该要素的基础上赋值。如档案机构评估指标中出现的"对外服务用房环境整洁、安静，标识明确，得 0.2 分"，该指标存在的问题就是难以操作，什么情况算整洁、安静？如果恰好有档案用户咨询档案利用,安静条件达不到要扣分,扣几分? 因此,要避免此种指标项存在引起的评估误差。

(3)逻辑性

逻辑性是指指标体系之间还存在紧密的逻辑关系,而不是指标的简单罗列。如综合档案馆业务建设评价一级指标中会出现的"建筑与设备""经费与人员""档案基础业务""开发利用服务""工作落实"五大指标项,这五项指标之间是依次递进和深入的关系,"建筑设备""经费与人员"指标项考核完成以后,还要进一步考核"档案基础业务""开发利用服务"等后续进程。

(4)可比性

虽然档案机构评估的本质不是为评估而评估、为评估排名而打分,而是找差距、补不足,但是评估结果的惯性要求具有可比性。被评估机构的评估结果能够根据总分排名,比较高低,面对这一评估结果惯性,可以通过弱化排名化解,在评估结果比较中发现不足,避免被评估单位故步自封,还使被评估单位有机会向档案机构管理水平发展较好的标杆单位学习。因此,评估指标体系还要具有一定的可比性。

(5)动态性

档案机构评估指标体系的动态性是指评估指标体系的设置并不是一成不变的,而是随着内外部环境的变化而变化。

(6)导向性

档案机构评估指标体系的构建还要具有导向性,这是由评估指标体系本身的功能所决定的,评估指标体系是评估组织者对被评估单位档案管理发展方向的外在诉求,是评估活动的指挥棒,被评估单位根据评估指标体系的规定,开展档案管理工作以满足评估组织者的要求。

4.4.3　档案机构评估标准及指标的构建方法和流程

档案机构评估标准及指标是档案机构评估的核心,科学的档案机构评估标准及指标的构建是评估结果是否客观呈现的重要标志,是影响档案机构评估是否顺利进行的关键。借鉴评估学理论,构建档案机构评估标准及指标的流程和方法有:明确评估对象和目的,资料的收集和分析,确定评估标准,明确评估指

标,指标的量化、赋值,试用和测试,检验,从开始到结束,中间要经历 7 个步骤
(如图 4.2 所示)。

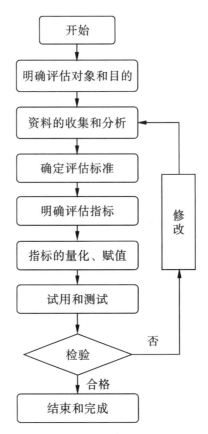

图4.2　档案机构评估标准及指标的设计和构建程序

4.4.3.1　明确评估对象和目的

　　档案机构评估指标体系的构建是客观反映评估对象全貌或重要特征的基
础,评估指标体系能够映射评估对象的发展状况。不同的评估对象,其评估指
标体系也会不同,评估客体的选择决定评估机构的类型和评估内容,因此,在构
建客观科学的评估指标体系之前,首先要明确评估对象。评估目的决定评估走
向,故档案机构评估指标体系的构建还要明确评估目的。档案机构评估对象和
评估目的共同影响评估指标体系的内容构建,为评估活动指定方向、任务和
目标。

4.4.3.2 资料的收集和分析

档案机构评估活动的开展需要充分掌握评估对象的基础和关键数据信息，这就离不开评估资料的获取和数据的处理分析。评估资料的获取和数据的处理分析过程是评估活动能否客观、科学开展的基础。一方面，分析档案机构的特点，如地区分布状况、馆藏内容和载体、作用和功能、受众群体等；另一方面，根据评估目的分析档案机构评估是绩效评估还是成效评估，是考察基础资源建设还是信息服务能力等。

（1）数据的收集

档案机构评估对象和目的的不同，其评估数据收集的途径和方式也存在差异。一般常用的档案机构评估收集方法根据获取的途径可以划分为文献调研、网络调研、实地调研。①文献调研在评估数据的收集过程中起到基础作用，通过论文、年鉴、年度报告等不同文献类型，掌握档案机构评估的基础数据，如档案机构的发展沿革、组织架构、管理制度、职能部门、馆藏构成与分类、人员配备、信息化建设水平等数据。②网络调研适用于档案机构信息化发展水平较高、社交媒体运用程度较为普遍、服务受众较为广泛的机构，网络信息查找较为便捷，调查者根据档案机构网站、微信公众号、博客、微博、App 等方式获得评估对象的发展性数据，如档案机构馆藏数字化进展、服务方式和类型、档案查询系统的检索能力、档案展览的举办频率和内容、档案法制化建设水平、档案机构人员培训等，为档案机构评估提供源源不断的前沿发展性信息。③实地调研是通过社会实践、访谈、实地考察等方式获取档案机构评估的边缘和隐性信息，如档案利用统计、档案鉴定的实践开展状况、档案机构统计误差、档案机构评估有限公开的影响因素等。隐形信息更容易发现档案机构评估现状中存在的问题，是文献调研和网络调研不易获取的数据，实地调研为档案机构评估活动数据的收集提供数据补充。此外，档案机构评估数据的收集还要遵守全面性、系统性、完整性、主动性等原则，避免评估数据采集的遗漏和重复。①

（2）数据的分析

根据不同的途径和方法获取全面数据后，还需要对收集到的数据进行分

---

① 邱均平,文庭孝.评价学 理论·方法·实践[M].北京:科学出版社,2010:148-149.

析,总结所要开展的档案机构评估类型的总体发展状况,避免评估指标的设置脱离档案机构发展实际,一般常用的数据分析方法有分类、对比和加工。首先对获取的档案机构评估数据信息进行分类,集合具有相同特征的数据,如分开统计不同档案机构的硬件设施和软件设施、档案机构的到馆查阅利用数量和档案网站的访问量和点击率,以及区分统计档案机构社交媒体的数据等,这需要不同类型的评估人员分工、合作参与专项采集;对比的方法主要是指历史评估数据和现在评估数据的比较、相似的档案机构类型之间的比较、档案机构与其他具有相似职能的机构类型的评估数据的比较、不同渠道获取的评估数据的比较等;评估数据的加工是对评估数据深层次整理的方法,如对评估数据之间的关系进行揭示,发现显性和隐性关联,为评估标准和指标的构建提供内在的逻辑支撑。

4.4.3.3 确定评估标准

档案机构的评估标准有赖于评估目的,评估目的的明确有助于确定评估方向,结合评估对象的特点和性质、已有的档案机构评估资料分析结果,将评估目标进行任务的分解、量化,细化为不同的档案机构评估指标,如根据评估对象和评估目标,明确是对档案机构基础设施建设、档案信息资源管理和服务、馆员水平等方面的综合评估,还是针对档案机构安全管理、档案信息资源服务能力等某一方面的单(专)项评估,以此分解评估任务和目标,为档案机构评估指标的构建提供方向和基础。

4.4.3.4 明确评估指标

评估指标是评估标准的细化。每一评估指标都是对于评价客体某个属性或某些属性的概括。[①] 档案机构评估指标即为一个个的评估指标项,评估指标项是评估指标体系的重要组成部分,是指标权重确定的基础。指标项的选取需要科学、严谨的研究方法来指导。档案机构评估指标体系的构建有定性评估、定量评估、定量与定性评估相结合三种。

(1)档案机构评估指标项选取的方法

由于档案机构性质的不同,其评估指标项选取的研究方法也有不同。档案机构评估指标项选取的研究方法需要综合考虑档案机构的特点、馆藏结构和内

---

① 陈铭.基于"全评价"体系的图书馆电子书评价研究[J].图书与情报,2012(1):22-26.

容、机构职能、已有的研究基础等因素。根据现有的评估指标项研究方法的特点，德尔菲法、扎根理论研究法、探索性因子分析法等方法可应用于档案机构评估指标项的选择。

1）不同方法在档案机构评估指标项选取的适用性

①德尔菲法在档案机构评估指标项选择中的适用性。德尔菲法也可以称为专家调查法，该方法在档案机构评估活动中是指按照规定的程序反复征询档案专家对影响档案机构评估类型相关指标的关联度给出的意见或判断，然后赋值进行预测的方法。德尔菲法的优势是避免单一权威意识的影响，听取多方档案专家的观点。德尔菲法的缺点是要反复几轮征询档案专家的意见，调研过程较为复杂、耗时较长。但是，德尔菲法通常与层次分析法联合使用，构造判断矩阵，赋予档案机构评估指标权重，以定性和定量相结合的研究方法保证其指标体系构建的科学性，因此，德尔菲法在档案机构评估指标项选择中的应用范围较为广泛，一般的档案机构类型均适用。

②扎根理论研究法在档案机构评估指标项选择中的适用性。扎根理论研究法是由哥伦比亚大学的 Anselm Strauss 和 Barney Glaser 两位学者在 1967 年共同提出的一种用于发展理论的研究方法，它是运用系统化的程序，从在与研究现象密切相关的资料进行收集和分析过程中，发现、发展和形成理论，同时为了提高所发现理论的精确性和一致性，对具有相似性和差别的不同概念类别进行不断和严格地比较。[①] 扎根理论研究法是针对某一现象来发展并归纳式地引导出扎根理论的一种定性研究方法，扎根理论研究法对指标项的构建可以归纳为以下几个步骤：首先进行开放式编码，对收集到的资料信息进行整理和概念化提炼；其次进行主轴编码，对提炼的概念和类别加以归纳聚类；最后做选择编码，发现核心指标，统领和连接其他指标，形成初步构架。[②] 扎根理论研究法应用于档案机构评估的优势是对研究基础较少的评估对象构建指标项具有一定的作用。劣势就是一方面需要专家访谈，并对访谈数据信息进行编码、提炼和

①　费梅苹.次生社会化：偏差青少年边缘化的社会互动过程研究[M].上海：上海人民出版社,2010：57.

②　潘煜,高丽,张星,等.中国文化背景下的消费者价值观研究：量表开发与比较[J].管理世界,2014(4)：90-106.

归类,对运用该方法的研究人员具有一定的要求,也就是说要求研究者能够熟悉扎根理论研究法的应用过程,同时还要具备运用档案学基本常识和档案机构评估理论的能力;另一方面,扎根理论研究法在档案机构评估指标项选择中的应用过程较为复杂且耗时较长。在档案机构评估中,扎根理论研究法适用于评估对象研究基础较为薄弱,难以从已有文献获取基础指标项,因此,适用于新出现的档案机构评估类型以及专项评估。

③探索性因子分析法在档案机构评估指标项选择中的适用性。探索性因子分析法(EFA)是一项利用因子分析来确定因子的维数,用来找出多元观测变量的本质结构并进行处理降维的技术。① 探索性因子分析法的使用前提是影响因子未知,这样只能完全依靠样本数据和统计软件得出因子。探索性因子分析方法的实施过程主要包含四个步骤:第一,收集观测变量,构造相关矩阵。首先运用抽样的方法采集数据变量,依据构造矩阵结果确定是否适合进一步的因子分析。第二,确定因子个数,提取因子。事先假定因子个数和按照特征根大于1的准则或碎石准则来确定;然后利用主成分方法、加权最小平方法、极大似然法等方法提取因子。第三,因子旋转后解释因子结构。一般利用正交旋转、斜交旋转等方法对因子进行旋转,并根据实际情况及负载大小解释因子结构。第四,计算因子得分。最后运用聚类分析、评价等方法对公共因子做进一步的探讨和分析。② 该方法在档案机构评估指标项选择中的应用优势是运用定量的方法构建评估指标项,排除评估专家的主观经验判断;劣势是需要收集变量数据,数据收集对象和收集过程不可控,耗时较长,一旦收集的数据出现问题,就无法真实地反映档案机构评估对象的客观状况,进而影响数据质量和评估结果。探索性因子分析法较为适用于研究基础较为薄弱、档案机构服务对象较为广泛的档案机构评估类型,数据收集对象众多,易发放调查问卷。

2)不同的指标项选取方法适用于不同的档案机构类型

我国综合档案馆、机关事业单位档案馆(室)、企业档案馆(室)是档案机构评估的主线,专业档案馆也是我国档案机构的重要组成部分,新出现的虚拟档

---

① 王松涛.探索性因子分析与验证性因子分析比较研究[J].兰州学刊,2006(5):155-156.

② 金在温,米勒.因子分析:统计方法与应用问题[M].叶华,译.上海:格致出版社,2016:7.

案机构数字档案馆(室)是未来档案机构评估发展的趋势。以这五种档案机构类型作为分析对象,具体探讨不同的指标项选取方法在不同档案机构类型中的适用性(如表4.1所示)。

表4.1　不同的指标项选取方法适用的档案机构类型

方法	综合档案馆	专业档案馆	机关事业单位档案馆(室)	企业档案馆(室)	数字档案馆(室)
德尔菲法	√	√	√	√	√
扎根理论研究法		√			√
探索性因子分析法	√	√	√	√	√

①我国综合档案馆的数量较多,馆藏内容比较丰富,服务对象较为广泛,已有的评估指标项的研究基础较为丰富。德尔菲法的特点是集中多名专家意见,并对专家意见进行几轮反馈。综合档案馆研究专家较多,能够根据实际需求组织评估专家填写调查问卷,因此较为适用于综合档案馆;探索性因子分析法对提取公共服务环境下综合档案馆评估的影响因素较为适用,这是由于综合档案馆的服务对象较为广泛,意味着调查问卷发送对象的范围也较为广泛,但是探索性因子分析法需要研究者具备处理和分析评估数据的能力,以及熟练掌握数据分析软件。

②专业档案馆的馆藏特点是专业性较为突出,专业技术性强、数量众多,目前主要开展的是以城建档案馆为对象的评估,中国照片档案馆、气象档案馆等其他类型的专业档案馆评估活动开展较少,专业档案馆已有的研究基础总体上较为薄弱,因此三种选择评估指标项的研究方法对其均适用。

③机关事业单位档案馆(室)和企业档案馆(室)的机构性质类似,是机关事业单位和企业的重要组成部分,从属于单位内部,主要收集和保管本单位管理活动中形成的档案,服务对象也集中在单位内部。机关事业单位档案馆(室)和企业档案馆(室)评估实践历史较长,已有的研究基础可供参考和借鉴,德尔菲法适用于机关事业单位档案馆(室)和企业档案馆(室)综合性评估指标项的构建,探索性因子分析法适用于二者的专项或单项评估。

④数字档案馆是新出现的档案虚拟机构,是国家近几年评估的主要对象,

属于新兴评估领域,数字档案馆的职能扩展了实体档案馆的职能,更加强调档案资源服务,因此,德尔菲法、扎根理论研究法和探索性因子分析法的特点和优势均对数字档案馆评估指标项的选取具有适用性。

(2)档案机构评估指标项的选取依据和过程

档案机构评估指标项的选取是将影响档案机构评估的相关因素进行提炼和总结的过程,档案机构评估理论和实践基础的不同还会影响评估指标项选取的方法和过程。

1)在档案机构评估已有研究成果较为丰富的情况下评估指标项选取的过程

所要开展的档案机构评估活动若是已有的研究基础较为丰富,比如在历史上具有一定的评估周期、中央和地方省市开展评估实践活动较多、已有的学术研究成果较为丰富、可供参考的理论基础较多,则评估指标项的选取可以通过以下步骤和方法进行。首先,指标项的初步选取可以运用文献调研法,结合已有的研究成果,在文献的持续阅读中,不断罗列、增加新的指标项,并且不能割裂原始指标项之间的逻辑关系,直至指标体系达到饱和状态,不再新增新的指标项;其次,对指标项进行初步的分类、筛选和合并,删除含义相同、表达有歧义的指标项,初步得到具有一定逻辑联系的指标项;最后,运用德尔菲法,对初步形成的指标项开展3~4轮的专家调查,直至专家达成一致意见,形成最终的指标量表。①

2)在档案机构评估已有研究成果较为贫乏的情况下评估指标项选取的过程

档案主体开展的评估活动若是已有的研究成果较少、开展的评估实践活动也较少,有两种方法可以获得初步的指标项。

①问卷调查法和探索性因子分析方法联合使用,侧重于定量的研究。首先,调查者将与档案机构评估相关的问题设计为调查问卷,通过设计、发放和回收调查问卷来获得初步的数据,找到影响档案机构评估活动内容的影响因素;其次,运用 SPSS 等数据分析软件,对问卷调查结果的有效样本进行信度和效度分析、探索性因子分析等多轮数据分析,不断验证和修正影响因素假设模型;最后,利用主成分分析、降维–因子分析等方法,对档案机构评估量表进行提纯,得

---

① 我国综合性档案馆效益评估指标体系的构建及实证研究[D].杭州:浙江大学,2010.

到最终的评估指标体系。①

②专家访谈法、扎根理论研究方法和探索性因子分析法的联合使用是定性和定量相结合的研究方法。首先,通过专家访谈、开放式问卷等方式获得初步、原始的数据信息;其次,根据扎根理论的研究方法,由调查者对文献和访谈数据信息进行整理和编码(编码工作分为开放编码、主轴编码和选择编码三种),获得初步的题项,并进一步整理和归纳量表;最后,发放问卷对量表提纯和结构验证进行信度检验,并通过探索性因子分析法不断检验和修正量表,形成最终的指标项。②

(3)档案机构评估指标项的设置应注意的问题

档案机构评估指标体系中统计指标和计量单位的设置是影响档案机构评估指标体系科学实施的重要影响因素。指标项计量单位的统一和理解无误是构建科学的评估指标体系的前提。

1)指标项的计量单位应统一

根据国家档案局2017年统计数据可知,全国各级国家综合档案馆馆藏档案已达到65 371.1万卷、件;全国示范数字档案馆16个,国家级数字档案馆27个,馆藏电子档案162.9万GB。③ 而由国家档案局2016年统计数据可知,全国各级国家综合档案馆建有545个数字档案馆,馆藏电子档案218.4万GB。④ 馆藏电子档案的数量呈现明显减少的现象(减少55.5GB),这一现象暴露出不同的统计指标下的档案信息统计结果会出现明显差异。那么造成这种结果的原因是什么? 国家档案局在2017年度统计数据给出回应:为进一步加强和改进档案统计工作,全面落实国家统计局《部门统计调查项目管理办法》相关要

---

① 邓君,盛盼盼,王阮,等.用户感知视角下档案网站服务质量评价指标体系研究[J].图书情报工作,2018,62(1):24-32.

② 潘煜,高丽,张星,等.中国文化背景下的消费者价值观研究:量表开发与比较[J].管理世界,2014(4):90-106.

③ 2017年度全国档案行政管理部门和档案馆基本情况摘要(二)[EB/OL].(2018-09-10)[2023-09-15].http://www.saac.gov.cn/daj/zhdt/201809/bc8ebfd256b54f3abc4c076eea65b9b3.shtml.

④ 2016年度全国档案行政管理部门和档案馆基本情况摘要(二)[EB/OL].(2017-10-17)[2023-09-15].https://www.saac.gov.cn/daj/zhdt/201710/90916702c2ca43b9ba82346e3bb711de.shtml.

求,自 2017 年度全国档案事业统计年报工作起,各级档案部门、统计人员加强数据质量监督,严格按照指标要求采集数据,规范校正往年数据中出现的重复上报等问题。因此个别指标数据较往年有不合理降低。① 由此可见,数据重复上报也是原因之一,除此之外,不同的统计指标下的档案信息统计结果会出现明显差异,笔者推测统计指标和计量单位的不统一也是影响统计结果不一的重要因素。如不同档案机构对全宗、卷、件等档案基本保管单位的统计计量范围和理解不一致,导致统计结果也出现偏差。

①全宗。法国资产阶级档案工作改革后,"全宗"(fond)一词进入大众视野,苏联引用该词汇翻译为"芬特",并经由苏联传入中国,经过档案实践的验证和档案学术的发展,中国在 1955 年将"芬特"改为"全宗",并利用至今。② 全宗概念在中国化的进程中最终将其定义为:全宗是一个国家机构、社会组织、个人形成的具有有机联系的档案整体,是档案馆档案的第一层分类、管理单位③,一般适用于综合档案馆、企业档案馆和高校档案馆,并不适用于机关事业单位档案馆(室)、专业档案馆等机构。

立档单位是构成全宗的重要组织者,而立档单位的构成条件有三项:从财务角度讲,可以独立行使职权,并能以自己的名义对外行文;从行政角度讲,设有会计单位或独立的核算单位,可以自己编造预算或财务计划;从组织角度讲,设有管理人事的机构或人员,并有一定的人事任免权。④ 也就是说是否符合构成立档单位的条件是能否形成全宗的重要依据。全宗作为一个基本的档案管理分类层次,由于立档单位的多样性、档案馆藏的复杂性,不同类型的档案馆馆藏全宗划分的标准、范围和界限并无也无法形成统一的定论,在一定程度上影响档案计量单位的统计,并直接影响档案机构评估的客观性和真实性。如某县级档案馆在上报的统计数据中,填写的全宗数为 54 个,案卷数为 2248 个,但是有 17 个全宗却只有 1 卷,经分析和复核调查,证明该档案馆全宗概念不明确,

① 2017 年度全国档案行政管理部门和档案馆基本情况摘要(二)[EB/OL].(2018-09-10)[2023-09-15]. http://www.saac.gov.cn/daj/zhdt/201809/bc8ebfd256b54f3abc4c076eea65b9b3.shtml.

② 丁海斌,王艺美."全宗"一词源流考[J].档案学研究,2018(4):18-22.

③ 陈智为.档案管理学[M].北京:中国人民大学出版社,2008:124.

④ 陈智为.档案管理学[M].北京:中国人民大学出版社,2008:127.

把一个全宗和属类也作为全宗处理了。① 在以全宗为基本整理和分类单位的现代档案管理环境下,这种现象至今仍有体现。

而在档案信息化背景下,数据化的档案管理弱化了以来源原则为理论指导的全宗分类,而以元数据为主要存在形式的档案管理更加注重档案知识化的虚拟组织形式,尤其是以数字档案馆、智慧档案馆等存在形态的新型档案"机构"类型的档案管理和分类面临更大的挑战。但档案学者何嘉荪提出的"广义来源观",在扩展了传统来源含义的基础上,使全宗分类在数字时代也展现出新的生机,同时,也有助于规范数字档案管理质量和数字档案馆评估的相关数据统计。

②案卷。案卷是档案的基本保管单位,它是一组有联系、有共同特点,经过系统整理的文件材料的集合体,是档案整理的第二层分类单位。根据保管期限的长短,案卷可分为永久卷和长期卷。案卷的统计单位为个、卷、册、袋、盒、米(长度)。② 其中,案卷长度是案卷叠放排列的厚度总和。但是,目前我国存放档案馆藏案卷的档案盒大小和盒的厚度设计,不同的档案机构有不同的要求,因此,在统计案卷数量时会存在误差,以及档案案卷计量单位现实需要且客观存在的指标项不一,也会影响档案案卷数量的统计。实践中,一般以排架长度(单位:米)作为统计计量单位。

③件。件是档案整理的最基本、最小的分类单位。在传统的档案立卷改革的时代背景下,提出了以"简化整理,深化检索"为原则、以件为单位的档案整理方法,简化了人工整理程序,以及弱化了人为因素造成的组卷不科学性,甚至解决了零散档案的整理,对信息化背景下的档案数字化的评估指标的计量也具有一定的进步意义。

档案统计工作不仅是我国政府统计工作的重要组成部分,还是档案机构评估活动开展的基础,档案统计单位的规范和统一与否直接影响档案评估中的被评估单位的档案统计工作和评估主体的考评成效。自1991年国家统计局批准实施《全国档案事业统计年报制度》以来,档案统计工作取得一定的进步,但是存在依法执行统计制度的责任和措施不到位,统计调查方式不规范,调查人员专业技能不过硬,源头数据采集不完整,统计数据质量不够高,统计信息共享不

---

① 吴建华.档案统计原理与方法[M].南京:南京大学出版社,1993:28.
② 郑家亨.全国统计专业职务考试必备[M].北京:经济科学出版社,1989:576.

到位等问题。① 为了进一步适应档案事业面临的现实需求,2018 年 6 月 19 日,国家档案局办公室印发了《关于进一步加强和改进档案统计工作的意见》的通知。该通知在一定程度上对档案机构评估中的档案数据统计、指标计量单位的统一起到积极的规范作用。因此,档案机构评估指标体系的构建需要达到评估指标项指向的一致性和计量单位的统一性。

2)指标项的设置应明确无重复项

科学、系统、完整的档案机构评估指标体系构建的基础是指标项的设置应明确无重复项,避免让被评估单位做重复性统计工作。以 2018 年副省级以上综合档案馆业务建设评价工作为例,在访谈中,也有被评估单位指出:

> (副省级以上综合档案馆业务建设)评价指标体系中第 28 项是统计馆藏纸质档案的,但是和第 29 项之间的这个统计专业档案种类和数量的就重复统计了。再说一个第 55 项的馆藏档案数字化吧,这个时候当时是要提供数字化的情况,有多少卷多少个全宗多少件,完成了多少量,那个门类又是多少量什么的,然后在前面提供纸质档案数量的时候,比如说有多少卷多少件,有很多数据是重复统计的,当然,它数据统计出来的结果如果不一样,也能发现你单位本身档案数量统计的失误。

3)指标项的理解应统一

这里指标项的统一理解是指评估组织者的评估要求、想要达到的评估效应与被评估档案机构对每一项评估指标的理解要趋于一致和统一,不允许存在理解歧义和偏差。正如访谈中有被评估单位认为:

> 对那个指标体系的理解,如果站在我们的角度,我们是这样理解的,觉得差不多就行了,然后他们的理解就是那种更严苛,而且他们除了这个指标体系之外,还有更细的一些东西,就要求很细节,比方说档案安全保管提到这个灭火

---

① 国家档案局办公室印发《关于进一步加强和改进档案统计工作的意见》的通知[EB/OL]. (2018 - 09 - 28) [2023 - 09 - 15]. https://www. saac. gov. cn/daj/tzgg/201809/ccce2b7118574407b418a767513bf585. shtml? ivk_sa = 1024320u.

器,它有没有在有效期内,这个当然是可以理解的,他要看灭火器的类型是二氧化碳灭火器还是干粉灭火器。反正我们是不符合要求的,就重新换了,也就是说这个细则本身不够详细,没有提前说清楚要求什么类型的灭火器。就是他们(评估组织者)主观可能会认为这些企业基本上应该做到哪些东西,会不会有一些主观因素在里面。

被评估单位的理解若与评估指标体系展现出来的评估要求存在错位,则会影响评估结果的客观性和科学性,因此,评估组织者在指标体系的构建中要措辞严谨,表述明确。如通过指标体系解释细则的方式与评估专家和被评估单位做好沟通和安排。

此外,国家层面统计指标项的不统一也必然影响档案机构评估的客观发展现状,如在不同时期开展的均以省级综合档案馆为评估对象的档案馆目标管理考评(1995 年)和综合档案馆业务建设评价工作(2018 年),在"档案基础业务建设"部分中的"档案收集"二级指标项设置上,也都提到了要求制定档案收集范围和接受名册,但是前者还规定了"对社会上的散存档案进行了征集(1 分)"的要求,而后者则主要强调"档案接收计划的制定与执行情况(1 分)",而无规定散存档案的征集情况,如此,便无法纵向比较综合档案馆在不同时期对散存档案的征集数据,也无法进一步理解馆藏档案的来源。因此,在横向的历史观下,不同评估活动之间的指标项要跟随时代的变迁不断更新和完善,但是,对于常规档案工作指标项的设置还是要有一定的历史眼光,便于纵向比较和研究不同历史时期档案馆藏发展的客观状况。

4.4.3.5 评估指标的量化赋值

(1)权重的含义和作用

权重也称权或称权数,是指以某种数量形式对比、权衡被评价事物总体中诸因素相对重要程度的量值[①],是针对该指标项在整体评价中的相对重要程度而言的,权重数值越高,则该指标项的重要性程度也越高,对整体的影响就越大。档案机构评估指标体系的权重设置决定着评估结果的最终分值,也会直接

---

① 邱均平,文庭孝.评价学 理论·方法·实践[M].北京:科学出版社,2010:143.

比较出被评估单位之间的发展差距。

(2)确定档案机构评估指标权重的原则

确定档案机构评估指标权重还要遵循一定的原则。第一,允许评估指标权重设置的主观差异;第二,权重的不同是评估指标项之间的客观差异;第三,信息源不同,评估指标项的重要程度也会存在不同。[1] 这三条确定指标权重的原则有助于理解权重之间的差异性和承认评估权重确认过程中可能会存在的人为或客观误差。

(3)档案机构评估指标权重确定的方法和适用的档案机构类型

指标权重的确定方法较多,大致可以分为主观赋值和客观赋值两种。主观赋值的主要研究方法有主观经验法、专家调查加权法、德尔菲加权法三种,这三种主观赋值方法操作简单、方便。客观赋值法是相对主观赋值法而言的,它是对指标项的原始数据信息进行数学或统计方法处理后获得权数的方法。主要有因子分析法、主成分分析法、层次分析法。

不同的档案机构评估类型选择评估指标权重的方法也会有差异,依旧以综合档案馆、专业档案馆、机关事业单位档案馆(室)、企业档案馆(室)、数字档案馆(室)五种档案馆类型为对象进行分析(如表4.2所示)。

表4.2　不同的指标权重确定的研究方法适用于不同的档案机构类型

方法	综合档案馆	专业档案馆	机关事业单位档案馆(室)	企业档案馆(室)	数字档案馆(室)
主观经验法			√	√	
专家调查加权法	√	√	√	√	√
德尔菲加权法	√	√	√	√	√
因子分析法		√			√
主成分分析法	√	√			√
层次分析法	√	√	√	√	√

---

① 张于心,智明光.综合评价指标体系和评价方法[J].北方交通大学学报,1995(3):393-400.

1）主观赋值的方法适用的档案机构类型

①主观经验法适用的档案机构类型。主观经验法是指评估者根据自己的经验直接给相关指标项加权，这种研究方法较为主观，分值的确定完全取决于评估者个人，这就对评估者的能力和素质提出极高的要求。主观经验法适用于单位内部的或小范围的档案机构评估活动，如机关事业单位档案馆（室）和企业档案馆（室）内部的评估。

②专家调查加权法适用的档案机构类型。专家调查加权法指专家先独立对相关指标项加权，然后取其平均值作为权重系数。专家调查加权法相对主观经验法的优势在于将评估者排除在外，让更多熟悉该领域的专家参与进来打分，避免评估者主观的自我判断。一般的评估方式是根据档案机构评估活动的性质选择具体的评估专家（一般为 6～12 人），由专家首先根据相关指标给出重要性得分，然后取专家打分的指标权数平均值，最终得出权重系数。但是这种评估方法的弊端是难以摆脱评估专家的主观判断。专家调查加权法因为可操作性较强，比单纯的主观经验法的优势更为明显，较为适用于评估指标体系中指标项较多的评估类型。

③德尔菲加权法适用的档案机构类型。德尔菲加权法，首先给不同专家发送加权咨询表，然后取不同专家的加权系数进行新一轮的数据处理，虽然这种评估方法依然是以评估专家的主观判断为主的赋值方法，但是数据处理的过程增加了德尔菲加权法确认指标权重的相对科学性，正是这种评估方法的特性影响了其适用的档案机构类型。所以，德尔菲加权法的适用范围也较为广泛，可以适用于以上五种档案机构类型。

以上三种主观赋值法操作简单，但是劣势也很明显，即主观性过强。

2）客观赋值法适用的档案机构类型

①因子分析法适用的档案机构类型。因子分析法是把一些具有不易发现的、错综复杂关系的变量归结为少数几个无关的、新的综合因子的一种多变量统计分析方法。其基本思想是根据相关性大小对变量进行分组，用少数几个因子去描述多指标或因素之间的联系。[①] 因子分析法的运用方式和步骤有：相关

---

① 游家兴.如何正确运用因子分析法进行综合评价[J].统计教育,2003(5):10-11.

程度检验(相关系数矩阵、KMO 检验、巴特利球体检验)、提取公因子(累计方差贡献率)、因子旋转(正交旋转或斜交旋转)、因子得分(回归估计法、Bartlett 估计法)、得分。因子分析法与扎根理论研究法的联合使用适用于原有的数据基础较少的档案机构评估类型,需要运用因子分析法对大量的基础数据进行收集和处理,由数据处理软件直接得出评估指标项的权重。专业档案馆是开展评估活动对象较少的机构,数字档案馆(室)是新型的档案机构类型。因此,因子分析法较为适用于专业档案馆和数字档案馆(室)两种机构类型。

②主成分分析法适用的档案机构类型。主成分分析也称主分量分析,通过主成分分析法可以起到降低维度的作用,将复杂问题变得简单化,得到科学有效的数据信息。用主成分分析确定权重的方法是:指标权重等于以主成分的方差贡献率为权重,将该指标在各主成分线性组合中的系数加权平均归一化,因此,要确定指标权重需要知道指标在各主成分线性组合中的系数、主成分的方差贡献率、指标权重的归一化三个要点。① 主成分分析法的优势是将评估复杂问题降维处理简单化,较为适用于规模较大、职能多样、馆藏内容丰富的档案馆,因此,综合档案馆、专业档案馆以及数字档案馆(室)评估指标权重的确定均可以选用此方法。

③层次分析法适用的档案机构类型。层次分析法是档案机构评估研究中较为常用的、以主观判断对客观事物进行分解量化的定量研究方法,主要应用于档案机构评估指标的构建和权重的赋值。层次分析法应用于档案机构评估体系的流程有:建立指标层级结构、构造判断矩阵、计算矩阵特征矢量、层次单排序、检验一致性。② 层次分析法的优势是将质性的指标量化,具有可操作性;劣势是指标项过多时,数据统计量大,且权重难以确定,而且层次分析法本身并不能完全量化所有的质性指标弊端依然存在。目前,使用较多的是层次分析法和德尔菲法的联合使用,通过定量分析的德尔菲法对指标项进行打分,运用层次分析法构建判断矩阵,进行一致性检验,这种定量与定性相结合的评估方法

---

① 董健卫,陈艳美,孟盼.基于主成分分析的 PM2.5 的影响因素权重确定方法[J].广东技术师范学院学报,2016,37(11):25-28,52.

② 胡晓庆.基于层次分析法的数字档案馆档案信息服务质量评价体系建构[J].学理论,2009(7):120-122.

相对提高了评估指标体系的科学性。因此,层次分析法适用的档案机构评估类型也较为广泛,可以适用于综合档案馆、专业档案馆、机关事业单位档案馆(室)、企业档案馆(室)、数字档案馆(室)等主流的档案机构评估权重的确定,是目前适用较为普遍的一种研究方法。

4.4.3.6 试用和测试

档案机构评估指标项和权重的确定,最终形成可用于档案机构评估活动的指标体系,此外,还要对指标项进行内容解释,对指标项权重进行百分比转化,方便评估专家打分和被评估单位自检。为了进一步检验评估指标体系是否合理,还要经过不断地使用和检验、经历论证和反复修改才能确定。试用和测试的方法一般是将档案机构评估指标体系直接作用于被评估单位,检验指标项的可操作性等性能,发现评估体系中有问题的指标项,分析其原因,及时修正和完善。

4.4.3.7 检验

档案机构评估指标体系的检验也是构建评估标准及指标的重要一环,经受得住评估实践检验的评估指标体系才是客观、科学的指标体系。档案机构评估指标体系检验合格,意味着评估指标体系构建的结束;若检验不合格,指标体系存在较大问题,不能客观反映评估状况,则需要重新修改,返回到资料的收集和处理步骤,查找问题的根源,直至通过指标体系的检验。至此,档案机构评估标准及指标构建流程结束。

4.4.4 档案机构综合评估和单(专)项评估标准及指标的差异

我国的档案机构评估按照具体的评估内容可划分为综合评估和单项评估(或称专项评估)。档案机构综合评估是指把评估对象视为一个整体,对其方方面面进行评估,如档案事业综合发展评估、综合档案馆测评等均属于综合评估;档案机构单项评估,或称专项评估,是指确定档案机构评估的客体以后,对其客体所包含的某一要素进行评估,如档案资源建设评估、档案机构人员考核、档案机构服务质量评估等。我国档案机构评估存在综合评估和单(专)项评估标准及指标界限模糊的问题,有效地区分档案机构综合评估和单(专)项评估标准及指标的构建差异是突出不同档案机构评估性质的前提。

4.4.4.1 档案机构综合评估和单(专)项评估标准及指标差异分析的必要性

正如综合评估的概念而言,档案机构综合评估是针对被评估对象的方方面面,单项或专项评估是针对被评估对象的某一方面,但是在查看单(专)项评估具体的指标体系时,发现其内容主要是针对被评估对象的全部档案管理状况,这就出现了评估活动的名称是单(专)项评估,而指标内容则侧重于综合评估的不良现象,并未突出单(专)项评估的特色,造成上述的原因是评估主体对二者的区别认识不足、对单(专)项评估的作用认识不到位。面临这些现实困境,就有必要研究和区分综合评估和单(专)项评估构建评估标准及指标的差异,并加强专项评估研究。

4.4.4.2 档案机构综合评估和单(专)项评估指标体系构建的区别

构建档案机构综合评估和单(专)项评估评估标准及指标的不同归根到底还是评估指标体系构建的差异。综合评估和单(专)项评估的关系不是完全对立,而是相互联系的,因此,为了有效地区分档案机构综合评估和单(专)项评估构建指标体系的差异性,需要首先分析档案机构综合评估和单(专)项评估的联系。档案机构单(专)项评估是面向评估客体某一方面的评估,如档案资源建设评估、档案管理评估、档案资源服务评估、档案安全评估、档案信息化建设评估、档案人员评估等;综合评估是面向评估客体全面的评估,是在单(专)项评估的基础上综合而成,是由若干单(专)项评估组合共同构成的评估。因此,单(专)项评估是综合评估的基础,综合评估是由单(专)项评估组合而成。

档案机构综合评估和单(专)项评估指标体系构建流程具有一定的相似性,不同的档案机构类型会影响综合评估和单(专)项评估指标权重研究方法的选择,因此,这里主要探讨二者在评估指标项上的差异。综合评估是在单(专)项评估的基础上综合而来,单(专)项评估指标体系共同构成综合评估的指标体系。档案机构综合评估是包含档案实体管理、档案资源管理、档案安全、档案信息化建设、档案人员五个方面的单(专)项评估的有限集合。

(1)档案实体管理评估

档案实体管理评估是关乎档案机构硬件和软件设施配置的评估。通常包含档案机构的建筑与设备、经费与人员、机构规章制度等方面的评估,涉及的下位类指标项有馆库面积、设施设备、网络建设等硬件设施,档案业务和保障经费、人员配备和业务素质、档案管理规章、档案管理计划、档案管理信息系统等软件设施,主要测量档案机构的人、财、物配套设施是否齐全、完备,都是可量化的指标,方便统计和计算。

（2）档案资源管理评估

档案资源管理评估是涉及档案机构对档案资源的收集、整理、鉴定、保管、开发利用等业务管理流程是否规范的评估,档案资源管理流程不易量化,因此,需要对相关的指标项进行拆分,并分解为可量化的指标项,如档案收集环节包含档案收集制度、档案接收计划;整理环节包含档案编号、原始整理顺序、档案装订等;档案鉴定环节的指标项可拆分为档案鉴定标准、定期开展档案鉴定工作;档案保管包含库房和人员的配备、特殊载体档案的保管、全宗卷的建立、档案的出入库管理制度等;档案开发和利用包含档案开放鉴定制度和档案解密制度、档案检索系统、档案展览、档案网络共享平台建设、档案利用和查阅制度、档案利用的统计、档案汇编、跨馆查阅、政府公开利用等方面。此外,近些年来,随着档案机构职能的转变和档案公共服务呼声的高涨,档案机构的服务能力和水平受到关注和重视,档案界开始将目光专注于档案资源服务评估。档案资源服务评估是以档案机构馆藏为基础、以不同的档案服务方式为手段、以公共服务利用为目的的评估活动。档案资源服务评估同样是不易量化的评估,不同的研究者运用不同的研究方法会得出不同的指标体系,但是,层出不穷的评估方法和技术为不易量化的档案资源服务评估提供了研究的工具和手段。

（3）档案安全评估

档案的安全管理是保障档案管理和对外服务的基础,档案安全评估是针对档案机构馆库安全、设施设备安全、档案实体安全、档案信息和人员安全等方面的测量和评价,为了量化指标,可以将档案安全评估分解为档案机构安全、档案实体安全、档案信息安全三个方面。档案机构安全指标项的下位类可以继续分解为馆库地址、馆库建筑、设施设备（装具、消防、安防等）、人员安全等内容;档案实体安全分解为档案保管、档案流转、档案抢救、档案保护、档案硬件设备安全等内容;档案信息安全包含档案信息管理系统安全、档案数据安全、档案开放和利用过程的信息安全、档案信息存储备份的安全等内容。

（4）档案信息化建设评估

档案信息化建设评估是对档案机构信息化建设水平和发展状况的测量和评价，也是不易直接量化的指标。为了进一步分解档案信息化建设评估，可以将反映档案机构信息化的内容以可量化的形式表达出来，如档案机构信息化发展规划与人才培养、信息化基础设施建设、网络建设、数据库建设、电子文件管理、数字档案信息的开发利用等。其中，信息化发展规划与人才培养包含档案信息化建设纳入当地社会和经济信息化发展规划、制定本机构档案信息化发展规划、有档案信息化建设人才、对信息化建设人才的培训等内容；信息化基础设施建设包含计算机设备、特殊载体管理设备、数字化加工采集设备、数据存储设备等内容；网络建设包含局域网、公众网络、应用软件、网络安全与保密等内容；数据库建设包含全文数据库、目录数据库、照片数据库、声像数据库、专题数据库等内容；电子文件管理包含电子文件的归档、保存、利用等流程和制度；数字档案信息的开发利用包含数字档案信息检索、展览、利用统计等内容。

（5）档案人员评估

档案人员评估是对管理档案的人员进行的测量和评价，可以量化的指标有档案人员的人数、学历、学术成果、奖项、奖励表彰等，不可量化的指标项有档案人员的管理能力和服务能力，只能侧面通过档案人员的语言运用、行为举止、服务态度、交流方式等内容来量化。

档案机构综合评估是由专项评估组合而来，以上五项单（专）项评估的内容共同构成档案机构综合评估指标体系。由以上五项单（专）项评估的内容还可以看出，单（专）项评估更加聚焦、特色化较为突出，综合评估的指标体系更为复杂、涉及的范围更广、指标层级和指标项数量更多。

4.4.4.3　档案机构综合评估和单（专）项评估指标体系差异的案例分析

为了更直观地呈现档案机构综合评估和单（专）项评估指标项选取的差异，进一步分析二者的不同，选择2018年国家档案局开展的副省级以上综合档案馆业务建设评价指标体系和浙江省档案局、浙江大学共同承担的国家档案局、国家档案馆公共服务评价体系的研究成果进行对比研究。二者对比的可行性在于，一是副省级以上综合档案馆业务建设评价和国家档案馆公共服务评价的对象均是国家综合档案馆，二者均具有相同的档案馆职能，评估对象也有交叉；

二是副省级以上综合档案馆业务建设评价活动根据指标内容可以判断是综合评估,国家档案馆公共服务评价是针对档案馆服务的单(专)项评估,二者均有评估指标体系可供参考(如表4.3所示)。

表4.3　综合档案馆业务建设评价和公共服务评价指标体系对比研究

名称	《副省级以上综合档案馆业务建设评价标准》	《国家档案馆公共服务评价体系》
时间	2017年10月13日	2017年
评估对象	47个副省级以上综合档案馆	国家档案馆
评估目的	为全面贯彻依法治国基本方略,加快推进依法依规治档工作部署,落实《全国档案事业发展"十三五"规划纲要》,提升副省级以上综合档案馆业务水平,推动全国档案事业科学、可持续发展	提供便捷、高效、全面的档案信息服务,达到对综合档案馆公共服务"以评促改、以评促建、评建结合、重在建设"的目标
一级指标	1.建筑与设备(17分);2.经费与人员(11分);3.档案基础业务(33分);4.开发利用服务(29分);5.工作落实(10分)	1.需求识别能力(0.106);2.服务供给能力(0.633);3.服务保障能力(0.261)
二级指标	馆库及库房、选址与设计、安全防护设施设备、信息化设施设备;经费、人员、业务研究;档案资源建设、档案保管与保护、检索工具、数字化工作;档案开放、档案利用、档案编研、社会服务功能、决策参考、档案宣传;重要指导性文件落实、本馆国家重点档案保护与开发工作、档案文献遗产工作	识别渠道、需求反馈;传统服务、网络服务;物质、人员、制度、技术、经费
三级指标	馆库面积、库房面积、对外服务用房、档案业务技术用房、选址、建筑设计、总控设施、安全报警设备、温湿度测量与调控设备、灭火设施设备、消毒杀菌设备、安防设施设备管理、网络设施及安全、存储备份设备、档案信息管理系统等96个三级指标项	需求调查、专家智库、馆长接待日、新媒体;需求分析、服务调查;借阅、咨询;编研、资源开放、在线服务、公众交互;基础设施、馆藏结构;人才结构、知识培训;标准规范、管理制度;服务技术、安全体系;行政经费、专项经费

续表4.3

名称	《副省级以上综合档案馆业务建设评价标准》	《国家档案馆公共服务评价体系》
文献来源	《国家档案局关于副省级以上综合档案馆业务建设评价工作的通知》	傅荣校,韩李敏,吴新宇.国家档案馆公共服务评价体系设计与实证研究[J].中国档案,2018(9):64-65.盛梅.综合档案馆公共服务能力评估与实证研究[D].杭州:浙江大学,2015.

(1)评估目的影响评估指标项

根据表4.3可以看出,副省级以上综合档案馆业务建设评价目的是提升档案馆业务规范化水平、全面反映各档案馆工作绩效,其构建的指标体系能够全面地反映档案馆一段时期以来的工作绩效和业务水平。[①] 在整体的优质高效的公共服务需求背景下,国家档案馆公共服务评价目的是为提供便捷、高效、全面的档案信息服务,该项评估指标体系的构建聚焦于促进综合档案馆公共服务能力的提升。[②] 由此可以看出,综合评估的目的更为宏大和全面,而单(专)项评估的目的则更为聚焦。

(2)一级指标项的差异

从表4.3中可以发现,一级指标已经体现出二者明显的差异,国家副省级以上综合档案馆业务建设评价包含"建筑与设备""经费与人员""档案基础业务""开发利用服务""工作落实",国家档案馆公共服务评价的一级指标包括"需求识别能力""服务供给能力""服务保障能力",事实上,由于不同的研究主体采用不同的研究方法,研究结果也会产生差异,但是从指标项内容上看,后者的三项一级指标是前者一级指标"开发利用服务"的深化和延伸,也就是说综合评估的一级评估指标的内容是包含专项评估的。

---

① 副省级以上综合档案馆业务建设评价工作拉开帷幕[EB/OL].(2018-09-28)[2023-09-15].https://www.saac.gov.cn/daj/tzgg/201809/ccce2b7118574407b418a767513bf585.shtml? ivk_sa=1024320u.

② 傅荣校,韩李敏,吴新宇.国家档案馆公共服务评价体系设计与实证研究[J].中国档案,2018(9):64-65.

（3）二、三级评估指标项的差异

从表4.3中可以看出,国家副省级以上综合档案馆业务建设评价的二级指标有20个,三级指标有96个;国家档案馆公共服务评价的二级指标有9个,三级指标有22个。二、三级评估指标项的差异可以从二级和三级的指标数量以及评估指标项上分析。第一,从二级和三级的指标数量上看,综合评估指标项的数量要远远大于专项评估,在三级指标数量上尤其明显,这是由综合评估和单(专)项评估的性质决定的。第二,从评估指标项上分析,二、三级指标均是在一级指标的基础上细化而来,还以"档案资源开发利用"指标项为例,如综合档案馆业务建设评价的档案资源开发利用包含档案开放、档案利用、档案编研等6个二级指标,还包含档案开放鉴定、发布与网络共享平台,档案利用、查阅、便民服务、数量统计等27个三级指标项,指标项的内容更加广泛;档案馆公共服务评价中的"服务供给能力"指标项包含传统服务和网络服务2个二级指标,其下包含借阅、咨询、编研、资源开放、在线服务、公众交互等6个三级指标项,重点强调"在线服务""公众交互"等指标,以公众需求为出发点的指标特征更为明显,二者在二、三级指标项的评估内容差距开始逐渐拉大,单(专)项评估指标特色化特征更为明显。

综上所述,档案机构单(专)项评估是综合评估的基础,综合评估是由单(专)项评估组合而成。档案实体管理、档案资源建设、档案安全、档案信息化建设、档案人员五个方面的单(专)项评估指标体系共同构成综合评估的指标体系。因此,综合评估的层级和指标项的数量比单(专)项评估多,但是单(专)项评估的二、三级指标会随着评估内容的不同逐渐深入、突出特色,与综合评估产生层级内容上的具体差异。

4.4.5 档案馆和档案室构建评估标准及指标的对比分析

档案馆和档案室是我国档案机构的重要组成部分,对档案事业的整体发展起到不可替代的作用,档案机构评估的研究对象包含档案馆和档案室两种机构类型,对比和分析档案馆和档案室评估标准及指标的构建,对区分二者的评估差异具有重要的意义。这里的档案馆主要指的是统一保管党和政府档案的机构,具有行政属性;档案室主要是指收集和保管单位内部的档案部门,从属于某一机关或组织机构内部,二者具有不同的档案机构性质。我国的档案机构评估类型根据机构性质可划分为档案馆评估和档案室评估,档案馆和档案室作为"储存库""信息库"在评估标准及指标的构建上存在相同点,受机构性质、馆藏内容等相关因素的影响,二者还会产生评估标准及指标上的差异。

4.4.5.1 档案馆和档案室构建评估标准及指标的相同点

档案馆和档案室作为收集和保管档案信息资源的重要存储和服务机构,在构建评估标准及指标上具有相同点。第一,构建主体相同。档案馆和档案室评估标准及指标的构建主体是上级档案主管部门,档案主管部门选择和组织评估专家、发布评估标准。第二,评估目的和评估内容影响档案馆和档案室评估标准及指标的构建。评估目的决定二者评估标准及指标构建的方向,评估内容直接决定二者评估指标体系的构建,如指标项的选择和指标权重的确定等。第三,档案馆和档案室构建评估标准及指标的流程和方法也具有相似性。二者的评估流程都要经历明确评估对象和目的、资料的收集和分析、明确评估标准、确定评估指标、指标的量化赋值、试用和检测、检验七个步骤,档案机构评估指标项的选取和指标权重的确定的研究方法在档案馆和档案室评估标准及指标的构建中同样适用,如层次分析法、德尔菲法等。

4.4.5.2 档案馆和档案室构建评估标准及指标的不同点

档案馆和档案室不同的机构性质影响二者构建评估标准及指标,档案馆和档案室构建评估标准及指标的差异主要集中在二者评估指标体系的构建上。

(1)档案馆和档案室构建评估指标体系的影响因素

档案馆是接收、征集、管理档案和开展档案利用的机构,主要分为综合档案馆和专业档案馆等,其职能是集中统一地管理党和国家需要长远保管的档案和史料,维护历史的真实面貌,为现实的社会主义现代化建设和历史的长远需要服务[①],一般分布在社会经济较为发达的城市和地区;档案室是各机关(包括团体、学校、工厂、企业、事业单位等)统一保存和管理本机关档案的内部机构,是属于机关管理和研究咨询性质的专业机构,其主要职能是服务于本单位和机

---

① 冯惠玲,张辑哲.档案学概论[M].北京:中国人民大学出版社,2006:84-85.

关,地区分布最为普遍且分散、数量较多、处于基层。① 由此可见,档案馆和档案室构建评估指标体系的影响因素包含以下几个方面:第一,馆藏范围。档案馆的馆藏范围是以党和国家机关形成的档案为主,档案室是保存和管理本单位形成的档案,馆藏范围的差距造成档案机构评估对象和内容的差异。第二,管理职能和服务对象。档案馆的职能是留存社会记忆、提供公共服务,服务对象主要是面向社会大众;而档案室的职能是为本机关提供档案服务,服务对象主要是形成档案的部门,在单位内部流通。二者职能和服务对象的不同,也会影响评估目的的不同。第三,地区分布。档案馆和档案室的地区分布均较为广泛,档案馆主要分布在社会经济较为发达的城市,分布广泛而分散,档案室主要分布在基层,分布特点是广泛而密集,分布特点的不同也会影响二者的评估范围。因此,档案馆和档案室馆藏范围、职能、服务对象和地区分布的不同将会影响二者的评估内容、评估目的和评估范围,进而影响档案馆和档案室评估标准及指标的构建。

（2）基于案例分析的档案馆和档案室评估指标体系构建差异

由于档案馆和档案室构建评估标准及指标具有一定的复杂性,档案馆和档案室构建评估标准及指标不同的影响因素众多,为了进一步明确档案馆和档案室构建评估标准及指标的不同,保证对比研究的可行性,控制影响二者评估的一般变量,如评估目的、评估地区、综合性的评估性质等,选择中央层面的国家档案馆和机关单位档案室开展的评估活动,以及现代社会环境下地方层面广东省开展的市（地）、县级国家档案馆目标管理考核和机关档案综合管理升级考核活动两个案例,分别进行分析,抽取共性,得出档案馆和档案室评估指标体系的具体差异。

1）案例一:国家档案馆和机关事业单位档案室评估指标体系对比分析

①案例选择的依据。1992 年和 1995 年国家分别在国家档案馆和机关事业单位档案室开展了评估活动,进入 21 世纪以后,国家层面出于为机构减负等问题的考虑,不再开展新的机关事业单位档案室评估活动,但是国家层面开展的国家档案馆和机关事业单位档案室的评估指标体系对分析历史环境下的档案

---

① 冯惠玲,张辑哲.档案学概论[M].北京:中国人民大学出版社,2006:88-89.

馆和档案室评估仍然具有一定的借鉴意义,因此,这里选择 1992 年和 1995 年国家档案馆和机关事业单位档案室开展的评估活动。为了进一步分析档案馆和档案室在两次评估时间内的档案评估指标体系的状况,对二者的基本信息进行抽取。从横向的不同年份的评估指标看,因为评估活动中间间隔三年,所以两个时间节点的评估指标体系之间的差距并不是很大,1995 年机关单位档案室评估的指标则直接沿用 1992 年的评估指标体系。所以国家档案馆和机关档案室评估对比研究选择以 1992 年的评估标准及指标作具体的对比分析,如表 4.4 所示。1992 年国家档案馆和机关事业单位档案室评估活动都是运用一定历史时期的考评和目标管理方法,完善档案管理工作,对分析和研究档案馆和档案室历史评估指标体系具有一定的参考意义。档案馆和档案室评估均是国家层面开展的档案升级活动,评估目的相同,评估范围是在国家范围内,二者对比研究首先控制的是二者的评估目的和评估范围两个变量,分析评估指标体系之间的差距,因此,二者具有一定的可比性。

表 4.4　国家档案馆和机关档案室评估标准及指标对比研究

类别	国家档案馆评估活动	机关事业单位档案室评估活动
名称	《中央、省、自治区、直辖市和计划单列市国家综合档案馆考评定级试行办法》(国档发〔1992〕19 号)	《国家档案局关于在中央、国家机关开展档案工作达标升级活动的通知》(国档发〔1992〕9 号)
评估对象	中央、省(自治区、直辖市)和计划单列市国家综合档案馆	中央、国家机关,人民团体,民主党派机关档案部门;组建已满两年者,按程序进行考评
评估目的	为了加强对中央、省(自治区、直辖市)和计划单列市国家综合档案馆的宏观管理和分类指导,提高档案馆的管理水平,更好地为改革开放和以经济建设为中心的有中国特色的社会主义建设服务	为进一步提高中央、国家机关,人民团体,民主党派机关档案工作整体水平,积极开发档案信息资源,更好地为机关工作以及其他各项工作服务,为国家积累丰富的档案史料
一级指标	1.行政管理(13.5 分);2.建筑与设备(16 分);3.基础业务工作(35 分);4.档案信息资源开发利用(35.5 分)	1.机构与组织管理(15 分);2.基础业务工作(45 分);3.档案信息开发利用(13);4.基础设施(17 分);5.监督和指导(10 分)

续表 4.4

类别	国家档案馆评估活动	机关事业单位档案室评估活动
二级指标	体制、经费与机构,人员配备与人员素质,行政管理手段,行政管理效果;建筑、设备;收集工作,保管与技术保护工作,整理工作,检索工具编制工作,鉴定工作,统计工作;开放利用工作,编研工作	档案机构设置,档案工作人员;制度建设,集中统一管理,档案接收,案卷质量,档案分类与编目,档案保管、统计和移交;检索工具,编研成果,多种内部服务方式,利用效果,自动化;库房、设备;按照档案法执行、业务研讨、业务协作、人员培训、监督指导
文献来源	国家档案局办公室,中央档案馆办公室编.档案工作文件汇集 第5集[M].北京:档案出版社,1997:485-498.	国家档案局办公室,中央档案馆办公室编.档案工作文件汇集 第5集[M].北京:档案出版社,1997:377-391.

②评估指标项的差异。国家档案馆和机关事业单位档案室评估活动都是综合性评估,主要涉及档案实体管理、档案资源建设、档案安全、档案信息化建设等评估内容,从指标项的设置上可以具体区分出二者指标体系的构建差异。

第一,一级指标。国家综合档案馆既是党的机构,又是独立的国家机构,所以更加注重行政管理和基础设施管理,设置"组织或行政管理""建筑与设备"指标项;档案室是单位内部机构,从属于机关单位,强调档案室与单位之间的关系,所以设置"机构与组织管理"与"基础设施"指标项;二者均是档案管理机构,所以注重"基础业务建设"和"档案资源开发利用"指标项;档案馆的服务对象是社会大众,档案室是单位内部人员,所以档案馆一级指标中开发利用的权重较高,档案室稍低;档案室还强调单位组织对档案室的监督和指导,所以指标项中还有"监督和指导"。

第二,二级指标。两项评估活动的二级指标的细化更能清晰看出档案馆和档案室指标项之间的差距,如"组织管理"中,档案馆注重档案管理体制,指标项设置体制、经费、机构与人员等,考察其实体管理状况;档案室侧重档案机构设置的状况,如是否设置档案部门,是否有分管领导,是否将档案工作纳入机关工作计划;档案馆更加注重行政管理的手段,如年度工作计划等,档案室侧重集中统一的档案管理机制。两项评估活动的"基础业务建设"和"开发利用"二级指标项中,档案馆侧重档案管理的收集、保管、检索和统计等业务,以便于服务大众,档案室更加注重收集、案卷质量控制,以便于服务本机关,这是受档案馆和档案室的服务对象和范围的影响。

2)案例二:广东省开展的市(地)、县级国家档案馆目标管理考核和机关档案综合管理升级考核活动评估指标体系对比分析

①案例选择的依据。广东省开展的档案机构评估活动时间跨度较长、涉及的档案机构类型众多,所以选择广东省在不同的时间节点①、面向不同的档案机构类型开展的评估活动,评估活动具体选择的是市(地)、县级国家档案馆目标管理考核活动和机关档案综合管理升级考核活动(如表4.5所示),运用案例分析法和对比研究法对这两次评估活动的评估标准及指标进行分析,由此具体探讨相同地区、评估目的条件下的档案馆和档案室构建评估标准及指标的不同。

表4.5 广东省市(地)、县档案馆和机关档案室评估标准及指标对比研究

名称	关于印发《广东省市(地)、县级国家档案馆目标管理考核标准》的通知	《广东省机关档案综合管理升级考核标准》(修订版)
时间	2005年12月27日	2015年
评估对象	广东省市(地)、县级国家档案馆	广东各机关档案室
评估目的	不断提高全省国家档案馆管理水平,逐步实现档案馆工作规范化、标准化	进一步提高机关档案目标管理水平
一级指标	1.行政管理(16+2分);2.基础业务(38+13分);3.库房设施(20+8分);4.开发利用(19+3分);5.信息化建设(4+15分);6.功能拓展(3+28分);(含基础分和加分项)	1.行政管理(18分);2.基础业务(40分);3.库房设施(16分);4.开发利用(26分)

① 由于广东省档案评估活动是不定期开展,所以这里选择2005年的评估标准作为对比分析的数据基础。

续表 4.5

名称	关于印发《广东省市(地)、县级国家档案馆目标管理考核标准》的通知	《广东省机关档案综合管理升级考核标准》(修订版)
二级指标	机构设置与领导任命,经费,人员,文化程度,专业水平与人才结构,规划、计划与总结,规章制度,工作业绩;档案、资料接收与征集,档案、资料整理,档案保管,档案统计,档案鉴定;馆库建筑,馆库布局,馆库设备;档案检索,编研工作,开放利用,理论研究与对外宣传;规划与方案、数字化、网站建设;政务信息公开场所、科研基地、知识普及、宣传窗口、参与重大活动、工作创新	实现档案综合管理,配备档案人员,档案干部素质,档案工作列入领导议事日程,接受同等档案局和上级主管机关的监督指导,并建立了业务联系,有档案工作计划、安排、总结,建立了机关、本系统档案工作网络;建立健全了各项档案工作制度,表彰或奖励;文件材料的立卷归档,档案的分类编号,档案的保管,档案的统计,档案的鉴定,档案的移交;专用室库,档案箱柜,温湿度控制设备,其他设备;档案资料检索,编研工作,提供利用,利用效果
文献来源	关于印发《广东省市(地)、县级国家档案馆目标管理考核标准》的通知[EB/OL].(2017-12-22)[2023-09-16].http://www.szdaj.gov.cn/xxgk/zcfg/201308/t20130820_2185331.htm.	广东省机关档案综合管理升级考核评分表[EB/OL].(2014-10-16)[2023-09-16].http://www.doc88.com/p-6741199264557.html.

②评估指标项的差异。广东开展的面向机关档案和综合档案馆的评估目的均是为了进一步提高二者的档案管理水平,档案馆和档案室日常的档案管理工作具有相似性,因此,两项评估指标中的一级指标项的数量和分值差别并不是很大,档案馆评估比档案室评估多出"信息化建设""功能拓展"两项指标,这是由于档案馆的服务对象是面向社会大众,更加注重馆藏信息化建设以及服务功能的拓展;从二级指标项的表述来看,档案馆评估指标项的表述更为简洁,档案室评估的二级指标更为强调可操作性,指标性的设置对日程管理工作更为细化;从二级指标项的内容来看,"行政管理"下的二级指标中,档案馆评估较为注重机构的设置与领导任命、经费、人员、计划与总结、规章制度等作为独立的档案机构的配套,而档案室则侧重于档案的综合管理,档案工作列入领导议事日程、接受同等档案局和上级主管机关的监督指导,建立本机关、本系统档案工作网络等强调机构内部的从属性管理特征;"基础业务""开放利用"下的二级指标项,档案馆评估注重档案资源的收集、整理、鉴定、保管、统计、检索、编研、开

发利用等档案工作的八大流程;档案室则重在强调文件的立卷归档、分类编号、保管、统计、鉴定、档案的移交、检索、编研、提供利用等业务工作,其中文件的立卷归档、分类编号、档案的移交等指标项不同于档案馆,体现了档案室的暂存和过渡性机构性质;档案馆的"信息化建设""功能拓展"两项指标项,强调档案馆的数字化和网站建设、档案公共服务的宣传和工作创新,为社会大众提供档案便民服务。由以上分析可以看出,档案馆和档案室的组织管理、档案基础业务和开发利用的二级指标项差距比较明显,评估差距开始拉大,这是由于档案馆和档案室的馆藏内容、职能、服务对象的不同造成的。

综上所述,档案馆和档案室评估标准及指标构建对比分析可以得出以下两个结论。

第一,档案馆和档案室作为收集和保管档案信息资源的重要存储和服务机构,在构建评估标准及指标上具有相同点。首先,档案馆和档案室评估标准及指标的构建主体是上级档案主管部门;其次,评估目的和评估内容影响档案馆和档案室评估标准及指标的构建;最后,档案馆和档案室构建档案机构评估标准及指标的流程和方法也具有相似性。

第二,档案馆和档案室的机构职能、馆藏内容、服务对象和地区分布特点是影响二者评估标准及指标构建的重要因素,档案馆和档案室评估标准及指标的差异主要是通过指标体系来体现的。通过案例分析,总结共性,档案馆和档案室评估指标体系构建的具体差异可以归纳为以下三个方面:一是档案馆和档案室的管理体制和机构性质会影响"组织管理"指标项的设置,档案馆侧重于强化档案馆的行政管理和控制,指标项的设置上较为注重机构的组织架构、人员配备与分工、规章制度等作为独立的档案机构的配套是否齐全;档案室侧重于档案部门与所属单位之间的隶属和管理关系,指标项的设置上侧重于档案室工作与所属机构工作的整体协调,强调机构内部的从属性管理特征。二是由于服务对象的不同,档案馆和档案室评估指标项的"基础设施建设"和"开发利用"也会不同,档案馆基础业务建设和开发利用的重点是服务于社会大众,二级指标项的设置上更为注重档案资源的管理和对外开发利用,档案室则是为了更好地服务于单位内部的管理和决策,二级指标项的设置侧重于立卷、归档等管理流程,这是二者根本的不同点。三是档案馆发展与时俱进,更为注重信息化建设和对外服务能力,评估指标中设置"信息化建设"和"功能拓展"等指标,而档案室的发展会受整个机构发展水平的影响,并不刻意强调信息化建设的能力和水平,以及服务功能的拓展,相对重视所属单位对档案部门的监督和管理。

4.5 档案机构评估制度

档案机构评估制度作为规范和制约档案机构评估活动的行为准则,对档案机构评估的长远发展起到重要作用。

4.5.1 档案机构评估制度的含义和作用

(1)档案机构评估制度的含义

档案机构评估制度是指微观评估活动中,评估主体以颁布法规文件的方式规范评估活动各方行为,要求评估各方共同遵守的规章或准则,以此保证档案机构评估内部其他五个构成要素的正常运转。

(2)档案机构评估制度的作用

档案机构评估制度一般被评估主体赋予一定的约束力,对评估活动具有规范作用。档案机构评估制度有助于规范评估主体、客体的行为;有助于评估目的、标准及指标、评估方法三个要素职能的正常发挥;有助于引导评估方向,发现偏差,及时纠偏;有助于预防评估失范现象的发生,是确保档案机构评估的顺利、长期运行必不可少的要素。

4.5.2 档案机构评估制度化

档案机构评估是一个复杂的系统,档案机构评估内部要素的发挥离不开档案机构评估制度的保障。为了有效地发挥档案机构制度要素的作用和功能,就需要将档案机构评估活动上升到制度层面,从制度上规范和约束评估各方行为。此外,为了保障评估主体和评估客体的行为,保障评估目的、标准、方法等要素职能的发挥,就要制定规范评估内部构成的制度;为了保障档案机构评估活动的正常运转,需要制定规范评估运行的制度;为了维护评估活动客观、公正的推进,还需要制定档案机构评估监督制度;为了更好地利用评估结果,还要制定档案机构评估奖惩制度;为了保障评估活动的长期、可持续发展则需要建立规律化的档案机构评估周期制度;为了有效地解决档案机构评估中出现的问题,还要建立评估申诉和反馈机制等。

4.5.2.1 档案机构评估制度化的内容框架

档案机构评估制度化离不开建立完整的档案机构评估制度体系。档案机构评估制度建设包含不同的层面,具体到档案机构评估实践,其内容框架主要包含以下六个方面。

（1）档案机构评估要素制度

档案机构评估主体、客体、目的和方法、标准及指标在评估活动中需要遵守一定的规则,承担评估事务中的权利和义务,因此,评估制度中需要对其他五个评估要素进行规范和制约。首先,固化评估主体和评估客体,要明确档案机构评估组织者由谁带头发起、是否成立领导小组,评估主体的主要职责有哪些,评估专家的职责是什么;档案机构评估对象的范围是什么,评估机构的数量和性质是怎样的等内容,也是需要在评估制度中明确的。其次,要明确评估目的是什么,基于什么样的背景和考虑开展评估活动,想要实现的评估目标是什么,评估目标的实现又有什么现实意义等。最后,要明确用什么样的评估方法构建科学、合理的评估标准和指标体系。档案机构评估制度还要将评估标准及指标以附件的形式呈现出来,并对外公开,接受社会监督和方便被评估单位自检。档案机构评估这五大要素的功能定位和承担的职责需要以评估制度的形式固定出来,以此保证评估各要素的有效发挥。

（2）档案机构评估程序制度

档案机构评估程序制度是指档案机构需要遵循哪些评估流程规则,保证评估活动的有效运转。因此,档案机构评估制度的内容构成还应包含评估流程。规范档案机构评估程序制度一般以评估办法的形式出现,在规范性文件中明确评估的程序和流程,如评估日程安排,评估专家的选拔标准,以及明确评估专家培训的内容和形式,评估自评与申报、评估分值以及等级,评估审批与审核,评估结果的处置等具体评估行为。以评估制度的形式固化评估程序,对规范评估流程、约束评估各方行为具有重要的现实意义。

（3）档案机构评估监督制度

档案机构评估制度中还要强调评估监督机制的重要性,评估监督是决定评估活动能否公正、客观开展的前提,因此,对参与评估的组织者、评估专家和被评估单位的评估行为进行监督,保证各方在合理的框架内行使权利、履行义务。如评估组织者适当公开评估计划和实施过程,由评估专家、被评估单位、社会大众共同监督评估组织者的评估行为;评估专家是沟通评估组织者和被评估单位的桥梁,一方面,评估专家可以监督二者的评估行为,另一方面也同时接受二者的监督,规范自身的评估检查、打分等行为;被评估单位是评估活动的执行方,也同时接受评估组织者、评估专家,以及社会大众的监督,预防违规行为的产生。

（4）档案机构评估奖惩制度

评估的排名和评估结果的公示并不代表评估活动的终结,评估结果应用不到位,评估活动的作用和意义也会大打折扣,因此,还要形成评估奖惩制度。注重评估奖惩制度的建设,发挥档案机构评估结果价值的最大化,对表现优异、积极参与评估的单位给予通报表扬,对评估结果较差、不配合评估活动的单位进行通报批评,以此带动被评估单位对评估活动的重视和调动其参与评估活动的积极性。

（5）档案机构周期性评估制度

由于同一评估性质的档案机构评估活动之间有一定的年限间隔,而无评估周期性可言的评估活动会给被评估单位形成无形的压力,因此,建立档案机构周期性评估制度具有一定的必要性。档案机构周期性评估制度是指将评估周期年限呈现在评估制度中,明确档案机构评估活动规律化运作的时间和形式要求,以此规范档案机构周期性评估的长期可持续、规范化运行。

（6）档案机构评估申诉和反馈制度

档案机构评估活动的复杂性决定了评估过程不会是一帆风顺的,而是会出现一系列的评估问题,那么为了解决档案机构评估过程中出现的问题,还需要建立评估申诉和反馈制度。当评估过程出现评估指标体系的不适用问题、评估数据的真实和科学问题、评估程序不合理的问题和评估结论存在质疑等问题均可以通过评估申诉和反馈的途径发声。[①] 档案机构评估申诉和反馈的形式和反应速度是提高档案机构评估运行效率的有效途径。因此,建立档案机构评估申诉和反馈制度也具有一定的必要性。

档案机构评估制度体系内容之间不是相互独立的,而是相互联系、相互制约的,共同维护档案机构评估活动的顺利进行。如评估监督制度、评估奖惩制度、评估申诉和反馈制度是为了评估要素和评估程序制度效用的发挥,评估周期性制度的建立是保障其他评估制度良性运转的基础。

4.5.2.2 档案机构评估制度化的表现形式

档案机构评估制度建设对我国档案机构评估活动的发展具有重要意义,档案机构评估制度建设应当纳入档案法制的轨道。目前,我国档案机构评估制度化的具体表现形式主要是以规范性文件形式存在,规范性文件作为档案机构评估的重要依据,是规范评估活动的重要凭证,这种行政效力是调动评估各方评估行为的重要驱动力。

(1)档案机构评估规范性文件的定义和意义

档案机构评估规范性文件是由各级档案主管部门制发的文件,其内容具有约束和规范档案机构评估各方行为的性质。制度化的档案机构评估是以规范的法规、规章文件的形式存在,具有相应的发文机关和文件号,因为涉及参与评估各方的权利和义务,因此,具有一定的约束力和行政效力。制定和完善规范性文件不仅对我国档案机构评估制度建设具有重要的意义,而且对我国档案法制规范化的建设同样具有重要作用,因此,制定和完善档案机构评估规范性文件是档案机构评估制度建设的重点内容。

(2)制发档案机构评估规范性文件的目的

一方面,向相关评估机构和人员告知或转达有关判断事项或文件,让评估对象知晓和执行文件要求;另一方面,表达评估活动的真实性,为评估活动留史存档。制发档案机构评估规范性文件最本质的目的是将档案机构评估活动制度化。

---

① 高洪成."异体评估"视域下的政府绩效评估研究[M].沈阳:东北大学出版社,2009:179.

（3）档案机构评估规范性文件的内容和制发过程

档案机构评估规范性文件的具体内容一般包含标题、发布或通过或批准的日期、章题、正文等几个部分，其制定和颁布要经历起草、讨论、定稿、发布等复杂过程。

评估制度的规范化、法制化建设是档案机构评估发展的必然趋势，这里只针对微观具体的档案机构评估制度进行讨论，宏观层面的档案机构评估制度化和法制化进程将会在保障视角的法规维度做出更加具体的阐释。

4.6　小结

基于要素视角的档案机构评估体系是指任何一种类型的档案机构评估内部构成要素均可划分为评估主体、评估客体、评估目的、评估标准及指标、评估方法、评估制度六个要素。档案机构评估六要素在评估活动中具有各自的特点、担任各自的角色、被赋予不同的职责，以此保证评估活动的顺利开展，但是评估六要素之间的关系并不是相互独立和割裂的，而是相互作用和影响的。档案机构评估主体和客体决定评估的性质；评估目的调节评估过程，间接制约着其他几个要素的发展；评估主体制定科学的评估方法作用于评估客体，而评估主体构建的评估标准及指标体系影响评估活动能否最终涵盖评估客体的全貌和准确检测评估客体发展的现状，也是直接作用于评估客体的重要因素；评估制度则是外在保障，保证其他五个要素的职能发挥，保障评估活动的顺利进行；评估主体、评估目的和评估客体决定评估方法、评估指标以及评估制度要素。档案机构评估六要素相互之间的作用关系如图4.3所示。

基于要素视角的档案机构评估体系主要解决了档案机构评估要素不完善的问题，分析了档案机构评估主体三种组织模式的特点以及提出了评估主体"一言堂"向"多元化"发展趋势的转变，评估客体"一刀切"向"分类分层级"管理思想的转化；重点分析了档案机构评估标准及指标的构建方法和流程，以及综合评估与专项评估、档案馆与档案室构建评估标准及指标的差异；还探讨了适用于不同档案机构评估类型的评估方法，重申了档案机构评估目的、评估制度等要素的作用和职能。六大要素相互作用、相互影响，共同构成档案机构评估活动的整体。此外,档案机构评估的要素构成、内容构成还具有可扩展性,当新的评估机构类型、评估内容出现的时候,依然可以遵照此思路对新型的评估活动进行要素分解。

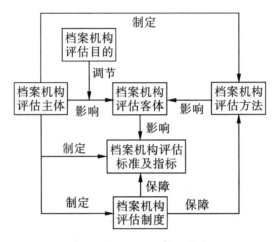

图4.3 档案机构评估六要素之间的作用关系

5 基于运行视角的档案机构评估体系构建

　　档案机构评估运行机制研究是现有的研究成果中较为缺乏的部分,评估流程中的计划、实施、反馈、评估结果应用等评估过程封闭,与评估实践中评估流程的不规范性有关。因此,本章节的内容主要是以对13人进行访谈得到的17万字的访谈数据为基础,从评估运行视角解决档案机构评估运行问题。

　　基于运行视角的档案机构评估体系是指从档案机构评估运行流程的角度,针对不同类型的档案机构评估,由评估组织者来引导、制约、决策与人、财、物相关的各项评估活动的基本准则及相应制度,保证档案机构评估目标和任务的实现和完成。简而言之,在档案机构评估流程的运转过程中,评估主体按照一定的准则和步骤,依据评估标准和指标对评估客体实施评估行为。依据绩效管理理论和PDCA循环的方法,从档案机构评估行政管理者的视角,可以将档案机构评估流程划分为评估计划、评估实施、评估反馈、评估结果的应用四个方面,四项评估步骤构成一个完整的评估循环,当最后一步评估流程结束,还可以根据评估结果的反馈进入下一个评估循环(如图5.1所示)。

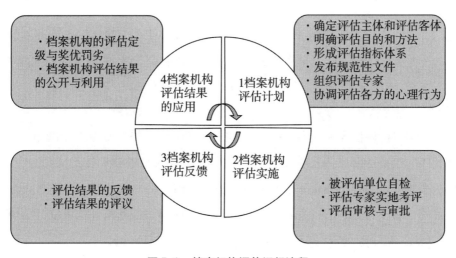

图 5.1　档案机构评估运行流程

5.1 档案机构评估的计划

档案机构评估计划是评估活动的起点,是评估活动最重要的组成部分。档案机构评估需求一旦产生,档案主管部门需要制订评估计划,组织人力、财力、物力投入相关的评估活动中,因此,档案机构评估计划是明确评估活动六大要素的职能定位和组织人力参与的过程,是整体评估流程进行的首要条件。

5.1.1 确定评估主体和评估客体

档案机构评估计划首先要明确评估主体和评估客体,明确档案机构评估的对象和内容,它决定了该评估属于何种性质和类型,以及整个评估行为的走向。

经前文分析可知,我国档案机构评估的主体包含中央和地方档案主管部门、行业主管机关或部门内部的档案管理主管机关,评估主体一般具有行使档案工作评估的行政权力和职能,把控整个档案机构评估的走向和进度。多元化的评估主体参与模式在档案学术界呼声愈见高涨,但是档案实践活动却迟迟不予应用,出现这种问题的原因是档案学术界和实践领域缺少对话。在访谈的过程中,有学者明确指出:

赞同和支持档案机构评估主体多元化的模式,但是在具体操作层面中,何种社会身份、何类人才、何时具备多元化评估主体参与的条件,则是十分复杂的现实问题,这不仅是"纸上谈兵",还需要内外部环境的配合和多方力量的投入。

档案机构评估客体具有类型多样、性质复杂、数量众多等特点,档案机构评估客体的选择是由评估需求决定的,再由评估主体负责通知和执行,因此,在评估主客体关系中处于被动评估的地位。档案机构评估对象不同,评估主体和评估客体也会不同。下文将会以综合档案馆、专门档案馆、机关事业单位、企业档案馆(室)、数字档案馆(室)等机构为研究对象进行具体分析。

5.1.1.1 综合档案馆评估的主体和客体

我国综合档案馆的类型是以档案收藏范围和行政级别为依据划分的,现有的档案学者对国家综合档案馆的分类研究仅局限于类别的划分,而未清晰界定国家三层级别的综合档案馆之间的联系和差异,而国家综合档案馆的评估也主要是以行政级别为划分特点的层级评估,如 2008 年的市县级综合档案馆的评估、2018 年的副省级以上综合档案馆的评估等。因此,有必要分层级制定国家综合档案馆评估标准和指标。

国家地区级综合档案馆包含省、市、县档案馆三级,三级综合档案馆共同构成我国国家档案馆和档案机构的主体,形成了我国地区档案事业发展的有利力量,地区综合档案馆的发展对促进地方档案事业发展具有重要的现实意义。但是,不同等级的综合档案馆之间还存在差异,主要体现在馆藏范围和服务对象上。第一,馆藏范围的差异。如综合档案馆的馆藏收集范围主要集中在党和政府机关在管理活动中产生的档案,也就是说省级综合档案馆主要收集的是省级党和政府部门在不同管理活动中产生的档案;市级综合档案馆主要收集的是市级党和政府部门在不同管理活动中产生的档案;县级综合档案馆主要收集的是县级党和政府部门在不同管理活动中产生的档案,即地级市综合档案馆接收的是以本地区党和国家、各级组织和个人在各种管理活动中形成的档案,反映的是地区的不同活动的行为轨迹,不同地区的综合档案馆馆藏具有地方特色。第二,服务对象的差异。地级市综合档案馆的服务对象也是以地区档案用户为主,满足本地区档案用户的基本需求,这主要是由地级市综合档案馆的馆藏范围决定的。因此,省级综合档案馆的对外服务对象主要是全省范围内的档案用户,市级综合档案馆主要面向的是全市范围内的档案用户,县级综合档案馆主要面向的是县级范围内的档案用户。而 2008 年开展的市、县级国家综合档案馆测评是以不同行政级别的市、县级国家综合档案馆为同一测评对象,以一套指标体系为测评标准,本身就忽略了各行政级别之间综合档案馆的管理范围和服务对象的差异,使测评结果严重偏移社会经济发达地区和行政级别较高的综合档案馆。因此,国家综合档案馆评估应结合地级市综合档案馆本身的特点和职能对其进行分级测量和评估。

此外,国家层面始终围绕副省级以上的综合档案馆评估,而不重视市县综合档案馆的评估(主要集中在地方层面),针对这一现象,有评估专家认为:

因为就考虑到这个区域差别太大,副省级相对来说好很多。因为你包括西南的其他省的档案馆,应该来说它的面积啊、馆藏量啊并不少,硬件差别不会很大,那管理水平这个也是有差别的。但是你市县这块,差别会非常大,所以就没有市县级的综合档案馆评估。出台市县档案馆评估标准,我们也很头疼。就是我要考虑到我要站在什么样的角度来设定这些指标体系,对吧?那我只能按照中等的这样一个标准,你比如东部发达地区觉得指标都很简单,但是西部地区就会觉得这指标体系这么高,没办法去做。就有这个问题。现在就是等于国家(档案)局抓副省级以上嘛,然后各个省再抓下面的市县档案馆评估。

2008 年有一个市县级的综合档案馆建设测评,那么这个呢,是到了 2014 年停了,2015 年就没有弄了。那么这个测评当时停下来,据我了解,可能领导自己好像就觉得,他们有关部门不是在测评,就是在去测评的路上,不支持。其实这个测评当时对外省不好说,对我们省(江苏省)来讲呢,特别是市县档案馆有非常大的促进作用。

由此可见,地区间社会经济发展的不平衡、档案馆管理水平存在的差异性等客观状况是影响国家层面开展市、县级综合档案馆评估的主要原因。

(1)评估主体

国家综合档案馆的评估主体为档案主管部门,具体存在如下三种情况:第一,评估范围为副省级以上的综合档案馆,评估主体则为国家档案局;第二,评估范围为省市县等某一级别的综合档案馆,评估主体则为当地档案行政管理机关;第三,评估范围是某一具体的综合档案馆,即单位内部的自评,评估主体则为该综合档案馆的内部部门。

国家综合档案馆评估主体的特点是行政领导和制约下的单一评估主体,而鉴于综合档案馆的科学事业单位机构性质,国家综合档案馆评估可以采用多元化评估主体模式,如将高校档案学或相近学科的专家纳入评估主体的队伍,承担评估指标体系的构建职责;档案工作者协会参与评估主体的实施和安排等流程。

(2)评估客体

国家综合档案馆的评估客体是一个复杂的综合体,可以是面向综合档案馆整体的综合评估,也可以是以综合档案馆某一管理内容为对象的专项评估,因此,综合档案馆的评估客体是综合档案馆加评估内容的复合体,而具体的评估客体范围则依据评估主体的要求和评估实践发展的需要而定。

5.1.1.2 专业档案馆评估的主体和客体

专业档案馆是国家专门保存某一方面或某一特殊专业、技术活动中形成的档案而设置的档案机构,可以分为全国性的专业档案馆、地方性专业档案馆和某一专业系统建立的专业档案馆。[①] 专业档案馆具有专业技术强、类型多样、馆藏数量众多、种类复杂等特点,也正是因为如此,目前的专业档案馆评估主要集中在具有相同馆藏内容、特征和相当规模的城建档案馆上,而忽略了其他专业档案馆机构的评估。

实际上,面对因专业档案馆的类型多样和专业特色的特殊性而难以开展具体评估的现状,可以借鉴博物馆评估的经验:博物馆评估在解决行政隶属关系、管理体制、机构运行、发展规模、种类众多等多样化和复杂化的评估对象问题时,提出把全国范围内不同规模和类型的博物馆系统看作一个整体,设定评估指标体系,根据不同博物馆的实际情况分条件进行等级(设为一、二、三级)申报和评估。专业档案馆的评估之所以也同样适用此方式,是因为二者均面临管理体制不一、机构种类众多、发展规模不同等现状,因此可以将专业档案机构中的特殊载体档案馆和部门档案馆作为整体评估对象(部分具有行业特征性质的部门档案馆一般还会纳入企业档案和机关事业单位等机构评估中)设置评估标准和等级,开展评估活动。这与前文中提到的按行政级别划分国家综合档案馆需要分类分层级分别进行评估的特点不同,当评估对象的类型较为复杂、特殊时,借鉴博物馆的整体性评估,也不失为一种评估策略。

(1)评估主体

专业档案馆的分类和行业构成具有一定的复杂性,因此,其评估主体也相对比较复杂。城建档案馆评估主体是中央和地方的建设部(厅)等行业主管部门,而特殊载体档案馆和部门档案馆的评估则可以由中央和地方档案主管部门来承担和执行,因中央和地方档案主管部门具有指导和监督地区和行业档案机

---

① 冯惠玲,张辑哲.档案学概论[M].2版.北京:中国人民大学出版社,2008:85.

构的职责,也就拥有承担特殊载体档案馆和部门档案馆评估的权利和责任。

（2）评估客体

专业档案馆的评估客体是指专业档案馆和评估内容的综合体,而专业档案馆机构本身具有多样性和专业性强的特点,评估内容具有载体复杂和内容丰富的特点,有别于综合档案馆的综合性馆藏性质,因此,专业档案馆评估客体的专业性强、馆藏种类复杂、载体多样等特点意味着其评估要素会受多样化评估客体的影响,体现出专业化特色。

5.1.1.3　机关事业单位档案馆(室)评估的主体和客体

机关事业单位档案馆(室)存在明显的地区分布广泛、行业众多等机构特点,其档案业务指导和监督单位为中央或地方档案行政机构,因此,机关事业单位档案机构评估主体为中央、地方档案行政机构或行业主管部门。评估客体为以机关事业单位档案馆(室)为评估对象和以档案管理状况为评估内容为主的综合客体。

5.1.1.4　企业档案馆(室)评估的主体和客体

企业是社会经济发展的重要组成单元,其行业和类型复杂多样,企业档案馆(室)也同样具有行业地区分布广泛、档案种类和载体多样等特点。目前,我国企业档案机构评估主要集中在中央企业、国有企业上,忽视了在数量上占优势的中小型企业档案的评估,而有效地规范和检查中小型企业档案管理状况同样是档案行政和行业主管机关的重要工作任务。因此,企业档案机构评估的主体可以为中央或地方档案行政机构,以及行业主管部门。评估客体为以企业档案馆(室)为评估对象和以档案管理状况为评估内容为主的综合客体。

5.1.1.5　数字档案馆(室)评估的主体和客体

进入21世纪以来,数字档案馆作为虚拟的档案存储机构,其数量和规模在不断增加,无论是档案机构内部还是全国范围内开展的数字档案机构评估,其评估主体一般为档案行政管理机关或行业主管机关,评估客体为存储在数字档案馆中的数字化档案信息。数字档案机构评估的实质是规范数字档案馆建设、实现档案信息化和档案管理现代化的目标。

5.1.2　明确评估目的和方法

5.1.2.1　确定评估目的

　　档案机构评估的目的在评估活动中起到领头羊的作用,制约着评估活动的其他几个要素。因此,档案机构评估目标的制定要根据实际评估需求、评估主体和评估客体、评估实践发展现状等客观因素科学制定,而不是为了评估而形成的随意性、模糊性语言的堆砌篇章。

　　根据档案事业发展的客观现状,评估目的主要分为三类:第一,为规范档案机构的档案管理水平,健全档案管理工作;第二,为进一步贯彻《中华人民共和国档案法》及其实施办法,保证该机构档案管理水平与社会发展相吻合,与时俱进,促进档案基础业务建设与科学管理整体水平的提高,维持档案馆健康、持续地发展;第三,为适应综合档案馆"由存到用"的职能转变管理模式,提高档案机构对社会大众的公共服务水平,提升对外档案服务能力。其中,第一类是档案机构评估的基础,适用于连续性档案机构评估活动伊始评估目标的设置;第二类是档案机构评估的发展,适用于已经具备一定评估基础的档案机构,是第一类评估目的的拔高;第三类档案机构评估是趋势。在政府职能转移的背景下,管理者更加注重其公共服务能力,是未来档案机构评估目标发展的重点和方向。三个目标类别是依次递进的关系,不同档案机构评估目标的设置可以根据被评估单位自身所处的档案管理现状而定。

5.1.2.2　选择评估方法

　　档案机构评估方法是根据档案机构评估的主客体关系和评估目的而定的。不同的评估方法作用于档案机构评估的时机和角度不同(具体如表 5.1 所示,适用理由详见 4.3.2.2,在此不再赘述)。

表5.1　不同评估方法在不同档案机构评估类型中的适用性

方法	综合档案馆评估	专业档案馆评估	机关事业单位档案馆(室)评估	企业档案馆(室)评估	数字档案馆(室)评估
标杆管理		√		√	
关键绩效指标		√			

续表5.1

方法	综合档案馆评估	专业档案馆评估	机关事业单位档案馆(室)评估	企业档案馆(室)评估	数字档案馆(室)评估
目标管理	√	√	√	√	√
360度反馈法				√	
平衡计分卡				√	
PDCA循环法	√	√	√	√	√

实际上,评估机构的性质和评估内容、目的共同决定评估方法的选择,评估方法的适用性并不是一成不变的,而是根据社会评估实践的发展和档案事业的发展状况来决定采取何种评估方法。

5.1.3　形成评估标准及指标

档案机构评估标准及指标是一组包含编号、指标项、评价内容、分值、评价说明及要求、评价方式、备注等项内容的集合。

5.1.3.1　评估主体构建档案机构评估标准及指标

档案机构评估指标体系的构建是需要评估专家协商讨论解决的问题,评估组织者有责任和义务来选择和组织专家。图书馆评估是将评估指标体系的构建权限下放给高校,在政府放管服的背景下和扩大档案机构对外服务职能的呼声中,档案机构评估也可以将构建评估指标体系的权限给予拥有深厚档案学背景的高校,高校师生不仅具有丰厚的知识储备,还有相对宽松的时间,方便协调和调动。另外,评估主体的多样化同样可以带动评估指标体系构建参与人员的多样化,为了弥补高校研究者构建档案机构评估指标体系实践经验的不足,可以邀请相关档案机构的专家参与进来,共同为评估指标构建建言献策。

5.1.3.2　档案机构评估标准及指标的构建原则

评估主体在构建评估指标体系的过程中还要遵循一定的原则。第一,科学的原则,只有科学、规范的评估指标体系才能客观反映评估客体的档案管理现状和发展的不足;第二,可操作性原则,评估专家能够依据档案机构评估标准及指标实现有效打分;第三,导向性原则,即评估指标体系具有引导评估发展方向的指挥棒功能,为持续化评估奠定基础;第四,可扩展性原则,当新的评估类型涌现,修正后的档案机构评估标准及指标能够继续作用于评估活动。

5.1.3.3 档案机构评估实践中评估标准及指标的具体制定过程

在我国档案机构评估运行环境中,档案机构评估标准及指标设计的具体流程通常处于隐匿状态,无相关途径得知评估主体是以何种方式和方法得到最终的结果。事实上,在深度访谈过程中,有评估组织者认为,档案机构评估标准及指标的设计流程经历了评估主体对档案机构评估标准及指标的起草、形成初稿、开论证会、征求意见、修改和最终以红头文件的形式与评估活动正式开展的通知一起颁布等流程。

(1)评估主体对档案机构评估标准及指标的起草

评估主体通过组织评估小组和评估专家,确定目标,分解任务,完成对档案机构评估标准及指标的构思和起草。

(2)形成初稿

评估主体运用一定的评估方法,经过科学的验证,形成初步的档案机构评估标准及指标,供开会论证提供参考。

(3)开论证会征求专家意见

首先,选择领域专家。开论证会的重点和难点是需要解决选择什么领域的专家参与论证会的问题。对此,评估主体根据评估对象的选择和评估内容、目的的明确,邀请相关专家,协调时间,参与会议,一般参与论证会的专家不少于五名。其次,召开论证会。评估组织者汇报评估背景、评估内容和评估方案,并由专家提问。最后,专家论证,填写意见表。

(4)档案机构评估标准及指标修改

评估组织者根据论证会上专家的意见提出具体的修改方案,如有需要,要反复召开专家论证会议,形成最终达成一致意见的档案机构评估标准及指标。

(5)颁布

档案机构评估组织者将最终形成的档案机构评估标准及指标,以红头文件的形式与评估活动正式开展的通知一起颁布,对外公开,赋予其行政效力。

5.1.4　发布规范性制度文件

档案机构评估活动的规范性文件的颁布是评估活动开始的征兆,对保障评估活动的顺利进行具有引导和规范的作用。具体内容应包含以下三个方面:第一,档案机构评估六大要素的角色定位和职能发挥,即档案机构评估的主体和客体分别是什么,评估目的和评估依据是什么,评估指标体系一般以附件的形式放置评估制度文末。第二,档案机构评估活动开展的一般程序。通过档案机构评估演变过程的梳理可知,一般包含自检、评审、上报、审批等程序。第三,档案机构评估的奖优罚劣、奖勤罚懒的标准。我国档案机构评估向来有奖优、奖勤的传统,却无罚劣、罚懒的先例。虽说评估处罚不是目的,但是适当的评估处罚可以督促被评估单位改进评估中发现的管理问题。

5.1.5　组织评估专家

评估专家①是受评估主体的委托,依据一定的标准和指标体系对被评估单位执行评估行为的群体,拥有执行权和监督权,"既当裁判员,又当运动员",在档案机构评估活动中占据不可或缺的地位和作用。当上述的档案机构评估准备工作完成以后,还要通过一定的择取标准组织评估专家,对其进行培训和指导,分配评估任务,将评估主体的具体职能和权限下放给评估专家,评估专家对评估主体负责,有向评估主体汇报评估进度和结果的职责。

(1)形成档案机构评估专家库

评估专家作为档案机构评估主体的重要组成部分,已经形成了既包含档案主管部门人员也包含根据评估对象而选择的相关档案机构的管理人员。档案机构评估主体中评估专家的多元化发展相较于评估组织者多元化的实现具备更多的现实条件。目前,国家层面以及地方层面都在积极建设不同研究方向和特长的档案专家库、档案人才库、档案领军人才库等,不仅包含档案实践工作者,还包含档案学术研究者,既有档案主管部门人员也有档案基础管理人员,无形中为评估主体组织不同类型的评估专家提供了丰富的人才储备。

(2)选择档案机构评估专家

档案机构评估专家库的建立为选择评估专家参与评估活动提供人员储备。评估组织者选择何种评估专家是根据评估客体的性质和特点决定的,而不是想

---

① 这里的评估专家是指具体参与档案机构评估实施的专家。

当然地决定,如综合档案馆业务建设评价需要选择对档案基础业务比较熟悉的专家,企业档案评估则选择对企业发展和企业档案管理有研究的专家。

(3)档案机构评估专家应履行的职责

档案机构评估专家具体承担的职责包含接受评估培训、执行评估计划、监督评估活动的实施、反馈评估结果等内容。

1)接受评估培训

为了提高评估专家打分的客观性和科学性,避免评估专家自身的心理状态和对指标项的不同理解引起的评估计分失误和误差,组织评估专家接受培训可以帮助其理解评估指标项的评估本意和重点。培训内容包含对评估细则中有歧义和多理解性的条文进行统一和规范,起到矫正评估误解和统一打分标准的功能。这一点也得到评估专家的认同:

档案评估专家对一个问题的看法都觉得侧重点不同,这是一个。第二个就是个人对标准掌握的尺度,就是个人的标准,尺度严格与否。因此,从专家这个角度上,首先一个就是专家的这个统一培训,评估之前对标准的解释要更加具体和明确。

但是,对评估专家的单方面培训还会造成评估解释细则和要求的信息不对称,即评估专家对评估要求更明确,更有利于打分,而被评估单位则对有歧义的条文想要真实强调的评估事实认识较为模糊,进而影响对评估内容的理解和评估材料的准备。但是评估解释细则信息不对称的现象可以通过对双方的培训(既包含评估专家,又包含被评估单位的档案管理和业务人员)、发布公开评估解释说明文件等方式加以改善。

还有一个评估现象值得一提,在对法规文件调研的过程中发现,只有2007年国家档案局印发了《档案事业发展综合评估办法》的解释,即"为了便于被评估单位准备评估文件,保证评估计分的相对公正",对其评估办法中指标体系的评分细则相关条文进行解释和说明,不仅对被评估单位理解评估细则具有重要的指导意义,还能有效避免评估专家在打分的过程中出现"一项多意""一词多义"等现象的发生。事实上,评估细则的解释性说明文件有助于评估专家客观打分,这种手段和方法是值得提倡的,但并无其他评估类型有此评估解释的应用。

2)执行评估计划

档案机构评估专家受评估组织者的委派到被评估单位实地考察和现场查看评估佐证材料,一般包含听取迎评工作情况的汇报,对照标准逐项检查印证材料,实地查看库房、机房、总控室、数字化加工等现场、业务用房及各项展览,全面检查库房管理、案卷质量、数字化、档案利用等任务。在评估专家执行评估检查和核实档案资料的过程中,被评估单位还要注意回避原则,即被评估单位的人员不能在现场,只留部分相关服务人员(如当评估专家有疑问时,能提供必需的支撑材料的人员),避免有关评估活动话题的交流,为评估专家提供安静的、严肃的检查环境,保证评估专家的客观打分和最终评议。

3)监督评估活动的实施

档案专家是档案机构评估的组织者和被评估单位的沟通桥梁,起到上传下达的"中介"作用,因此,一方面,评估专家对档案机构评估组织者进行监督,督察是否有超越评估权利的现象发生;另一方面,监督被评估单位是否存在弄虚作假、蓄意逢迎等形式化、特殊化评估现象的发生。

4)反馈评估结果

评估专家是评估打分、计分和得出评估结果的实践参与者和执行者,因此也担负着将评估结果反馈给相关部门和机构的职责(下文还会有阐释)。

(4)档案机构评估专家的评估误差及控制

从评估专家层面来说,访谈中有专家指出:

A1:评估误差,就这个分值的打分上,肯定有可能会因为评估专家个人原因发生。

A2:因为我参与的第一个档案馆评估,开始的时候呢,我们就是争论很多,也会有个对比平衡的。那还有呢,因为是不同组的专家在不同的地方评估,所以最后评估尺度的掌握问题如果没有统一,最后打出来的(分数)肯定就会不一致。

由此可见,档案机构评估误差主要是由评估专家的个人心理状态和对评估指标体系的理解不同引起的。同时,访谈专家还给出了相应的弱化评估误差的意见:

它还要有一个综合平衡,那就是你考核的指标更具体和明确,还有一个,就是在培训中,这个标准的解释始终强调一点,就是说,给的分高或者低,大家标准应该都一样,你要跟其他组明确,就这条就按照这个标准,就别说这边严了或者松了。评估标准只要达到尽可能的细,尽可能能够非常具体。

也就是说,评估组织者通过对档案机构评估指标的明确和具体解释,以及对评估专家的专门培训是弱化评估误差的有效手段。

5.1.6 协调评估各方心理行为

档案机构评估离不开对人员的管理,涉及人员就必然离不开对评估各方评估心理行为的调节和控制。这是由于档案机构评估是否客观公正,除了取决于评估者的价值观和方法论外,还受其心理状态的影响,评估者的心理状态和心理行为对评估效果和评估对象影响极大①,因此,有必要协调评估各方的心理行为。

(1)档案机构评估组织者的心理行为及调节

评估组织者在整个档案机构评估活动中起到运筹帷幄、总揽全局的作用,评估组织者的评估动机和评估重视度会相应地影响评估专家和被评估单位的参与度、投入度和认真度。因此,首先应分析评估组织者面临的压力和负担是什么,有评估组织者说:

开展这样的评估,重要的是我们组织者能不能有效地调控所有的力量,有没有哪一步没有考虑到位,怎么带动各方的积极性,发文下去了,你并不知道被评单位会不会重视,最终的排名是不是他们搞突击的结果,评估效果有没有达到,也是考虑比较多的吧,紧绷着一根弦,担心投入了,收效却很小。

---

① 吴建华,薛志红.试论档案事业评估中的心理行为及其调节[J].档案与建设,1998(4):18-20.

可见,评估组织者较为重视以评促建的效果能不能达到。其次,针对这种心理行为,也有评估组织者认为:

我们能做的就是在评估计划的时候就考虑完备,把可能出现问题的地方都想到,多听取意见,多沟通,及时协调吧。

评估组织者的评估心理行为的调节方式主要是评估计划和实施做到位,发现问题及时沟通协调。

(2)档案机构评估专家的心理行为及调节

档案评估专家是有情感的独立个体,在评估的过程当中会出现一系列评估心理行为,比如评估比较心理行为、评估人情、评估情绪化、评估心理懈怠、评估行为麻痹和疲惫等,会对档案机构评估过程产生负面影响,需要及时沟通和调节。

1)评估比较心理行为

评估比较心理行为是指评估专家面向不同的被评估单位,由于环境和情景等因素的影响而产生的不自觉比较行为的心理状态,在某种程度上也会影响评估专家的打分。如有专家说:

会考虑到,就是不排除包括人情、情分,就最简单的,比如说你要像我昨天去了A馆,今天在B馆,那我就会觉得昨天A馆给了他0.5分,其实昨天可能也只要给他0.4分,但我给了他0.5分了,那我今天看B馆,不比A馆差,那我觉得我最少给0.5分,我甚至还可以给他0.6分。

2)评估人情

评估人情是指在档案机构评估活动中由于评估活动的开展,被评估单位之间因为相互熟知和了解,为了维持相互联系的生存状态而产生的一种纽带关系。评估专家评估人情的心理状态会影响档案机构评估过程中的公正性和客观性。正如有评估专家认为:

我们(档案专家)在培训中要求严格遵循有关评审工作的原则和纪律。这里提了一个就是实事求是啊,坚持实事求是、客观公正的原则开展工作,杜绝搞形式主义、平均主义,不打人情分,面子分。因为我们这个档案工作,不同部门之间也有交流。比如说这个你是 A 馆,我是 B 馆,我们经常靠在一起,经常每年可能开会都能碰到。那个有可能到你这去之前,你给我打个电话,就说你要过来当评委了,你手下留情,好的。那就有可能打分的时候,他就打人情分啊,比如说啊,除非他这个分值是很固定的,否则就是有一个叫自由裁量权,就是(打分)有个浮动。比如说做到这一步了,可以打三分到五分,那最低是三分,我打三分也是符合要求的,我给他打高分,打五分也是符合要求的,我也可以打个取个中间值,给他四分,那是我认识你,关系好,我肯定给你就高不就低。

对于这一问题,有评估组织者和评估专家也指出该问题的解决方案:

A:现在那个指标怎么样科学,实际上这里面还有一个就是指标能量化,那么对于一些非量化的东西,这里面这个主观指标不能量化的时候,如何来客观地量化,这个问题解决了就能让评估专家根据分值打分,而不是人情、面子等。

B:当时直接对照那个(评估)标准,这个培训做的还挺详细。另外,评议的时候就是大家坐在一起,我们来讲为什么要给他分,其他的评委也在听,他们也可以提出不同的意见,虽然某一项内容不是他们测评的,但是他们也可以提,就这个意思,避免评估专家一人打分、主观打分。

可见,客观、科学的量化指标体系的构建以及评估前对评估专家的业务培训均能有效地规避评估专家打人情分。

3)评估情绪化、评估心理懈怠、评估行为麻痹和疲惫等心理状态

在档案机构评估活动中,评估专家是有情绪和情感的丰满人物,受各种内外部环境因素的影响,会不可避免地产生主观的评估情绪化、评估心理懈怠、评估行为麻痹和疲惫等心理状态。

Q:请问评估专家的心理状态比如身心疲惫、心理懈怠、麻痹等,对评估过程和结果会有什么样的影响? 会不会影响打分的整个状态?

A:这个影响较小。因为这个你打分是根据那个测评的标准,而不是凭这个主观的情绪啊什么的。(但)也会有,(比如)我情绪高,今天我特别兴奋,是多打的,今天我情绪不好,什么都不顺眼,我就打低,那不行,他有个标准在那里,好多分值都要计算,那么计算出来该是多少就多少,这个是改不了的。但是疲劳状态下一两分的打分误差可能会有。有个情况,就是在有一定幅度的时候,可以在三分到五分之间,这个就是原则上,从我个人(角度)来讲,我到这个档案馆看过以后,我看他整体工作做得都很规范,都比较好。那么我个人这个打分上面,就会感觉各方面确实不错,在有个幅度的时候,会就高不就低;如果说它本身整个档案准备工作也比较差,这个基础工作好多都没做,肯定不会多给他分。

而且,现场不跟人家(被评估单位)交流,这个工作做得好还是不好啊,都不交流,就是你打分根据对方提供的这个印证材料,凭支撑材料打分了就行了,你认为这个现场材料还判断不了,还不好打分,那你可以跟他再去要佐证材料,来客观打分。

由此可见,评估情绪化、评估心理懈怠、评估行为麻痹和疲惫等心理状态某种程度上会影响评估专家打分的客观性,但是评估指标本身的量化、评估专家的心理行为调节等方法和措施均会对评估专家负面的心理状态产生积极的引导作用。

(3)被评估档案机构人员的心理行为及调节

被评估单位是评估活动的执行方,在评估活动中处于被动地位,因此,也应重视被评估档案机构人员的心理行为,在深度访谈的过程中,有被评估档案机构人员说:

我们单位的评估安排时间比较靠前,抽签抽到的,我们领导就很重视,我们几乎是一周一小会,两周一大会,及时汇报评估准备进展,我们准备评估的那两个月,几乎每天都会有加班,补材料啊,整理档案啊,打扫啊,也是比较辛苦,压力比较大,担心排名。

当问到被评估档案机构人员有没有搞突击、应付检查的问题,被评估档案机构人员回答说:

A1:有些评估的内容,是平时我们档案工作的基础业务工作,也有一直在做,但是有些内容,比如对材料的整合、补充、完善,需要重新呈现拿给专家看的,那我们就需要去做,我们也是认真对待的,觉得也是很好地对馆内做一个大检查(的机会),对我们自己也有好处。

A2:我们领导有参与评估前期的动员大会,回来也会给我们传达评估的会议精神啊,对我们也会有影响,评估就是查缺补漏嘛。

可见,被评估档案机构人员对评估活动开展的目的有基本的认识,认为档案机构评估活动对规范日常工作也会起到促进作用。

5.2　档案机构评估的实施

档案机构评估实施是评估主体将评估任务委托给评估专家以后,评估专家根据评估主体前期的评估计划按部就班地执行和操作的过程。档案机构评估实施是档案机构评估流程的第二个步骤,是评估计划的下一个程序,是档案机构评估流程的重要节点和步骤,没有档案机构评估的实施步骤,评估活动将会浮于表面、流于形式。因此,档案机构评估能否取得科学的数据和客观的评估结果,部分取决于评估实施是否执行到位。

5.2.1　被评估单位自检

无论是国家层面在全国范围内开展的档案机构评估的硬性评估要求,还是地方层面和其他行业机关开展的自愿参与性评估,都需要被评估档案机构根据评估主体要求的指标体系进行自测、自查,得出分值,找出差距。

国家层面的强制性档案机构评估中,被评估档案机构在自检的基础上,需要将自检结果交与评估专家查看和审核,节约评估专家的时间和精力,还能使被评估档案机构对自身的评估结果做到心中有数,更加坦然地面对档案机构评估活动。

在地方层面,本着档案机构评估自愿参与的原则,档案机构评估主体将评估规范文件和指标体系下发给被评估单位以后,被评估单位首先组织本单位人员成立评估小组,对文件进行学习和任务分解,参与人员根据评估主体提供的指标体系和评分细则逐项打分并填写自检说明,根据自检结果申请相应的评估等级,并准备评估材料等待接受评估专家的实地考评和检查。除了国家档案主管部门要求的全国范围内的硬性评估要求,一般性质的档案机构评估活动自愿参与的原则给予评估客体一定的自主选择权,一方面,这关系到档案机构对自身档案管理能力和水平的判断和定位;另一方面,若是被评估单位的自检分数尚未达到评估的合格水平,被评估单位则不再参与评估活动,节约评估主体和评估专家的精力和时间。因此,被评估单位的自检环节十分有必要。

5.2.2 评估专家实地考评

档案机构评估主体接收到被评估单位的评估等级申请,会安排评估专家到该机构进行实地考察,实地考察的程序包括听取被评估单位的汇报、检查证明材料的真实性、现场实地查看、审核自检分数、在考评表上逐项打分、填写考评说明、签署意见等。评估专家通过对档案机构评估数据分析,最终得出档案机构评估的结果,并将评估结果上报给评估主体的负责部门和人员。

对实地考评,有被评估单位认为:

C省档案局评估那个就是相当于是现场检查的,就是我们工作量会比较大,因为他要现场查看,我们就不能只停留在文字上,要带领专家查看库房和档案利用场所,无形中会重视整个单位的档案管理情况。

由此可见,实地考评还有督促被评估档案机构打扫和整理档案库房和档案利用场所、清点档案的作用,进而监督和规范档案工作人员的行为。

5.2.3 评估审核与审批

档案机构评估主体根据评估专家的实地考评结果,对考评材料进行二次审核和检查,若结果属实无异议,档案机构评估主体对被评估单位的档案管理水平的客观状况给予结果审批。至此,评估实施流程结束。

5.3　档案机构评估的反馈

　　档案机构评估反馈是评估流程较易忽略的阶段。档案机构评估反馈是指评估主体根据评估专家的实地考评结论告知被评估单位评估结果的过程。评估反馈是连接评估主体和被评估单位之间的纽带,评估主体根据评估结果指出被评估单位档案管理中的优势和不足,督促其改进档案管理手段和方式。

5.3.1　评估结果的反馈

　　档案机构评估反馈要遵循直接、客观、正面引导、优缺点并重和积极主动的原则。评估反馈直接和客观原则是指根据评估结果直指被评估单位档案工作的实际发展状况,如档案管理现状是什么、存在哪些问题等;正面引导的原则是在指出被评估单位档案管理不足的基础上,指明和引导其未来发展方向;优缺点并重是指本着客观评价的初衷,应给予被评估单位实事求是的反馈,切忌只讲成绩不提缺点。

　　评估反馈的方式有面谈和书面两种形式。评估反馈的面谈形式主要是评估专家根据评估主体的委托和被评估单位的相关责任人面对面地沟通和交谈,告知被评估单位此次评估的状况和结果;评估反馈的书面形式是由评估主体的负责部门和责任人将评估结果汇总提炼反馈给被评估单位的书面评价。此外,在访谈的过程中还有部分单位专门强调了评估结果向行业主管部门和行政管理机关反馈的原因以及它的重要性。比如:

　　我们(企业)当时确实很不重视档案,不重视档案这块工作是领导他们都没有认识到,就觉得这个档案反正你管它也这样,你不管它也不影响正常的运转,所以就不重视。

　　然后这个评估一旦过来,他就是从上到下、从里到外严格地给你检查一遍,最后给你来一个检查的结果,我们第一次都没过。因为档案局,毕竟人家也是行政单位人员过来,然后我们领导要来接待的,包括大领导,分管领导都要过来接待,然后评估组就非常忧心忡忡地跟我们领导说,你们这个单位对档案工作实在是太忽视了,就相当于是他们给我们领导敲了一下警钟,如果说没有这个检查的话,我们自己作为小小的档案员来跟领导说,我们要买这个我们要投入,要这个领导支持,要经费支持,要开展工作,那领导都会觉得你做这些东西浪费人力财力物力。

但是如果是借第三方之口,而且是一个很权威的国家机关,来直接反馈跟领导说你这样做是不行的,是不符合规定的,就是外界的这种强制性的压力会迫使领导来重视这个事情,那领导肯定就重视啦,所以那个第一次检查完了之后,我们又是花了好多钱买那些设备,如果没有这个评估,这些器材是不会买的,所以这就是它的好处。

那他们来了之后,人家不只是给你指出问题,会告诉你怎么解决呀,给你提一些指导意见。那你哪一块没有做,像我们当时那些实物档案都在那堆着没有整理,他说这个是必须整理的,这都是单位的荣誉,都是有重要价值的,还有你们的照片档案是没有收集的,这块是缺失的,他会提出来,我们就会把这块补上,这对完善我们自己本身的档案管理工作也是很有意义的。

因此,无论采用何种形式的评估反馈方式,将档案机构评估结果向党委、政府等行政管理机关和行业主管部门反馈具有一定的必要性,能够促使被评估单位领导层面重视档案管理工作,加大人员、资金等投入,改善档案工作的基础业务环境,从整体上推进档案管理现代化的发展进度。

5.3.2　评估结果的评议

结果评议是指评估主体或评估专家根据单个机构或区域评估、全国范围内的评估结果汇总,召开评估委员会会议,对该类型的评估结果进行分析,找出产生问题的原因,总结此次评估的经验教训,继而形成书面性综合评估报告的过程。档案机构评估评议报告是该项评估的总结性步骤,是下一次该项评估开展的重要参考、依据性材料,因此,要求评议报告具有全面性、客观性、科学性。

但是在调研的过程中发现:

　　他们(被评估单位)根据指标体系,能做的、能改进的都做了,因为它(档案)有些工作不是短时间就能整改完的,很多东西他是要花时间的,其他的工作你说马上整改,是可以的,但是有些工作,比如档案开放和鉴定没达到要求,那你之前积累下来这么多档案都没建立,你要做这项工作,就要组织人力,你在一定的时间内去做,短时间能开发和鉴定出来结果吗?所以很多单位都有这方面的问题,是个共性问题。

　　在总结评议报告的过程中要注意评议结论和问题的书写避免雷同,也就是说在评估活动过程中,评估专家会发现若干被评估单位在某一档案业务管理工作出现同样的问题,那么在撰写评议报告的时候,不同的档案机构会被指出相同的问题和被填写类似的评议语言,这不仅无法凸显被评估单位出现问题的特殊性,还将档案机构评估活动的正面积极效应趋于消减,因此,档案机构评估总结评议报告的书面语言也需要推敲和严谨表达。此外,评议报告的公开性也是一个值得探讨的问题,下文将会有所论述。

5.4　档案机构评估结果的应用

　　档案机构评估结果的应用一直以来也是我国档案机构评估活动历史上经常忽略的环节。档案机构评估结果应用的重要性和影响力主要体现在以下四个方面:第一,档案机构评估结果的应用有助于提高档案事业在社会中的影响力和地位。评估主体一般会将评估结果以红头文件的形式公开发布在该地区的档案信息网站上,上等级、星级和称号的被评估单位以社交媒体的方式传播和宣传本单位取得的档案工作成就和业绩,无形中增加了其社会曝光度和社会美誉度,对提高档案机构的社会影响力具有积极作用;第二,档案机构评估结果的应用还有助于形成评估复检的良性循环。评估手段本身的动态性特征决定一次性评估并不是终身成就,而需要在历时性的时间洪流中接受阶段性评估的考验;第三,档案机构评估结果的公开应用还有助于推进档案学及其他学科的学术研究工作,探索档案机构评估的规律和特点,为下一轮评估提供经验和智慧;第四,档案机构评估结果的应用还有助于评估结果的横向比较,表彰评估结果较为突出的档案机构,促使评估结果较差的档案机构查找档案工作发展的不足,以弥补差距;而将眼光放到档案机构评估的历史源头,通过纵向比较某一档案机构类型历年的评估数据,有利于档案机构对本部门的档案工作进行回溯和整改,根据实际发展的需要不断调整自身的档案工作发展方向。

5.4.1　档案机构的评估定级与奖优罚劣

（1）档案机构的评估定级

档案机构评估定级是指评估主体根据评估结果赋予被评估单位评估称号的过程。目前,我国的档案机构评估定级的类型主要有分等级（国家一级、国家二级、国家三级、省一级等）、评星级（星级评估,其中,五星级为最高等级）、评 A 级（5A 级最高）、是否合格（合格或者不合格）、是否达标（达标或者不达标）、是否通过（通过或者不通过）等。评估定级类型的选择多样,选择何种定级方式有一定的依据和讲究,并不是评估主体随心所欲地设置。另外,等级设置有两种方式:第一,评估法规文件规定了固定的评估分值区间所应划分的等级要求,结合被评估单位的评估分值结果对比文件等级分值要求,纳入相应的级别;第二,档案机构评估不首先设定固定的分值等级,而是根据被评估档案机构的总体评估分值结果划分相应的等级。

1）分等级

分等级一般是国家层面或省级层面的评估,为了对比不同地区的档案管理水平而设置的等级,如国家一级、国家二级、国家三级,或省特级、省一级、省二级,或省一级、省二级、省三级,或一级档案馆、二级档案馆、三级档案馆、四级档案馆等,评估等级一般为 3~4 个层次,根据相应的分值纳入相应的等级。

2）星级和 A 级评估

星级是指以五角星为评估等级,其中,五星为最高等级,一星为最低等级,也是评估的及格线。A 级评估与星级评估类似,AAAAA 级（或称 5A 级）是评估的最高级别,1A 级是最低级别。星级和 A 级评估等级的划分均是不同的评估单位根据自检评估结果申报相应的等级,一般适合作用于地方层面,其目的是弱化等级分化,强化突出档案管理水平较高的档案机构。

3）是否达标和通过

在档案机构评估中,根据评估结果的打分是否大于或等于某一个分值为判断标准,将其划定为是否达标和是否通过的分界线。也有根据评估结果分值划分为优秀、良好、合格、不合格四个等级的方式。这种达标或通过的等级划分标准适用于刚开始开展地区或行业范围内的档案工作评估,是等级划分较为基本的形式。

档案机构评估定级是评估结果的延伸,对激励档案机构评估的长远发展具有一定的积极作用。但是评估定级类型多样性的弊端是花式复杂,喧宾夺主,容易引起混淆和对评估形式的质疑,因此,在档案机构评估定级的过程中要避免形式化现象的发生,彰显评估等级划分的本质和用意。

（2）档案机构评估的奖优罚劣

我国档案机构评估存在只谈成绩不讲缺点,只奖励上等级的被评估单位,忽略评估结果较差单位的传统（甚至在评估总结报告中只字不提）。虽然档案机构的资金投入不是以效益创收来决定的,但是适当的物质奖励和警告处罚可以起到激励作用,以此调动被评估单位的积极性。因此,在强调和表扬上等级被评估单位的同时,可以采用恰当的方式对评估结果较差的单位给予警告或限期整改的"处罚"措施,带动评估结果较差的单位调整对待档案工作的态度和档案管理行为。此处应重申的是档案机构评估罚劣只是手段,并不是目的,总体上还是为了档案机构工作水平的提升和档案管理质量的提高。

5.4.2　档案机构评估结果的公开与利用

（1）档案机构评估结果的公开

实践中档案机构评估结果的应用仍有一个不容忽视的前提问题,也就是档案机构评估结果的公开问题,对此,评估组织者、评估专家和被评估单位均做出回应。

评估组织者认为:

我们主动公开哪些问题,这是一个信息公开的问题,主要是指从内容角度考虑,那也就是说这个公开是不是必要的,这是现在我们有法可据的东西。档案信息公开是严格依照《政府信息公开条例》公开的,要求公开的我们做到会公开,在法律规定范围内,没要求公开的,不能做,知道吧,不是什么都能做的,什么都公开。

换而言之,就是档案法规并没有要求档案机构评估结果必须公开的条文规定,因此,评估组织者对评估内容和结果的公开权限必须有法可依、有据可循。

评估专家认为:

评估专家不具有评估结果公开的权利。

被评估档案机构认为:

我们(企业)内部的这种日常业务当中的那种文件,不存在公开不公开,就是我需要让被看到的人看到,我就以公文流转的形式就发给他了,比方说展示我们公司的形象啊,宣传我们公司的哪些项目啊,这个是可以放到网站上的。那你说这个档案评估通过了,那不是你单位的核心主营业务,有什么必要公开呢? 而且,如果我们这次就是搞了个良好啊或者是合格,甚至是不合格,这家丑不可外扬,这个东西肯定不会,这没法公开。

首先,什么是档案机构评估结果的公开? 本研究认为,评估结果的公开是指将评估组织者、评估专家和被评估单位在档案机构评估活动结束后形成的评价性、总结性文件,通过一定的途径和渠道向社会公开。

其次,涉及公开所有权的问题,即谁可以公开? 根据《中华人民共和国著作权法》第十一条规定,"由法人或者其他组织主持,代表法人或者其他组织意志创作,并由法人或者其他组织承担责任的作品,法人或者其他组织视为作者",因此,评估过程中的评估组织者和评估专家形成的文件,原则上其公开所有权归评估组织者所有,但是,评估组织者和评估专家是根据被评估单位提供的档案信息得到的评估结果,评估结果的基本内容和信息是关于被评估单位的,那么评估组织者是否有权力公开被评估单位的信息则值得继续考量。《中华人民共和国著作权法》第十三条规定："改编、翻译、注释、整理已有作品而产生的作品,其著作权由改编、翻译、注释、整理人享有,但行使著作权时不得侵犯原作品的著作权。"由此可见,评估过程中的评估组织者和评估专家形成的文件,其公开所有权是归评估组织者所有的;被评估单位在迎评工作中形成的文件,其评估结果公开权则归被评估单位所有。

最后,档案机构评估结果公开的范围是什么? 档案机构评估结果的公开目前只集中在评估结果的排名和通过与否的公报上,评估组织者、评估专家和被评估档案机构三方各执一词,避开信息公开行为和公开范围谈公开的法理性和必要性。档案机构评估结果的公开还不完全等同于档案机构评估的公开,后者的范畴包含前者,由于档案工作的保密性和行政性等工作性质,实际上,论述档案机构评估公开性有更大的难度和复杂性。单论及档案机构评估结果的公开,档案机构评估总结性文件是可以对外公开的,这是由于社会公众对档案工作管理状况拥有知情权,重点提炼出考评单位的档案管理工作优缺点的总结性文件无关保密性,因此,档案机构评估结果公开具有一定的必要性。

(2)档案机构评估结果的传播、开发和利用

档案机构评估结果虽然是以部门红头文件的形式发布,增加了其权威性和公正性,但是传播范围也仅集中在行业或地区档案信息网,不利于评估结果的传播和利用,因此,档案机构评估结果可以以社交媒体为传播手段,发挥其传播及时、传播速度快等特点,扩散档案机构评估事实和结果。

评估结果的应用形式主要有两种方式可供参考和借鉴。第一,整合优秀案例和评估最佳实践。可借鉴国际博物馆界的评估结果应用经验,即将评估活动中评估结果表现优秀的以及评估过程中准备充分和具有明显特色的被评估机构的评估经验进行组织和整合,同时提供纵向和横向的比较分析。如日本博物馆协会开发的网络版自评估系统提供的实时评估功能,可自由选择、查看、比较全国不同类型、不同级别和规模的博物馆评估结果,并形成可视化的雷达示意图,评估结果和评估环节的强弱、差距立竿见影、一目了然。[1] 可比较、可视化的评估结果的应用同样适用于档案机构的信息化评估。第二,制定档案事业发展

———

[1]　厉樱姿.我国博物馆评估工作的回顾与思考[J].中国博物馆,2013(2):35-41.

规划和开展档案学术研究。档案机构评估结果是档案事业发展现状的间接表达形式,评估组织者根据评估结果把握档案机构发展的节奏,为制定和发布档案事业发展规划和政策提供数据依据。另外,根据研究综述部分可知,我国档案机构评估实践研究成果较少,因此,评估结果的利用有助于档案或其他学科的研究者开展学术研究和分析工作,促进档案机构评估理论的形成和发展。

综上所述,档案机构评估的四大评估流程和具体包含的 12 个评估步骤共同构成基于评估运行视角下的档案机构评估体系。但是,档案机构评估的运行还涉及评估周期的实现问题。评估周期是指从评估计划伊始到评估结果的应用为终所耗费的时间段。不同类型和性质的评估周期也不尽相同,如中央层面,国家档案局开展的综合档案馆业务建设评估活动从 2017 年的 11 月发文,到 2018 年 5—11 月的评估活动的实施,其评估计划时间无从判断,但是评估实施周期为 6 个月;由于档案机构评估对象的数量较小、范围较窄,地方上的档案机构评估实施周期一般较短,如档案机构评估实施周期有短则 14 天,长则 3 个月的(根据现有的调研数据)。针对档案机构评估实施周期的问题,访谈中有被评估单位的访谈者认为:

就比如说评估战线特别长,从今年 5—11 月份,持续半年的时间,那么这半年的时间,其实如果想做的话可以完成非常多的事情,那么在前面评估的,在后面评估的,它这个标准上是一视同仁的,就是说(评估)战线特别长的这种程序,那后来评估的(单位)肯定占优势,他们有更多的时间找经验,比如后评估的单位向我们前面已经评估完的单位来交流经验,然后他们回头再自己强化工作。

由此可见,档案机构评估实施周期的问题也需要重视,否则会引起隐性的"评估不公"现象。国家层面和地方层面出现档案机构评估实施周期时长差异的原因是全国范围内开展的档案馆评估数量众多、地域分布广泛,需要更多人财物投入的客观存在与档案主管部门人员时间和精力的有限性之间的矛盾,而如何有效地解决这个矛盾以及把握档案机构评估实施周期的度(即时长),需要结合客观事实进一步论证和分析。

5.5　小结

基于运行视角的档案机构评估体系主要解决了档案机构评估运行不规范的问题,探索出档案机构评估发展的一般运行规律。根据已有的法规文献中呈现的评估流程,依据绩效管理和PDCA循环理论,运用实地调研法、深度访谈法等研究方法,从档案机构评估行政管理者的视角,将评估流程划分为评估计划、评估实施、评估反馈、评估结果的应用四个方面,四项评估步骤构成一个完整的评估循环,当最后一步评估流程结束,还可以根据评估结果的反馈进入下一个评估循环。

(1)档案机构评估计划阶段具体包含确定评估主体和评估客体、明确评估目的和方法、形成评估指标体系、发布保障性规范文件、组织评估专家、协调评估各方的心理行为六个评估步骤,细化了的评估计划为评估实施奠定了基础。档案机构评估计划流程主要解决了六大要素在评估计划环节的职能和分工,并进一步分析了如何有效地组织评估专家,如何调节档案机构评估组织者、评估专家、被评估单位人员等评估各方心理行为等问题。

(2)档案机构评估实施阶段强调了评估单位自检的重要性,明确了实地考评的程序,直至评估专家对形成初步的评估结果进行审核审批。

(3)档案机构评估反馈包含评估结果的反馈和评估结果的评议两个方面。文中对评估结果反馈的重要性、反馈形式以及结果评议的规范性书写等问题进行了分析和讨论。

(4)档案机构评估结果的应用包含档案机构的评估定级与奖优罚劣和档案机构评估结果的公开与利用两个评估步骤。评估结果的应用阶段,主要解决了档案机构评估定级的形式,评估结果的公开权限、公开范围、公开内容,以及评估结果的传播、开发和利用等问题。档案机构评估结果的应用还为下一轮评估计划提供研究基础。

6 基于保障视角的档案机构评估体系构建

德国社会学者梅耶在评估学理论中指出,不能完全避免评估环境对信息获取过程中产生的规范性影响,对评估环境缺乏解释的后果是评估环节缺少重要的行动者和组织者。因此,为了在现代民主政治的框架内满足评估的这种独立性角色,就要有相应的组织机构来确保对政策项目和策划的效果进行持久地专业化调查。还要正确地处理好评估活动与公共领域、评估相关成员以及评估利益相关者之间的关系。① 梅耶强调了要重视评估内外部环境对评估活动产生的影响。

档案机构评估活动的顺利运行,既离不开内部评估各要素作用的发挥,也离不开外部环境的保护。因此,保障视角下的档案机构评估体系是为维护档案机构评估内外部环境正常发挥的外在保护制度。根据吴建华教授提出的"全维度"的现代档案管理思维,从管理、技术、法规三个层面对保障视角下的档案机构评估体系进行阐释。其中,基于保障视角的档案机构评估体系的管理维度主要是指对档案机构评估管理环节的调节和控制,是评估保障体系建立的基础;技术维度主要是指如何运用现代技术对档案机构评估过程中生成的数据进行科学的收集和处理,比如采纳何种档案机构评估技术、如何构建档案机构评估系统、如何建立档案机构评估数据库、如何注重档案机构评估数据的管理和开发应用等,以利于评估过程和结果的横向与纵向比较,是评估保障体系建立的支撑条件;法规维度主要是建立档案机构评估层级法律规范,以约束和协调评估利益相关者的行为,是评估保障体系建立的前提。三个维度共同构成基于评估保障视角的档案机构评估体系。

6.1 管理维度的档案机构评估保障

评估最重要的任务就是要把决策所必需的信息及时地传送给决策者,评估

---

① (德)施托克曼,(德)梅耶.评估学[M].北京:人民出版社,2012:303.

的重要目的是对政策的合理性进行证明,这就离不开评估组织者对档案机构评估活动的有效管理。管理维度的档案机构评估保障主要包含加强和修正顶层设计、完善组织机构配置、建设评估专家队伍、建立评估激励和监督机制、注重评估伦理建设和评估文化培育等内容。

6.1.1　加强和修正顶层设计

"顶层设计"的概念最初出现在系统工程学中,遵循的是从需要解决的问题出发,自顶向下(Top-down)将总问题分解为若干相对独立的子问题,子问题还可以再逐级分解,直到解决问题的一种设计思路和原则[1],强调的是一种充分体现全局性、发展性、长效性的自上而下的系统规划思路。[2] 我国档案机构评估的顶层设计理念在国家级评估活动中还是有所体现的,但是目前尚未形成横向历史观视角下的档案机构评估常态化、规律化评估机制。鉴于此,针对当前我国档案机构评估发展过程中缺少从国家层面形成长效的顶层设计规划的现状,有必要修正现有的档案机构评估顶层设计理念框架,加强和修正顶层设计制度,提升档案机构评估发展的整体质量和水平。

(1)档案机构评估发展顶层设计的理念和总目标

档案机构评估发展顶层设计的理念和总目标将决定档案机构评估未来发展的走向,对具体评估活动的实施起到十分重要的作用。因此,对传统的档案机构评估顶层设计理念进行修正,是档案机构评估发展的需要和必然。正如前文所讲,传统的档案机构评估顶层设计理念并未形成常态化的评估传统,因此,在信息化发展背景下,利用已有的评估基础,建立档案机构评估发展的长效管理机制,同时,改变"评估万能论""评估不准论""评估无用论"和"评估滥用论"四大评估误区是修正评估理念的基础。此外,档案机构评估发展顶层设计的总目标是正确认识评估功能,保障档案机构评估规范化、常态化的顺利运行,这不仅是时代发展的必然,也是档案机构评估实践发展的应然。

---

① 孙俐丽,吴建华.关于国家数字档案资源整合与服务机制顶层设计的初步思考[J].档案学研究,2016(1):57-61.

② 薛四新.数字档案馆的顶层设计探究[J].档案学研究,2008(5):42-44,38.

（2）档案机构评估发展顶层设计的组织框架

档案机构评估发展顶层设计既可以是国家层面的，也可以是地方层面、行业层面的，其中，国家层面的顶层设计制度的形成决定着地方和行业的档案机构评估顶层设计，而地方和行业的档案机构评估顶层设计也为国家层面的顶层设计提供实践经验。因此，档案机构评估顶层设计组织主体为国家或地方档案主管部门或行业主管机关，其中，国家层面的档案机构评估顶层设计的组织主体为国家档案局，对全国的档案机构评估起到统领的作用。

（3）档案机构评估发展顶层设计的主要内容框架

档案机构评估顶层设计是一个全方位、立体式的复杂系统，具有多种要素构成和多重属性特征，因此，可以从宏观政策层、中观制度层、微观评估流程执行层三种角度构建其内容框架，协调评估质量与评估数量之间、评估规模与评估效益之间以及评估投入与产出之间的关系。

首先，从宏观政策层来探讨档案机构评估顶层设计，即从政策制定的角度将档案机构评估纳入整个档案事业发展规划或行业发展规划中，并进一步协调档案机构评估与其他档案事业工作的关系，厘清档案事业评估的目标定位、方针路线、总体规划和法律框架等统领问题，强化档案机构评估在档案事业发展中的地位和作用。

其次，从中观制度层次来分析档案机构评估顶层设计，旨在通过建立与国家发展战略相一致、与档案机构评估实践发展相适应的科学有效的、能够贯彻执行的评估管理制度体系，制度设计内容应包括评估管理制度、评估管理流程、评估技术、评估标准等内容，规范评估行为，引导评估走向。

最后，从微观评估流程执行层来阐释档案机构评估顶层设计，是指对评估计划、评估实施、评估反馈和评估结果的应用等一系列流程建立具有约束和协调功能的战略规划，遵循降低无效评估的数量、为被评估单位减压、完善评估流程的原则，为评估流程的可操作性提供实践范例。

档案机构评估顶层设计中，既可以将档案机构评估发展作为长效管理机制，还可以将其作为档案事业发展的宏观管理规划，该理念不仅有助于档案机构评估活动本身的发展，还能助推档案事业整体的健康发展。

6.1.2 完善组织机构配置

档案主管部门在档案机构评估活动中拥有发起评估活动、组织评估专家、制定评估标准和指标体系、监督评估活动的开展和进行等众多职能,这种行政主导下的评估活动对保障评估质量起到一定的积极作用,但是,也致使档案机构评估活动缺乏活力和创造力,在某种程度上还会制约评估活动的发展。因此,完善组织机构配置具有一定的必要性,而完善组织机构配置的途径有分化组织机构职能和协调组织机构参与评估人员两种。

(1)组织机构职能的分化

档案主管部门承担多项乃至全部的评估职能,不仅对评估组织机构产生一定的压力,还具有一定的弊端。组织机构职能的分化还可以分为单一评估主体的组织机构职能的分化和多元化评估主体的组织机构职能的分化。①单一评估主体的组织机构职能的分化是指将组织机构的部分职能根据评估职能的特点分散给另外某一方评估利益相关者,如评估专家、社会大众,其中,评估专家可以承担制定评估标准和指标、监督评估组织者的行为等职能;社会大众作为档案信息资源的利用者,有权利知晓档案机构开展评估活动的状况,通过一定的信息公开,让社会大众承担监督评估组织者、评估专家和被评估单位的评估行为等职责。②多元化评估主体的组织机构职能的分化是未来的发展趋势,中国档案学会、不同类型的档案机构、第三方评估机构、档案用户等机构和个人等作为评估主体参与档案机构评估活动,承担相应的职能,如中国档案学会的性质和职能可以承接评估指标体系的构建职能;不同类型的档案机构是"既是运动员,又是守门员"的角色,可以承担评估标准的制定等职能;第三方评估机构和档案用户的中立性地位,可以承担监督各方评估行为的职能。

(2)组织机构参与评估人员的协调

档案机构评估组织机构中参与评估的人员协调是指由于评估对象种类的复杂和性质多样而选择具有相应能力和熟悉该领域的评估人员来承担对应的评估职能。如2018年开展的副省级以上综合档案馆业务建设评价工作,由于针对的是档案馆业务建设方面的工作,所以其具体组织及日常工作是由国家档案局(室)业务指导司负责;江苏省档案局的数字档案室评估是由科技处的人员负责,而机关团体、企事业单位的档案机构评估则由业务指导处负责,各司其职。此外,还要根据档案机构评估指标的内容具体选择相关领域的评估人员。完善的组织机构人员配置能够有效地对评估的质量进行控制,维护档案机构评估活动的顺利进行。

6.1.3 建设评估专家队伍

作为档案机构评估计划实施的重要组成人员,评估专家的整体素质和水平对评估活动的开展起到重要的作用,因此,要重视评估专家队伍的建设。评估专家队伍的建设可以从注重评估专家的遴选和专家库的建设两个方面开展。

(1)注重评估专家的遴选

在档案机构评估中,评估通知或评估办法规定了评估专家的选择标准,如1995 年国家档案局在《省级和副省级市、计划单列市档案馆目标管理考评试行办法》中规定:"能正确掌握国家有关档案馆工作的方针、政策、法规、标准,并熟悉档案馆工作;坚持原则,主持公道;具有副研究员以上专业技术职称,能坚持参加评审委员会组织的各项活动。"2012 年江苏省档案局在《江苏省数字档案馆等级评估办法》中要求:"评估专家库成员应当具备副研究馆员以上或相应等级职称资格,并在实际工作中具有较高专业水平、专业工作经验和影响力的档案业务、电子计算机技术以及其他专业的专家。"由此可见,评估专家的遴选要求是根据时代的变化和评估对象的差异做出具体的规定,但是也有规范性评估文件重在强调评估专家所应承担的评估职能,如 1996 年国家档案局颁布的《企业档案工作目标管理考评管理》中规定:"①对企业档案工作目标管理工作进行业务指导和咨询;②参加目标管理考评和复查工作;③及时向审批机关反映企业档案工作目标管理工作中的情况和问题。"但是对其专家遴选的标准和途径却处于相对隐匿的状态,未对社会公开。实际上,评估专家的遴选标准对评估质量的保障起到至关重要的作用,因此,评估专家的遴选可以在历史经验的基础上,结合现代社会发展的客观状况,对业务素质、行为能力、职称等级、擅长领域等方面提出具体的评估标准和要求,并以对外公开的形式发布,接受社会大众的监督,规范评估专家队伍建设。

（2）注重档案机构评估专家库的建设

目前,无论是国家层面还是地方层面均在积极筹建档案事业发展储备的人才库、专家库等,档案机构评估专家库的建设可以以此为契机,为后续评估活动的开展提供在不同研究领域有专长的人才。评估虽然具有区别于一般的档案管理手段,但是与档案机构评估手段的目的是相通的,其本质都是为了更好地实现档案管理工作的信息化和现代化。因此,档案事业发展的人才库、专家库可以为档案机构评估专家库的建设提供借鉴,甚至可以以子库的形式存在。

此外,档案机构评估专家库的建设要注意评估人才的多样化,评估专家可以是管理型人才也可以是业务操作型人才,既可以是档案管理领域的专家,也可以是档案信息化建设、档案信息资源开发利用、档案保护等方面的专家,既可以是档案实践工作者,又可以是档案学术研究者等,发挥他们自身的专业优势和积累的实践经验,履行专业职责,为档案机构评估建设发光发热。

6.1.4　建立评估激励和监督机制

激励机制,或称激励制度,是指运用特定的方法与管理体系,将员工对组织及工作的承诺最大化的过程。[①] 换而言之,激励机制是在组织系统中,为了达到规范化和相对固定化的激励目的,通过运用多种激励手段,实现激励主体与激励客体之间相互作用、相互制约的关系,它是二者结构、方式、关系及演变规律的总和。[②] 科学完善的规章制度和质量管理体系是组织高效运行的基础,加强监督管理是保证组织执行力有效推行的重要手段。因此,建立档案机构评估激励机制的目的是督促评估活动的平稳进行,建立监督机制的用意是预防评估活动问题的产生,二者从不同的侧面辅助档案机构评估活动的正常运转。

（1）评估激励机制的建立

评估激励机制是指在档案机构评估活动中,通过一定的方法和手段激励和刺激评估活动参与各方各司其职,如评估主体的积极性、评估专家的责任度、被评估单位的认真度等。建立档案机构评估激励机制的实质是在评估的过程中激发评估各方的积极性,是评估主体将评估目标转化为具体事实和行动的重要

---

① 谭金星.浅谈高新技术企业技术创新现状[J].科技创新与应用,2016(5):275.

② 王小合,张萌.管理学基础案例与实训教程[M].杭州:浙江大学出版社,2016:162.

连接手段。根据激励机制理论所包含的内容,档案机构评估激励机制也可以从激励原则和激励方式展开阐释。

1)档案机构评估激励原则

第一,档案机构评估各方分配的评估任务和评估工作量要与其评估能力相匹配和适应;第二,档案机构评估激励还要遵循论功行赏的原则,避免将评估功劳简单归功于评估领导的单一做法,而要根据评估组织和个人实际付出的最大劳动量进行奖励;第三,通过日常的档案管理培训和提供同等的晋升机会,激励评估各方提高档案管理工作能力;第四,不断改善档案管理工作环境和条件,激发评估人员的积极性。

2)档案机构评估激励方式

激励方式是指采用何种手段和措施实施激励政策,如精神激励、薪酬激励、荣誉激励和工作激励等。第一,精神激励也可称为内在激励,指的是评估主体在精神方面对评估对象的无形激励,包括评估授权、评估成果的认可等。精神激励是一项细致入微、复杂多变、应用广泛的评估激励措施,是调动评估各方积极性、主动性和创造性的有效方式。第二,薪酬激励就是指以工资、奖金、年薪等有效手段通过物质方式奖励评估各方中劳动投入价值大的组织和个人,如在实现评估各方价值的基础上,以金钱等物质手段奖励付出劳动时间最多和表现突出的评估组织者和评估专家,以及评估结果表现优异的被评估组织或个人。第三,荣誉激励是指通过表扬、奖励、经验介绍等手段,把评估工作成绩与晋级、提升、选模范、评先进等机遇联系起来,以一定的形式或名义明确下来,激发评估各方的积极性,在被评估单位中形成比、学、赶、超的动力,从而产生较好的激励效果。第四,工作激励是指激发评估组织者、评估专家、被评估单位的责任感、主动性和工作热情等工作要素,档案管理是一项为党、为国、为民留存社会记忆、传承社会文化的重要工作,要求档案管理者具有基本的管理素养和能力,评估活动中的工作激励就是最大程度地激发评估各方素养和能力的过程,保障评估活动的顺利进行。

评估激励机制一旦形成,将会以内在的形式作用于评估活动本身,对评估各方的行为具有反复强化和不断增强的作用,使档案机构评估处于一个相对稳定的运行状态,继续影响评估活动的发展,固化的评估激励机制对评估活动的常态化发展起到助长性作用。

（2）评估监督机制的建立

档案机构评估是一项涉及人员众多、物力与财力投入大、评估过程较为复杂的管理系统，其中人、财、物的投入和产出是否科学、评估过程是否合理、评估程序是否透明、评估人员的评估行为是否有约束，这些相关问题均会影响评估结果的有效性。因此，这就需要建立多元化的评估监督主体以及多渠道反馈的监督方式。

1）多元化的评估监督主体

评估活动的参与人员主要包含评估组织者、评估专家、被评估单位人员三种。其中，评估组织者是评估活动的主导者，应是评估活动最重要的监督主体，负责监督评估专家是否按照评估规定行使评估权力、被评估单位人员是否存在违规行为；评估专家是连接评估组织者和被评估单位人员的桥梁，负责监督评估组织者是否存在越权行为、被评估单位人员是否存在评估弄虚作假的行为；被评估单位人员是执行评估行为的一方，仍然具有监督评估组织者、评估专家的评估权力行使的职责。此外，社会大众作为评估活动的直接受益者，也有监督评估活动正常运行的权利，良好的社会舆论监督对评估活动的开展起到警钟的作用。因此，多元化的评估监督主体能够全面无死角地监督评估各方行为，相互督促，促进评估活动良性运转。

2）多渠道反馈的监督方式

多元化的评估监督主体为评估监督机制的形成提供机会，那么建立完善的监督和投诉渠道则是评估监督机制形成的必不可少的途径。传统的监督反馈途径是通过电话、邮箱来实现，新时代条件下，社交媒体环境为多渠道反馈的监督方式提供更多路径，政府监督和大众监督可以通过档案网站、微信、微博、博客等渠道发声和投诉。监督评估过程中一旦发现违规行为，可以通过上述渠道投诉和反馈，评估监督小组应对此做出积极和及时的反应，维护评估活动公平公正地进行。

6.1.5 注重评估伦理建设和评估文化培育

伦理是指在处理人与人、人与社会之间相互作用关系时应遵循的一系列具有指导行为的道理和准则,是一套符合特殊情景下的行为规范,包括人的情感、意志、人生观和价值观等方面。① 因此,评估伦理是指在档案机构评估过程中满足人际之间某种道德标准的行为准则,完善的评估伦理制度对保障和维护档案机构评估人员的评估行为具有重要的规范作用,评估伦理建设步入正轨,还有助于生成系统的评估文化。

(1)评估伦理建设

档案机构评估活动的正常进行离不开公平、公正、诚信、责任等评估伦理建设。首先,评估公平和公正是指在评估过程中,被评估单位之间的位置是平等的、待遇是公平的,评估专家实施评估行为的过程是公正的,不会因社会经济和地区发展的差异就戴有色眼镜,也不会因大人物的权威就偏袒等。其次,评估诚信是指评估各方都不允许存在弄虚作假的行为,评估组织者要履行其职责,杜绝评估公开的虚假;评估专家在评估打分中要有依据地打分、总结和书写评估报告,防止评估打分或评估报告内容有意夸大或弱化事实;被评估单位也要如实汇报本单位的档案管理状况,杜绝故弄玄虚或做表面文章,如发现评估参与者有违评估诚信准则,可以计入诚信记录,在网上曝光,以此督促各评估方的评估行为。最后,评估责任是指档案机构评估各方对各自的评估行为负责任,约束自身的评估行为。

档案机构评估伦理建设的缺失会导致评估失范现象的发生,还会影响评估质量和评估结果,因此,评估伦理建设是评估活动开始的前提条件,可以通过对相关评估人员的培训和教育等手段进行评估伦理宣传,广泛传播评估伦理理念。

(2)评估文化的培育

档案机构评估文化的形成是评估各方的全部精神活动和评估内外部环境长期有效运行的活动产品,对规范和保障长期的、常态的档案机构评估活动具有内在的指引作用。积极、健康、向上的评估文化具有导向、凝聚和激励作用。②

---

① 田银生,唐晔,李颖怡.传统村落的形式和意义:湖南汝城和广东肇庆的考察[M].广州:华南理工大学出版社,2011:109.

② 翟亚军,王战军.制度—伦理—文化:高等教育评估软环境的三个基本向度[J].高等教育研究,2014,35(5):36-40.

培育务求实效的评估文化不仅是档案机构评估体系建设的必需品,还是其发展的延伸品。评估文化的培育离不开评估制度和评估伦理等影响因素,评估制度的建设是评估文化建设的基础,评估伦理是评估文化建设的前提。当评估制度和评估伦理的建设发展成评估惯性,评估各方均能在伦理精神和伦理规范的范畴中实施评估行为,则评估文化开始发挥其长久的规范和引导作用,保障档案机构评估的稳定、持续发展。因此,还有必要打造档案机构评估伦理、评估制度和评估文化的共生体,三者共同发生作用服务于档案机构评估活动,促进其常规化发展。

6.2　技术维度的档案机构评估保障

信息化建设浪潮席卷各行各业,信息技术和手段层出不穷。在档案机构评估领域,首先放眼国外,英国和美国为了评估和规范政府文件管理质量和效率均已经形成了完整的电子文件管理成熟度模型;2018年澳大利亚推出新的Check-up PLUS国家档案馆在线调查工具,运用信息化手段辅助澳大利亚政府机构检测和把控信息管理的能力,提高其管理的质量和工作效率;再观察国内,与档案机构具有类似的社会教育文化功能和性质的图书馆和博物馆均已与商业机构合作开发出一套评估管理系统,无纸化评估不仅节约了物质资源,还节约了评估各方的时间和精力,为评估活动的开展提供了便利条件。

然而,对比国外和国内相近机构的评估活动发现,我国的档案机构评估活动开展的手段和方式稍显滞后,目前仍是以纸质评估为主。以2018年开展的副省级以上综合档案馆评估为例,根据官方的档案信息网站新闻报道可知,档案机构评估活动从评估计划到评估结果的应用,主要还是以纸质准备材料为主,被评估单位在准备评估材料的过程中耗费大量的财物,评估专家还要现场计分和翻阅证明材料,消耗双方相应的时间和精力,这与信息化时代追求评估效率的要求完全不相符。因此,有必要运用现代技术手段和方式来为档案机构评估活动提供便利条件。

技术维度的档案机构评估是指运用计算机和通信技术为评估活动提供支持,维护档案机构评估流程的信息化和评估信息传递的数字化,技术维度是保障视角构建档案机构评估体系的支撑条件。

6.2.1 形成应用现代化信息技术的观念

档案机构评估活动兴起于 20 世纪八九十年代,几乎与我国的互联网时代同步出现,但是,经过近三四十年的发展,信息技术日新月异,而我国的档案机构评估还停留在原始的纸质评估阶段,这与信息化时代背景和档案信息化建设的发展步伐极不适应和协调,究其原因,一方面是由于档案的保密属性,另一方面则是由于档案机构评估组织者的纸质评估思维惯性,忽略了评估信息化技术的应用。

随着信息化时代的到来,大数据挖掘和分析技术层出不穷,物联网和通信技术不断更新迭代。为加大现代化信息技术在档案机构评估中的应用,首先,评估各方应以更加开放的心态看待和应用信息技术,抛弃固有的纸质化评估管理思维,勇于尝试信息化背景下已经形成的成熟的评估技术。在 2018 年 12 月举办的电子文件论坛会议上,"单轨制""单套制"成为会议热点,这一热点的形成得益于电子文件的管理和发展,以及管理电子文件信息技术的成熟,同时也为档案机构评估数字化、信息化打下基础。其次,档案机构评估的信息化进程首先应以信息技术的应用为主,档案机构评估对信息技术的需求主要体现在数据库应用技术和评估管理系统的开发等方面。最后,档案机构评估已经成为档案事业发展常态化的管理方式,档案信息化必然带动评估活动的数字化和信息化,因此,档案机构评估活动也可以尝试和探索其他领域先进的现代技术作用于、服务于本领域的评估活动。

6.2.2 开发档案机构评估管理系统

随着信息技术的发展,无纸化评估、信息化评估是档案机构评估未来发展的必然趋势,建立和开发档案机构评估管理系统不失为未来数字化评估建设的良好开端。

(1)档案机构评估管理系统的含义和模式

档案机构评估管理系统是指为规范整个评估流程的管理,达到评估组织目标,通过建立统一的标准为档案机构评估现代化管理提供完整、系统的解决方案。档案机构评估管理系统既可以自成系统为评估主体、评估专家和被评估单位提供完整的评估流程管理和网络查询功能，也可以与相关档案机构的办公自动化(OA)、设计过程管理(DPM)、信息管理系统(MIS)相结合，形成更加完善的现代化档案机构评估管理网络，还可以根据实际需求，采取商业合作的模式开发出一套或者多套具有不同功能的档案评估管理系统。

(2)档案机构评估管理系统的功能

无论采取何种模式开发出的档案机构评估管理系统都应具有采集、存储和管理、评估结果的发布和比较等具体的功能。

1)档案机构评估数据流水化采集功能

实现多人多客户端对多本档案同时进行扫描采集功能，并按操作角色进行分工及设置管理权限。这是因为，档案机构评估一般范围较广、涉及数量较多，档案机构评估管理系统要首先能满足评估主体、评估专家以及被评估单位根据不同的管理权限同时登录管理系统，还要满足被评估单位能够上传不同文件格式的材料和网上填报评估基础数据等功能需求。

2)档案机构评估数据的存储和管理功能

评估数据的存储和管理功能主要是指该系统能够将收集到的被评估单位的数据存放在管理系统中，以便于评估主体监督数据的收集，评估专家对相应的评估数据进行打分、汇总，系统自动计算总分。该功能能有效地减少纸质评估材料的产生和减轻评估专家实地查看、翻阅评估材料、计算相应分值时消耗的精力。

3)档案机构评估结果的发布和比较功能

档案机构评估管理系统的开发可以增加评估结果服务的功能，如评估结果的发布是系统自动计算的总分，同时按照一定的操作，根据被评估单位的分值自动得出排名；评估结果的比较功能可以将被评估单位的不同指标进行横向和纵向的比较，更有利于得出评估差距，找出评估不足，这正是档案机构评估功能发挥的重要立足点。

(3)开发档案机构评估管理系统要注意的问题

档案机构评估管理系统的开发还要注意两个问题。第一，档案机构评估管理系统和评估数据的安全，这需要运用信息管理系统的相关成熟技术来维护档案机构评估管理系统的安全运营,否则,评估系统的安全性遭受到威胁,将会阻碍评估活动的顺利开展,而评估数据的泄露和丢失则会造成不可挽回的后果,因此,档案机构评估管理系统的开发要首先考虑评估管理系统和评估数据的安全性。第二,档案机构评估管理系统的开发与评估标准的研制协调同步。档案机构评估标准的制定和指标体系的构建会随着社会环境的变化和档案实践工作发展的需要而改变,因此,档案机构评估管理系统的开发还要经过反复论证,始终保持与评估标准和指标的协调同步,以此提升评估系统的科学管理水平和数据统计的科学性。

我国目前的档案机构评估是以纸质评估为主,但是,访谈的过程中发现部分行业系统的档案部门评估已经实现评估系统的开发和利用。比如:

我们(电力企业)已经开展线上考评工作了,这与档案数字化发展是相契合的,省市县三级都是这个网,考评时间到,该网站就开通了,按照指标将文件上传,pdf/jpg 都行,Word 好像不行。专家查看时,考评系统就关闭了,(我们)不能修改或者上传材料。

6.2.3 建立档案机构评估数据库

数据库是指以一定方式储存在一起、能与多个用户共享、具有尽可能小的冗余度、与应用程序彼此独立的数据集合。[①] 简而言之,数据库亦可视为电子化的文件柜——存储电子文件的处所,它是以数字形式表达的信息集合,数据库利用者可以对数据库中的数据运行进行添加、更新、删除等多种操作。[②]

科学完整的数据是档案机构评估数据库建设的基础。"在数据资料不完整、不客观的条件下所做的评估不仅没有意义,而且极易产生错误的导向"[③],如美国长期积累了海量的能够开展横向和纵向比较的数据基础,所以能够开展制度化的科研绩效评价,《政府业绩与成果法》(GPRA)的实施也推动了美国国家

---

① 贺子岳.数字出版形态研究[M].武汉:武汉大学出版社,2015:36.
② 刘宪宇.物联网系统安装与调试[M].重庆:西南师范大学出版社,2016:253.
③ 王瑞祥.政策评估的理论、模型与方法[J].预测,2003(3):6-11.

科学基金会(NSF)数据库的建设,在数据库网络化建设方面取得了长足的进步。① 据此,档案机构评估数据库建立的首要目标就是收集和存储完整、客观的评估数据,并在此基础上研究成果数据的采集和认证,建成数据共享机制,推进网络化建设,为档案机构评估活动的科学性奠定基础。档案机构评估数据库的建立有助于其评估信息化和网络化的发展。

档案机构评估数据库建设的类型主要包含以下三个方面:①评估收集数据库,主要收集和存储在档案机构评估过程中由不同的责任主体产生的数据,其中不仅要收集评估源数据,还要收集评估数据之间的关联数据,评估收集数据库对后续评估数据的开发和服务起到基础性作用;②评估结果数据库,是将档案机构评估的各项评估数据的结果收集、存储起来,利用客观数据能有效地实现档案机构评估结果纵向和横向比较,找出评估差距,弥补不足;③评估法规制度库,主要是将国家和地方层面颁布的有关档案机构评估方面的法规或条文收集、存储起来,为规范档案机构评估活动中的行为提供法规依据,为研究档案机构评估法规演变历程提供数据支持,也为不同地区间制定和修改档案机构评估法律法规提供借鉴。

6.2.4 注重信息技术的应用

档案机构评估数据不仅包含在信息化、数字化、单轨制浪潮推动下形成的原始的用于评估的数据,还包含在档案机构评估过程中形成的数字化评估数据。一方面,随着单套制、单轨制的呼声不断高涨,信息技术的应用逐渐普及,档案机构拥有的数字档案资源数量不断增加,档案机构评估对象的形态逐渐由纸质化向数字化、数据化转变,如何把握数字化环境下对数据化的档案资源的有效管控,是未来档案机构评估需要面临的重要问题;另一方面,信息化的进程同样带动档案机构评估过程和结果的数字化和数据化,无纸化档案机构评估可以认定为是未来评估发展的重要趋势,而如何对这类档案机构评估数据进行有效的管理和开发利用,亦是摆在档案学术研究者和实践工作者面前的一道难题。

---

① 邱均平,文庭孝.评价学 理论·方法·实践[M].北京:科学出版社,2010:149.

档案机构评估的数字化和数据化是未来评估发展的必然趋势,信息技术的发展,如区块链、大数据分析和挖掘技术、信息安全保护技术等手段和方法为档案机构数据的管理和开发提供可能。一方面,注重信息技术在档案机构评估数据管理和开发中的应用需要抱有前端思维,注重对历年档案机构评估全过程形成的数据进行有效的管理和开发,连续性的评估数据为档案机构决策、档案机构发展的纵横向比较、下一轮档案机构评估等提供数据基础,以便更好地为档案机构评估服务;另一方面,档案机构评估也要未雨绸缪,积极拥抱新信息技术、大胆应用成熟技术、理性选择合适信息技术,逐渐改变档案机构纸质化评估现状。

6.3　法规维度的档案机构评估保障

法规维度的档案机构评估是指运用档案管理法规手段,即制定档案法规制度来实施档案管理。具体而言,是指将档案机构评估中较为成熟稳定,并带有规律性的原则、制度和方法,由国家权力机关、档案主管部门及其他机关以法律、行政法规和规章制度等形式固定下来作为调整档案机构评估活动诸要素及其内外关系的行为规范,以保障评估活动的有效实施和运行。法规维度的档案机构评估是基于评估保障视角构建评估体系的前提,只有档案机构评估法规体系建设的完整和完善,才会发挥档案机构评估手段特有的管理效应。科学完整的档案机构评估法规建设对规范评估各方行为,保障和引导评估活动在健康稳健的社会环境下运行,具有十分重要的现实意义。

全面依法治档是新时期我国档案事业发展的必然需求,强而有力的档案机构评估法规体系的建设是应然之举。然而,迄今为止,我国尚未出台保障档案机构评估运行方面的法律法规,档案机构评估的字眼主要出现在诸如档案事业发展规划等政策文件中,但是这些引导性政策对实践中的档案机构评估不同利益方的评估行为并无实质性的法律约束,而现有的具有强制约束力的档案法律法规文件却难觅规范档案机构评估活动的字眼,即我国还没有出台专门的针对档案机构评估的法规和约束评估工作的规范条文。毫不夸张地说,无任何规范和约束性的档案机构评估行为是在没有法律约束的法规领域边界外围"裸奔",

而档案机构评估的对象和范围还在不断扩大和延伸,因此,现有的档案机构评估法律法规建设是明显落后于档案机构评估实践发展的需要的。随着档案机构评估逐渐向常规化方向发展,档案机构评估的法制化建设也应逐渐提上日程,通过完善立法,提高档案机构评估立法的层次。

6.3.1　增设档案机构评估法律条文

立法是档案机构评估实现制度化的重要标志,也是推进档案机构评估现代化管理的重要保障。目前,我国档案事业的发展已经拥有一套包含档案法律、档案法规、档案规章的完整体系,而档案机构评估行为却未纳入档案法规体系。评估作为档案管理的重要手段,已经常见于各种档案行政管理活动中,档案机构评估活动在档案管理领域也已经以一种常态化的姿态成为档案事业发展的重要内容和工作,而且已经成为一种不能忽视的档案管理现象。

我国现有的档案法律《中华人民共和国档案法》和行政法规《中华人民共和国档案法实施办法》等法律条文均是针对档案机构和档案管理的范畴进行干预和执行,某种程度上来讲,也是为规范档案机构的各项管理工作,这与档案机构评估管理行为在管理本质上是相统一的,只不过二者在执行力层面和作用范围层面还存在相应的差异。也可以理解为,上述法规间接为促进和保障档案机构评估活动的顺利进行奠定了基础,但是档案机构评估本身作为一种档案管理手段,却缺乏专门的、强制的、有执行力的法律进行规范,也没有具体的面向档案机构评估活动的法规条文规定。因此,有必要首先将档案机构评估行为纳入档案法律体系当中。

具体而言,增设档案机构评估法律条文是指首先将档案机构评估行为纳入档案法律体系当中,在档案法律中增加规范档案机构评估各方参与者行为的条款,用具有强制性特点的档案法律体系约束评估活动每一步程序的开展;其次,还可以将规范档案机构评估行为的条款纳入国家层面相关的行业法律法规体系当中,也就是说在档案机构评估客体相关行业领域中,增加约束档案机构评估活动流程和行为的条款,进一步推进档案机构评估的法治化、规范化建设进程。

6.3.2 制定档案机构评估规章制度

通过附件1可以看出,目前我国档案机构评估规章制度主要是以规范性文件和地方政府法规文件的形式存在,这类规范性文件的弊端是只约束和规范评估活动本身,比如其文件内容集中在评估目的、评估范围、评估职责和分工、评估流程等方面,而无对档案机构评估不同行为主体的制约,比如缺少对评估组织者越权行为,评估专家不按照规定打人情分、面子分,被评估单位的弄虚作假等违规行为的规定,同时,还缺乏明确的惩罚或者追究其法律责任的条款。

虽然我国档案机构评估已经存在规范性文件和地方政府法规文件等形式的规章制度,但是其规范性文件的最初目的是表示档案机构评估活动的开始和履行评估活动的职责,并不是为了有效地预防档案机构评估活动违法违规行为的产生,以及追究相应违法违规行为的责任。因此,国家或地方颁布的有关档案机构评估规章制度整体上存在基础较为薄弱、条款粗糙、各法规之间不协调、不完整等问题,总体上与国外档案机构评估立法活动以及国内相关类型机构的评估立法程度还有一定的差距。

因此,档案机构评估规章制度还应注意增加或修正以下内容和条款。第一,明确档案机构评估的内涵,重申评估行为的本质是档案管理,而不是为评估而评估,坚决反对大跃进式评估运动。第二,确立评估主体在评估活动中的组织和协调作用,同时为长远的档案机构评估主体多元化前景留有足够的表达空间,明确评估主体的越权行为应承担的后果和责任。第三,明确评估范围,厘清和明确与评估范围相关的评估主体、被评估单位、评估专家等各方角色的职责。第四,建立评估计划和报告制度,将评估行为的长远发展目标与自身现阶段的发展现状结合起来,保证评估行为的连续性,形成评估标准化的理念和思维。第五,明确评估结果的公开范围和应用方式。评估结果的公开有利于维护社会公民的知情权,评估结果的运用是档案主管部门和行业主管机关政策调控、奖惩罚戒的重要依据。同时,档案机构管理者也应有效地明确评估结果可以运用的形式和注意事项。第六,建立档案机构评估监督制度和黑名单制度。评估监督制度是在明确各方职责的基础上,实现三方权力和利益制衡,提高评估活动的层次性,强化各方权益的相互监督职能;黑名单制度是指将评估三方在评估活动中违反评估制度的人员或组织列入黑名单,取消以后参与评估活动的权利,以此督促评估各方规范自身的行为。

　　档案机构评估规章制度可以是国家层面,也可以是地方层面,因此,还要注重国家与地方、地方各法规之间的平衡和协调,避免评估规章制度之间或规章内容条文之间的冲突。此外,在积极推进全国层面的档案机构评估立法的同时,各个地方也应结合地方档案机构评估的实际需要,积极探索出适合地方层面的档案机构评估规章制度,为地方档案机构评估活动的开展提供法律依据,也为国家层面的评估活动立法提供经验参考。简而言之,制定档案机构评估规章制度可以有效地结合中央和地方经验,为顶层设计层面的档案机构评估法律法规打下基础。

6.3.3　建立档案机构评估法规制度库

　　我国档案机构评估经历了 30 多年的发展,从中央到地方积累了大量的不同级别和类型的档案机构评估规范性文件和制度标本,通过对档案机构评估规范性文件的内容分析,可以进一步研究档案机构评估发展历程、法规演变规律、档案管理发展变迁等,对建立长期的、规范化、制度化的档案机构评估活动具有重要的现实意义。这些法规制度不应淹没、消失在时代的洪流和档案学研究者的视野中,而应建立相应的包含法律法规、管理和技术规范、具体实施的管理规定三个层次的档案机构评估法规制度库,唤醒每一份法规文件所体现的历史和当代价值,发挥其固有的指导意义。

　　档案机构评估法规制度库的建立需要运用技术手段,与商业性软件开发公司合作,根据实际的评估法规制度库的建设诉求,开发出一套档案机构评估法规制度管理数据库。首先,该评估法规制度库应具有基本的存储功能,能够对以前的法规制度进行分类、整理和存储;其次,该评估法规制度库还应具有能够收集国家或地方层面不断产生的档案机构评估法规文件的功能;最后,通过对法规文件中的共性特征进行标引和著录,能够实现对其基本内容和信息的检索,为后续的评估活动、评估比较和评估利用等行为提供基础的数据支持。

6.4 小结

基于保障视角的档案机构评估体系解决了档案机构评估环境发育不健全的问题。档案机构评估是档案管理工作的重要手段和方法,我国档案机构评估的主要矛盾是档案机构评估实践的蓬勃发展与理论研究、法规建设滞后之间的矛盾。基于保障视角的档案机构评估体系的构建是维持评估活动顺利进行、保障评估活动平稳开展的重要外在屏障,却也常常是档案机构评估活动经常忽略和遗忘的重要机制。本章节主要运用"全维度"档案管理理论从管理、技术和法规三个维度出发构建评估保障视角下的档案机构评估体系。

第一,管理维度从加强和修正顶层设计、完善组织机构配置、建设评估专家队伍、建立评估激励与反馈机制、注重评估伦理的建设和评估文化的培育五个方面分解,解决了档案机构评估现代化管理不足的问题;第二,技术维度从加大现代化信息技术的应用、开发档案机构评估管理系统、建立档案机构评估数据库、注重档案机构评估数据的管理和开发应用四个方面理解,解决了档案机构评估数据化建设滞后的问题;第三,法规维度从增设档案机构评估法律条文、制定档案机构评估规章制度、建立档案机构评估法规制度库三个层次展开,解决了档案机构评估法制化建设欠缺的问题。其中,管理维度的档案机构评估保障是基础、技术维度是支撑条件、法规维度是前提,三个维度共同构成评估保障视角下的档案机构评估体系。

7 基于多元视角档案机构评估体系的实证分析

档案机构评估理论体系是以解决评估中出现的问题为出发点,从宏观角度构建起一个在档案机构评估现象方面具有一般解释力的理论框架。运用文献和实地调研法、访谈法等研究方法构建了基于评估要素分解、评估运行、评估保障三种视角下的档案机构评估理论框架体系,以期对评估实践产生一般的理论指导意义。基于多元视角档案机构评估体系的应用选择以国家副省级以上综合档案馆评估为具体的研究对象。

7.1 研究设计

国家副省级以上综合档案馆评估是指评估主体依据一定的评估标准和指标体系,运用一定的评估方法,按照评估流程,系统地度量国家副省级以上综合档案馆资源建设、业务管理、服务能力等综合发展状况的过程。为了具体分析多元视角的档案机构评估体系对国家副省级以上综合档案馆评估活动的应用价值,这里有必要首先分析一下应用研究的目的、依据和具体的实施过程。

7.1.1 研究目的

为了进一步验证基于多元视角构建档案机构评估理论体系的适用性和合理性,案例分析以国家副省级以上综合档案馆为研究对象,证实档案机构评估理论体系的理论指导性和实践适用性。

7.1.2 对象选择的依据

副省级以上综合档案馆是我国档案事业的重要组成部分,其档案管理发展水平和管理质量对整体的档案事业发展具有重要作用。副省级以上综合档案馆的发展能有效地协调和带动地区乃至全国的档案工作发展方向,未来还将会继续成为规律性、常态化评估的主力。在调研中,也有专家指出,我国档案事业管理始终坚持统一领导、分级管理的体制,不同行政级别的综合档案馆在管理范围和服务对象上存在明显区别,分层分级构建国家各级综合档案馆评估研究是尊重不同行政级别、不同发展程度的国家综合档案馆的客观现实选择,而且副省级以上综合档案馆之间档案管理状况的差距相比地级市和县级市相对较小。因此,实证分析选择以国家副省级以上综合档案馆为具体的评估对象。

7.1.3　研究的实施过程

根据档案机构评估体系理论的指导,要素视角、运行视角、保障视角共同作用于国家副省级以上综合档案馆评估活动,因此,应首先对国家副省级以上综合档案馆评估内部构成进行解构,分解为评估主体、评估客体、评估目的、评估标准及指标、评估方法、评估制度六大要素,六大要素在评估活动中有相应的角色定位、承担一定的职责;其次,为规范国家副省级以上综合档案馆评估运行流程,按照评估计划、评估实施、评估反馈和评估结果的应用等评估步骤有规律地开展评估活动;最后,为保证评估流程的顺利运转,需要从管理、技术、法规三个维度保障国家副省级以上综合档案馆评估活动内部要素构成有效发挥、外部评估平稳运行,促进整体的评估活动高效运转。

7.2　评估要素的分解

根据要素视角下的档案机构评估体系构建内容可知,国家副省级以上综合档案馆评估的六大要素可以具体划分为评估主体、评估客体、评估目的、评估标准及指标、评估方法、评估制度,根据该项评估的特点对六大要素的角色定位和职能分工进行明确。

7.2.1　评估主体

(1) 评估主体的角色定位

国家副省级以上综合档案馆评估的主体是国家档案局,这是由于全国范围内的副省级以上综合档案馆共 47 家,包含 23 个省、5 个自治区、4 个直辖市、

15 座副省级城市的综合档案馆,数量众多,拥有行使全国范围内的综合档案馆评估权利的机构只有国家档案局。而综合档案馆的对外服务职能是档案馆(室)业务指导司部门负责的,因此,国家档案局的档案馆(室)业务指导司部门是国家副省级以上综合档案馆评估主体的主要负责部门,档案馆(室)业务指导司下设办公室,负责组织评估小组和评估日常工作。

(2) 评估主体的职责

国家档案局的职责是对外发布通知,国家档案局档案馆(室)业务指导司负责从不同的部门抽调人员组成评估小组,评估小组承担评估主体的角色和职责,负责组织评估专家、构建评估指标体系、开发档案机构评估管理系统、监督评估计划的实施、接受评估反馈、公开和发布评估结果等,评估小组对国家副省级以上综合档案馆评估的统筹谋划和监督指导负责。

(3) 评估主体的多元构成

档案机构评估主体多元化的发展趋势促使国家副省级以上综合档案馆评估主体的多元化,中国档案协会可以承担监督和反馈评估的职能,高校档案学者可以承担构建评估指标体系的职能,相关综合档案馆的专家可以参与评估实施和反馈活动,社会大众负责监督和反馈评估活动。

7.2.2 评估客体

(1) 评估对象和范围

国家副省级以上综合档案馆评估的对象包含 23 个省、5 个自治区、4 个直辖市、15 座副省级城市,共 47 家综合档案馆。评估对象涉及全国各个省份、自治区和直辖市。副省级城市是中国行政架构为副省级建制的省辖市,其前身为计划单列市。评估对象选择副省级城市,是因为副省级城市的经济与社会发展水平较高,发挥中心城市的辐射作用较强,评估 15 座副省级城市的综合档案馆发展水平对衡量和把握全国的综合档案馆发展质量具有重要的作用。因此,评估对象除却 32 省份、自治区和直辖市的综合档案馆以外,还包含 15 家副省级城市的综合档案馆。

国家副省级以上综合档案馆评估的范围和内容是以适应公共服务需求为目标,对综合档案馆的档案资源建设、业务管理、服务能力等方面的全面评估。

因此国家副省级以上综合档案馆评估客体为综合档案馆的资源建设、业务管理、服务能力等。

（2）评估对象的特点

国家副省级以上综合档案馆评估对象具有以下几个显著的特点：第一，数量众多。国家副省级以上综合档案馆评估的对象包含 23 个省、5 个自治区、4 个直辖市、15 个副省级城市，共 47 家综合档案馆，评估组织者在具体计划和实施的时候会消耗一定的时间，评估实施周期相对规模较小的评估对象会较长。第二，地区分布广泛且分散。47 家综合档案馆分别分布在不同的省份、自治区和直辖市，遍布我国的各个地方，分布较为广泛且分散。第三，馆藏类型多样、内容丰富。47 家档案馆的性质是综合档案馆，综合档案馆的典型特征是馆藏丰富、内容多样、载体类型众多，馆藏特点的直接影响是服务受众更为广泛。第四，综合档案馆的综合发展水平在地区处于领先地位。47 家综合档案馆所在的城市一般为省会城市或地方社会和经济较为发达的城市，也就是说城市本身发展水平较高，综合档案馆的发展水平相较于同一地区其他城市的市县档案馆也相应较高，因此，综合档案馆的综合发展水平在地区也相对是处于领先地位的。

（3）评估客体的角色和职能

评估主体和评估客体是一对相互作用的关系，评估客体是相对于评估主体而言的，是评估主体的对象和目标。国家副省级以上综合档案馆评估主体和客体的确定，为评估指标的确定、评估方法的选择和其他要素的明确奠定了基础。评估客体承担的职能是支持和配合评估领导小组要求的评估安排、组织本单位人员为评估准备、评估自检、迎接实地评估、评估实施的顺利进行提供条件。

7.2.3 评估目的

综合档案馆历年的职能变化也经历了"重藏轻用"到"管服结合"的过程，以往的综合档案馆评估更加注重档案机构的"收"与"藏"。为了适应信息时代的档案资源服务需求、档案用户多样化的利用诉求，国家副省级以上综合档案馆评估应该发挥其导向功能，在档案馆公共服务职能转型时期，国家副省级以上综合档案馆评估应该体现出其对外服务或公共服务的能力。

国家副省级以上综合档案馆评估目的是以档案信息资源建设为基础、档案信息资源服务为导向,综合评估国家副省级以上综合档案馆资源建设、业务管理、服务水平等方面的能力。以此规范副省级以上综合档案馆管理行为,加强副省级以上综合档案馆的资源建设能力,提升副省级以上综合档案馆的档案资源服务水平,推动全国档案馆事业科学、可持续地健康发展。

7.2.4 评估方法

国家副省级以上综合档案馆评估的对象是 47 家综合档案馆,具有档案管理水平发展较为全面,馆藏内容丰富且多样化,地区分布和服务范围较为广泛等特点。评估目的是以档案信息资源建设为基础、档案信息资源服务为导向,综合评估国家副省级以上综合档案馆资源建设、业务管理、服务水平等方面的能力。根据评估对象和评估目的,评估方法主要有目标管理和 PDCA 循环法。

目标管理法的优势是可以分解评估目标,根据分工按步骤保证评估目标的实现,目标管理法可以分解评估任务的特性,有助于评估任务按质保量地完成。具体到国家副省级以上综合档案馆评估中,就是以目标为导向,由不同档案机构和人员制定分目标而开展的一系列管理活动,一般可划分为三个步骤:制定评估目标、目标的实施、评估和反馈目标成果。

PDCA 循环法有助于从整体或细节把握档案机构评估活动的进行,方便操作,可以辅助评估活动的运行和循环。PDCA 循环法作用于国家副省级以上综合档案馆评估活动中就是将其评估活动划分为四个阶段,即确定计划、计划实施、检查实施效果、处理实施结果,让不足的地方进入下一循环去解决,如此循环往复,实现国家副省级以上综合档案馆质量管理的优化,是目标管理方法的延伸和补充。

7.2.5 评估标准及指标

7.2.5.1 评估指标体系构建的原则

(1)科学性和全面性原则

科学、客观的评估标准及指标对国家副省级以上综合档案馆评估活动的开展具有重要的作用,从某种程度上来讲甚至决定了评估质量的好坏。因此,国家副省级以上综合档案馆评估指标要首先科学合理,能够全面反映副省级以上综合档案馆的资源建设、业务管理、对外服务等能力。全面性原则是指指标构建不仅要全,而且指标之间的逻辑关系也要清晰明确,系统地反映国家副省级以上综合档案馆整体的服务能力。

(2)客观性和可操作性原则

为了反映国家副省级以上综合档案馆的管理水平和能力,要从馆藏结构、资源建设、人员配备、软硬件服务设备等各方面依据客观的指标来衡量,避免主观臆断的指标。评估指标的客观性有助于真实地反映和发现档案馆管理存在的问题和相互之间的发展差距。国家副省级以上综合档案馆评估是一项实践性较强的档案管理活动,因此,评估指标体系的构建还要具有可操作性,以便被评估单位自检和评估专家打分。

(3)可扩展性原则

考虑到国家副省级以上综合档案馆评估的常态化、规范化、可持续的开展,有必要遵循评估指标的可扩展性原则,即当开展下一轮的评估实践时,依据此标准可以进行修正和补充完善,而无须重新设计评估指标体系,此举有利于将历年的评估数据做对比研究。

7.2.5.2 评估指标项的选择

国家副省级以上综合档案馆评估指标的建立是通过文献调研法、专家调查法、层次分析法等方式获得,总体的评估指标体系构建过程如图7.1所示。具体操作如下:

(1)确定指标项选择的研究方法

副省级以上综合档案馆评估指标项的获取,主要使用的研究方法是德尔菲法(或称专家调查法)。德尔菲法本质上是一种反馈匿名函询法。其大致流程是:在对所要预测的问题征得专家的意见之后,进行整理、归纳、统计,再匿名反馈给各专家,再次征求意见,再集中,再反馈,直至得到一致的意见。[①]运用德尔菲法确定副省级以上综合档案馆评估指标项的优势是每个人的观点都会被收

① 马海英.项目风险管理[M].上海:华东理工大学出版社,2017:38.

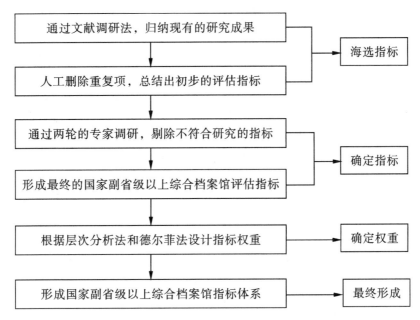

通过文献调研法，归纳现有的研究成果 → 海选指标

人工删除重复项，总结出初步的评估指标

通过两轮的专家调研，剔除不符合研究的指标 → 确定指标

形成最终的国家副省级以上综合档案馆评估指标

根据层次分析法和德尔菲法设计指标权重 → 确定权重

形成国家副省级以上综合档案馆指标体系 → 最终形成

图7.1 国家副省级以上综合档案馆评估指标体系构建流程

集,每种思考指标项取舍的路径都会被考虑到,保证调查者在征集意见时能够做出科学的决策,没有忽视重要观点。基于此,首先选择不同的专家对初步形成的指标项开展意见调查,发放两轮问卷,专家之间背对背分别填写,对初步形成的指标项发表见解,调查结果直接反馈给调查者,经过两次修改、发放、回收问卷,直至专家意见趋于一致。

(2)调查开展

为了保证评估指标的科学性,首先应确保指标来源的科学,通过对已有的文献研究成果和已有的法规文件的梳理,可知有关副省级以上综合档案馆评估已经具有一定的研究基础和实践经验,因此,副省级以上综合档案馆评估指标项的初步获取是从已有的科学的研究成果中来,保证了评估指标项来源的科学性,因此,初步的指标项是可信的测度指标。① 指标项获取的具体操作步骤如下:

---

① 裴雷,廖小琴,孙建军.基于SERVQUAL的搜索引擎服务质量评价体系研究[J].情报科学,2016,34(1):104-109,114.

1) 文献回顾获得初步的指标项

有关综合档案馆评估的研究成果比较丰富,因此,从现有的文献研究成果和已有的法规文件中,抽取、整理、合并有关综合档案馆评估的指标,不断地阅读文献、选取指标项,直至指标项达到饱和状态,不再新增指标项,饱和状态的指标体系保证了评估指标项的全面性,最终形成初步的一级和二级指标。其中,一级指标项获取的文献出处如表7.1所示,二级指标项获取的文献来源出处如表7.2所示,说明每一项指标项均有具体的文献来源。最终得到初步的包含7个一级评估指标和52个二级评估指标的初始框架,如表7.3所示。

表7.1　副省级以上综合档案馆评估一级指标项获取的文献出处

一级指标	指标项的文献出处
基础设施建设 B1	①孙珩.档案工作质量评估的研究[D].沈阳:辽宁大学,2011. ②车婷婷.我国档案事业综合评估指标体系研究[D].杭州:浙江大学,2009. ③《关于开展档案事业发展综合评估工作的通知》(档函〔2007〕31号)
档案信息资源建设 B2	①王灿荣,王协舟.档案信息服务社会化绩效评价指标体系构建策略[J].档案学研究,2015(2):66-70. ②杨霞.社会公众参与的档案利用服务质量评价初探[J].档案学通讯,2012(4):40-44. ③安徽省档案局项目组.中国档案事业建设指标体系研究[J].中国档案,2003(2):45-50.
档案信息资源获取 B3	①马仁杰,丁乙.档案信息服务评价的指标体系构建与应用[J].档案学通讯,2017(1):51-59. ②胡晓庆.基于层次分析法的数字档案馆档案信息服务质量评价体系建构[J].学理论,2009(7):120-122.
服务方式和过程 B4	①杨霞.社会公众参与的档案利用服务质量评价初探[J].档案学通讯,2012(4):40-44. ②孙珩.档案工作质量评估的研究[D].沈阳:辽宁大学,2011. ③车婷婷.我国档案事业综合评估指标体系研究[D].杭州:浙江大学,2009. ④《国家档案局关于开展副省级以上综合档案馆业务建设评价工作的通知》(档函〔2017〕211号)

续表 7.1

一级指标	指标项的文献出处
网络技术服务水平 B5	①朱丽梅.构建档案信息化建设的绩效评价指标体系研究[J].档案与建设,2015(8):20-25. ②马仁杰,丁乙.档案信息服务评价的指标体系构建与应用[J].档案学通讯,2017(1):51-59. ③盛梅.综合档案馆公共服务能力评估与实证研究[D].杭州:浙江大学,2015. ④《关于开展档案事业发展综合评估工作的通知》(档函[2007]31号)
馆员业务素质及服务态度方面 B6	①董宇,安小米,白文琳,等.档案资源整合视角下的数字档案资源公共服务能力评价指标构建[J].档案学研究,2015(4):58-63. ②朱丽梅.构建档案信息化建设的绩效评价指标体系研究[J].档案与建设,2015(8):20-25. ③马仁杰,丁乙.档案信息服务评价的指标体系构建与应用[J].档案学通讯,2017(1):51-59. ④孙珩.档案工作质量评估的研究[D].沈阳:辽宁大学,2011. ⑤《中央、省、自治区、直辖市和计划单列市国家综合档案馆考评定级试行办法》(国档发[1992]19号)
档案信息资源的服务效果 B7	①王灿荣,王协舟.档案信息服务社会化绩效评价指标体系构建策略[J].档案学研究,2015(2):66-70. ②朱丽梅.构建档案信息化建设的绩效评价指标体系研究[J].档案与建设,2015(8):20-25.

表 7.2　副省级以上综合档案馆评估二级指标项获取的文献出处

二级指标	指标项的文献出处
硬件基础设施舒适良好 C1	《关于开展档案事业发展综合评估工作的通知》(档函[2007]31号)
软件基础设施安全易用 C2	《国家档案局关于开展副省级以上综合档案馆业务建设评价工作的通知》(档函[2017]211号)
网络建设齐全高效 C3	①孙珩.档案工作质量评估的研究[D].沈阳:辽宁大学,2011. ②刘菁.档案信息化指标体系研究[D].杭州:浙江大学,2009.
库房现代化建设 C4	《国家档案局关于开展副省级以上综合档案馆业务建设评价工作的通知》(档函[2017]211号)
提供不同种类的便民服务 C5	《国家档案局关于开展副省级以上综合档案馆业务建设评价工作的通知》(档函[2017]211号)

续表 7.2

二级指标	指标项的文献出处
档案信息资源数量众多 C6	①《国家档案局关于开展副省级以上综合档案馆业务建设评价工作的通知》(档函〔2017〕211 号) ②《关于在省级和副省级市、计划单列市档案馆开展目标管理考评活动的通知》档发字〔1995〕1 号
档案信息资源结构合理 C7	①《国家档案局关于开展副省级以上综合档案馆业务建设评价工作的通知》(档函〔2017〕211 号) ②王灿荣,王协舟.档案信息服务社会化绩效评价指标体系构建策略[J].档案学研究,2015(2):66-70. ③邓君,孟欣欣,沈涌,等.公共档案馆用户感知服务质量评价指标体系研究[J].图书情报工作,2018,62(1):6-14.
数字化程度和数字化率高 C8	①周彩英.基于 AHP 和模糊综合评判的档案信息利用服务评价[J].档案学通讯,2011(3):88-91. ②郝春红,安小米,白文琳,等.基于档案多元论的国家数字档案资源建设评估指标体系构建研究[J].档案学研究,2017(1):31-41.
档案信息资源的开放性 C9	①杨霞.社会公众参与的档案利用服务质量评价初探[J].档案学通讯,2012(4):40-44. ②《国家档案局关于开展副省级以上综合档案馆业务建设评价工作的通知》(档函〔2017〕211 号)
档案信息资源的完整度 C10	①杨霞.社会公众参与的档案利用服务质量评价初探[J].档案学通讯,2012(4):40-44. ②郝春红,安小米,白文琳,等.基于档案多元论的国家数字档案资源建设评估指标体系构建研究[J].档案学研究,2017(1):31-41. ③邓君,孟欣欣,沈涌,等.公共档案馆用户感知服务质量评价指标体系研究[J].图书情报工作,2018,62(1):6-14.
馆藏档案信息资源的系统性 C11	①杨霞.社会公众参与的档案利用服务质量评价初探[J].档案学通讯,2012(4):40-44. ②邓君,孟欣欣,沈涌,等.公共档案馆用户感知服务质量评价指标体系研究[J].图书情报工作,2018,62(1):6-14.
数字档案的整合资源 C12	董宇,安小米,白文琳,等.档案资源整合视角下的数字档案资源公共服务能力评价指标构建[J].档案学研究,2015(4):58-63.
提供档案信息资源汇编成果 C13	①周彩英.基于 AHP 和模糊综合评判的档案信息利用服务评价[J].档案学通讯,2011(3):88-91. ②李丽燕.我国综合性档案馆效益评估指标体系的构建及实证研究[D].杭州:浙江大学,2010. ③车婷婷.我国档案事业综合评估指标体系研究[D].杭州:浙江大学,2009.

续表7.2

二级指标	指标项的文献出处
档案信息资源的可用性 C14	①《国家档案局关于开展副省级以上综合档案馆业务建设评价工作的通知》(档函〔2017〕211号) ②邓君,孟欣欣,沈涌,孙振嘉.公共档案馆用户感知服务质量评价指标体系研究[J].图书情报工作,2018,62(1):6-14.
开放时间合理 C15	①《国家档案局关于开展副省级以上综合档案馆业务建设评价工作的通知》(档函〔2017〕211号) ②《关于开展档案事业发展综合评估工作的通知》(档函〔2007〕31号)
档案馆内布局合理、分类科学清晰 C16	安徽省档案局项目组.中国档案事业建设指标体系研究[J].中国档案,2003(2):45-50.
合理健全的查阅规章 C17	①孙珩.档案工作质量评估的研究[D].沈阳:辽宁大学,2011. ②车婷婷.我国档案事业综合评估指标体系研究[D].杭州:浙江大学,2009.
简便的查阅借阅利用手续 C18	《关于在省级和副省级市、计划单列市档案馆开展目标管理考评活动的通知》档发字〔1995〕1号
提供档案公开目录及馆藏资料目录 C19	朱丽梅.构建档案信息化建设的绩效评价指标体系研究[J].档案与建设,2015(8):20-25.
检索工具便捷高效 C20	周彩英.基于AHP和模糊综合评判的档案信息利用服务评价[J].档案学通讯,2011(3):88-91.
可访问电子资源种类和数量多 C21	刘菁.档案信息化指标体系研究[D].杭州:浙江大学,2009.
提供政府公开信息查阅服务 C22	朱丽梅.构建档案信息化建设的绩效评价指标体系研究[J].档案与建设,2015(8):20-25.
提供网上查档 C23	刘菁.档案信息化指标体系研究[D].杭州:浙江大学,2009.
能方便快捷获取档案信息 C24	马仁杰,丁乙.档案信息服务评价的指标体系构建与应用[J].档案学通讯,2017(1):51-59.
开展跨馆查阅服务 C25	《国家档案局关于开展副省级以上综合档案馆业务建设评价工作的通知》(档函〔2017〕211号)

续表7.2

二级指标	指标项的文献出处
利用档案手续简便、没有误操作 C26	①聂勇浩,苏玉鹏.档案馆公共服务评价的指标体系建构:基于平衡计分卡和层次分析法的分析[J].档案学研究,2013(2):22-26. ②马仁杰,丁乙.档案信息服务评价的指标体系构建与应用[J].档案学通讯,2017(1):51-59.
采用多种形式的主动服务和指导 C27	王灿荣,王协舟.档案信息服务社会化绩效评价指标体系构建策略[J].档案学研究,2015(2):66-70.
服务手段多样化 C28	胡晓庆.基于层次分析法的数字档案馆档案信息服务质量评价体系建构[J].学理论,2009(7):120-122.
服务手段现代化 C29	①周彩英.基于AHP和模糊综合评判的档案信息利用服务评价[J].档案学通讯,2011(3):88-91. ②胡晓庆.基于层次分析法的数字档案馆档案信息服务质量评价体系建构[J].学理论,2009(7):120-122. ③邓君,孟欣欣,沈涌,等.公共档案馆用户感知服务质量评价指标体系研究[J].图书情报工作,2018,62(1):6-14.
使用新媒体开展档案服务 C30	王灿荣,王协舟.档案信息服务社会化绩效评价指标体系构建策略[J].档案学研究,2015(2):66-70.
提供个性化、精准化服务 C31	盛梅.综合档案馆公共服务能力评估与实证研究[D].杭州:浙江大学,2015.
档案管理机构之间的协同 C32	董宇,安小米,白文琳,等.档案资源整合视角下的数字档案资源公共服务能力评价指标构建[J].档案学研究,2015(4):58-63.
提供服务的快捷程度 C33	胡晓庆.基于层次分析法的数字档案馆档案信息服务质量评价体系建构[J].学理论,2009(7):120-122.
完善的用户反馈渠道 C34	马仁杰,丁乙.档案信息服务评价的指标体系构建与应用[J].档案学通讯,2017(1):51-59.
对公众需求的响应 C35	董宇,安小米,白文琳,等.档案资源整合视角下的数字档案资源公共服务能力评价指标构建[J].档案学研究,2015(4):58-63.
举办各类档案展览 C36	①周彩英.基于AHP和模糊综合评判的档案信息利用服务评价[J].档案学通讯,2011(3):88-91. ②车婷婷.我国档案事业综合评估指标体系研究[D].杭州:浙江大学,2009.

续表7.2

二级指标	指标项的文献出处
网络访问便利性 C37	刘菁.档案信息化指标体系研究[D].杭州:浙江大学,2009.
自动化管理软件的使用 C38	王灿荣,王协舟.档案信息服务社会化绩效评价指标体系构建策略[J].档案学研究,2015(2):66-70.
档案门户网站的建设水平 C39	①周彩英.基于 AHP 和模糊综合评判的档案信息利用服务评价[J].档案学通讯,2011(3):88-91. ②胡晓庆.基于层次分析法的数字档案馆档案信息服务质量评价体系建构[J].学理论,2009(7):120-122.
目录数据库建设 C40	①胡晓庆.基于层次分析法的数字档案馆档案信息服务质量评价体系建构[J].学理论,2009(7):120-122. ②安徽省档案局项目组.中国档案事业建设指标体系研究[J].中国档案,2003(2):45-50. ③刘菁.档案信息化指标体系研究[D].杭州:浙江大学,2009.
全文数据库建设 C41	①安徽省档案局项目组.中国档案事业建设指标体系研究[J].中国档案,2003(2):45-50. ②刘菁.档案信息化指标体系研究[D].杭州:浙江大学,2009.
馆藏不同类型的档案数据库建设 C42	刘菁.档案信息化指标体系研究[D].杭州:浙江大学,2009.
馆员的服务言谈举止恰当 C43	①马仁杰,丁乙.档案信息服务评价的指标体系构建与应用[J].档案学通讯,2017(1):51-59. ②杨艳.论档案职业资格评价体系的构建[J].档案学研究,2013(3):64-69.
馆员服务态度热情 C44	胡晓庆.基于层次分析法的数字档案馆档案信息服务质量评价体系建构[J].学理论,2009(7):120-122.
馆员业务水平强 C45	①刘萌.档案人员绩效考评的思考[J].档案学通讯,2007(6):81-85. ②杨艳.论档案职业资格评价体系的构建[J].档案学研究,2013(3):64-69.
馆员服务能力强 C46	①胡晓庆.基于层次分析法的数字档案馆档案信息服务质量评价体系建构[J].学理论,2009(7):120-122. ②邓君,孟欣欣,沈涌,等.公共档案馆用户感知服务质量评价指标体系研究[J].图书情报工作,2018,62(1):6-14.
馆员服务效率高 C47	刘萌.档案人员绩效考评的思考[J].档案学通讯,2007(6):81-85.

续表7.2

二级指标	指标项的文献出处
满足用户个性化要求 C48	①盛梅.综合档案馆公共服务能力评估与实证研究[D].杭州:浙江大学,2015. ②邓君,孟欣欣,沈涌,等.公共档案馆用户感知服务质量评价指标体系研究[J].图书情报工作,2018,62(1):6-14.
档案信息需求的满足率 C49	①王灿荣,王协舟.档案信息服务社会化绩效评价指标体系构建策略[J].档案学研究,2015(2):66-70. ②杨霞.社会公众参与的档案利用服务质量评价初探[J].档案学通讯,2012(4):40-44. ③胡晓庆.基于层次分析法的数字档案馆档案信息服务质量评价体系建构[J].学理论,2009(7):120-122. ④聂勇浩,苏玉鹏.档案馆公共服务评价的指标体系建构:基于平衡计分卡和层次分析法的分析[J].档案学研究,2013(2):22-26.
档案用户的满意度 C50	①周彩英.基于 AHP 和模糊综合评判的档案信息利用服务评价[J].档案学通讯,2011(3):88-91. ②杨霞.社会公众参与的档案利用服务质量评价初探[J].档案学通讯,2012(4):40-44. ③朱丽梅.构建档案信息化建设的绩效评价指标体系研究[J].档案与建设,2015(8):20-25. ④胡晓庆.基于层次分析法的数字档案馆档案信息服务质量评价体系建构[J].学理论,2009(7):120-122. ⑤聂勇浩,苏玉鹏.档案馆公共服务评价的指标体系建构:基于平衡计分卡和层次分析法的分析[J].档案学研究,2013(2):22-26.
档案信息资源服务的经济性 C51	①王灿荣,王协舟.档案信息服务社会化绩效评价指标体系构建策略[J].档案学研究,2015(2):66-70. ②杨霞.社会公众参与的档案利用服务质量评价初探[J].档案学通讯,2012(4):40-44. ③胡晓庆.基于层次分析法的数字档案馆档案信息服务质量评价体系建构[J].学理论,2009(7):120-122.
档案信息资源服务的公平性 C52	①杨霞.社会公众参与的档案利用服务质量评价初探[J].档案学通讯,2012(4):40-44. ②董宇,安小米,白文琳,等.档案资源整合视角下的数字档案资源公共服务能力评价指标构建[J].档案学研究,2015(4):58-63.

表7.3 国家副省级以上综合档案馆评估初步指标项

目标层	一级指标	二级指标
副省级以上综合档案馆评估 A	基础设施建设 B1	硬件基础设施舒适良好 C1
		软件基础设施安全易用 C2
		网络建设齐全高效 C3
		库房现代化建设 C4
		提供不同种类的便民服务 C5
	档案信息资源建设 B2	档案信息资源数量众多 C6
		档案信息资源结构合理 C7
		数字化程度和数字化率高 C8
		档案信息资源的开放性 C9
		档案信息资源的完整度 C10
		馆藏档案信息资源的系统性 C11
		数字档案的整合资源 C12
		提供档案信息资源汇编成果 C13
		档案信息资源的可用性 C14
	档案信息资源获取 B3	开放时间合理 C15
		档案馆内布局合理、分类科学清晰 C16
		合理健全的查阅规章 C17
		简便的查阅借阅利用手续 C18
		提供档案公开目录及馆藏资料目录 C19
		检索工具便捷高效 C20
		可访问电子资源种类和数量多 C21
		提供政府公开信息查阅服务 C22
		提供网上查档 C23
		能方便快捷获取档案信息 C24
		开展跨馆查阅服务 C25
	服务方式和过程 B4	利用档案手续简便、没有误操作 C26
		采用多种形式的主动服务和指导 C27
		服务手段多样化 C28
		服务手段现代化 C29
		使用新媒体开展档案服务 C30
		提供个性化、精准化服务 C31
		档案管理机构之间的协同 C32
		提供服务的快捷程度 C33
		完善的用户反馈渠道 C34
		对公众需求的响应 C35
		举办各类档案展览 C36

续表7.3

目标层	一级指标	二级指标
副省级以上综合档案馆评估 A	网络技术服务水平 B5	网络访问便利性 C37
		自动化管理软件的使用 C38
		档案门户网站的建设水平 C39
		目录数据库建设 C40
		全文数据库建设 C41
		馆藏不同类型的档案数据库建设 C42
	馆员业务素质及服务态度方面 B6	馆员的服务言谈举止恰当 C43
		馆员服务态度热情 C44
		馆员业务水平强 C45
		馆员服务能力强 C46
		馆员服务效率高 C47
		满足用户个性化要求 C48
	档案信息资源的服务效果 B7	档案信息需求的满足率 C49
		档案用户的满意度 C50
		档案信息资源服务的经济性 C51
		档案信息资源服务的公平性 C52

2）选择专家

国家副省级以上综合档案馆评估是为了全面测量国家副省级以上综合档案馆在资源建设、业务管理、服务水平等方面的综合发展状况的过程。因此首先根据研究对象的评估内容确定专家的选择，其次，专家的专长要涉及评估的各个方面，最终选择了以下 8 个专家开展调查。基本信息如下：专家 1，男，54 岁，某档案馆副馆长；专家 2，女，43 岁，某档案馆业务指导处处长；专家 3，男，46 岁，某档案馆数字档案中心主任；专家 4，女，41 岁，某档案馆人事教育处副处长；专家 5，男，50 岁，某档案馆档案信息开发利用处处长；专家 6，男，58 岁，教授，研究方向为档案资源建设；专家 7，男，55 岁，教授，博导，研究方向为档案资源开发与利用；专家 8，男，53 岁，教授，研究方向为数字档案管理。

3）第一轮专家调查

根据专家的实际情况，调查的开展主要是以微信、邮箱、面对面等联系方式对专家发送问卷，要求对初步形成的指标项发表意见和建议（第一轮专家调查表见附录3）。专家之间独立发表见解，调查结果直接反馈给调查者，形成第一轮专家调查后的结果。调查结果中，有一位专家未给予回应，有两位专家未将题目答完,属于无效问卷,最终可供使用的有效问卷是 5 份,5 名专家的意见吸收原则是至少有 4 名专家对指标项同时做出相同判断才会保留。

一级指标中,对"档案信息资源的服务效果 B7"这一项,专家们通过考虑该指标项的可测量、可操作性不足,建议删除该指标项。二级指标中,B1 二级指标中硬件和软件设置这两项指标项具体为公共服务大厅设置和网络速度与技术;B2 指标项删除了与其他指标含义重合的档案信息资源的系统性、可用性;B3 指标项删除了与 B1 指标含义重合的档案馆内布局和一级指标 B2 重复的方便获取档案信息;B4 指标项中,删除了与 B3 已有的指标项含义重复的档案利用手续和档案机构之间的协同两个指标项;B5 指标项的网络访问是 B1 指标软件设置的内容,故删除;目录数据库、全文数据库、档案数据库整合为数据库种类和数据库功能两个指标项;B6 中考虑指标项的可操作性,将馆员业务水平和服务效率具化为交流方式的运用和服务内容的表达。第一轮专家调研结果的指标体系包含 6 个一级指标和 38 个二级指标,如表 7.4 所示。

表 7.4　国家副省级以上综合档案馆评估指标项第一轮专家调查结果

序号	一级指标	序号	二级指标
B1	基础设施建设	C1	库房设施设备配置齐全
		C2	公共服务大厅设施布局和设备配置合理
		C3	便民服务种类多样
		C4	网络设备安全可用
		C5	网络速度和网络技术更新快
B2	档案信息资源建设	C6	档案信息资源数量众多
		C7	档案信息资源结构合理
		C8	档案信息资源开放及时
		C9	数字化程度和数字化率高
		C10	数字档案信息资源准确可用
		C11	档案信息资源整合程度高
		C12	档案信息资源汇编成果丰富
B3	档案信息资源获取	C13	开放时间合理
		C14	查阅规章合理健全
		C15	利用手续简便
		C16	档案公开目录及馆藏资料目录齐全完整

续表7.4

序号	一级指标	序号	二级指标
B3	档案信息资源获取	C17	可访问电子资源种类和数量多
		C18	政府公开信息查阅便利
		C19	检索工具便捷高效
		C20	网络查档方便快捷
		C21	跨馆查阅渠道通畅
B4	档案信息资源服务方式和过程	C22	常规服务规范高效
		C23	主动指导和服务形式多样
		C24	对公众需求响应速度快
		C25	提供个性化、精准化服务
		C26	使用新媒体开展档案服务
		C27	用户反馈渠道完善
		C28	用户反馈响应速度快
		C29	档案展览种类多样和形式丰富
B5	网络技术服务水平	C30	自动化管理软件的使用程度高
		C31	档案门户网站的建设水平高
		C32	档案数据库建设类型丰富
		C33	档案数据库服务功能齐全
B6	馆员业务素质及服务态度方面	C34	语言使用礼貌得体
		C35	服务举止规范恰当
		C36	态度谦和主动
		C37	交流方式运用得当
		C38	服务内容表达精准清晰

4）第二轮专家调查

将第一轮专家调查汇总的结果再次反馈给实现有效问卷的5名专家（第二轮专家调查表见附录4），用同样的发送方式和采取同样的专家意见取舍原则，得到第二轮专家调查结果，这一轮一级指标中的B5融合到B1和B3，融合以后，B1新增"自动化管理软件的使用程度高"指标项，B3新增"档案数据库建设类型丰富"指标项，删除B3中的"开放时间合理""可访问电子资源种类和数量多"指标项，B4删除了与其他指标项重复的"使用新媒体开展档案服务"，B5增加"馆员服务能力强"指标项，最终形成5个一级指标、34个二级指标的评估指标体系，如表7.5所示。

表 7.5 国家副省级以上综合档案馆评估指标项第二轮专家调查结果

目标层 A	一级指标 B	二级指标 C
副省级以上综合档案馆评估 A	基础设施建设 B1	库房设施设备配置齐全 C1
		公共服务大厅设施布局和设备配置合理 C2
		便民服务种类多样 C3
		网络设备安全可用 C4
		网络速度和网络技术更新快 C5
		自动化管理软件的使用程度高 C6
	档案信息资源建设 B2	档案信息资源数量众多 C7
		档案信息资源结构合理 C8
		档案信息资源开放及时 C9
		数字化程度和数字化率高 C10
		数字档案信息资源准确可用 C11
		档案信息资源整合程度高 C12
		档案信息资源汇编成果丰富 C13
	档案信息资源获取 B3	查阅规章合理健全 C14
		利用手续简便 C15
		档案公开目录及馆藏资料目录齐全完整 C16
		档案数据库建设类型丰富 C17
		政府公开信息查阅便利 C18
		检索工具便捷高效 C19
		网络查档方便快捷 C20
		跨馆查阅渠道通畅 C21
	档案信息资源服务过程和方式 B4	常规服务规范高效 C22
		主动指导和服务形式多样 C23
		对公众需求响应速度快 C24
		提供个性化、精准化服务 C25
		用户反馈渠道完善 C26
		用户反馈响应速度快 C27
		档案展览内容丰富和形式多样 C28
	馆员业务素质及服务态度 B5	语言使用礼貌得体 C29
		服务举止规范恰当 C30
		态度谦和主动 C31
		交流方式运用得当 C32
		服务内容表达清晰精准 C33
		馆员服务能力强 C34

5）调查者对两轮评估指标进行再次汇总和完善

为了进一步考虑指标项的可操作性，对专家提出的意见进行了再次凝练，最终形成副省级以上综合档案馆评估指标体系，如表7.6所示。

表7.6　副省级以上综合档案馆评估指标框架

目标层	序号	一级指标	序号	二级指标
副省级以上综合档案馆评估A	B1	基础设施建设	C1	库房设施设备
			C2	公共服务大厅设施布局和设备
			C3	便民服务
			C4	网络设备
			C5	网络速度和网络技术
			C6	自动化管理软件
	B2	档案信息资源建设	C7	馆藏数量
			C8	馆藏结构
			C9	档案信息资源开放
			C10	馆藏数字化
			C11	数字档案信息资源准确
			C12	档案信息资源整合
			C13	档案信息资源汇编
	B3	档案信息资源获取	C14	查阅规章
			C15	利用手续
			C16	档案公开目录及馆藏资料目录
			C17	档案数据库建设
			C18	政府公开信息查阅
			C19	检索工具
			C20	网络查档
			C21	跨馆查阅
	B4	档案信息资源服务过程和方式	C22	常规服务
			C23	主动指导和服务
			C24	对公众需求响应
			C25	提供个性化、精准化服务
			C26	用户反馈渠道
			C27	用户反馈响应速度
			C28	档案展览
	B5	馆员素质	C29	语言使用
			C30	行为举止
			C31	态度
			C32	交流方式
			C33	服务内容表达
			C34	馆员服务能力

7.2.5.3 评估指标权重的确定

评估指标的权重主要运用层次分析法来确定。层次分析法,简称 AHP,是指将与决策总是有关的元素分解成目标、准则、方案等层次,在此基础之上进行定性和定量分析的决策方法。[①] 运用层次分析法建模需要四个步骤:第一,建立递阶层次机构模型;第二,构造出各层次中的所有判断矩阵;第三,层次单排序及一致性检验;第四,层次总排序及一致性检测。[②] 层次分析法这种系统、实用、简洁的决策分析方法,在政府绩效评估[③]、项目风险管理[④]、安全科学研究[⑤]等领域均有应用。副省级以上综合档案馆评估是一项复杂的系统,层次分析法的定性与定量相结合的方法特性有助于评估指标权重的确定。运用层次分析法作用于副省级以上综合档案馆指标项权重的具体操作过程如下:

(1)建立递阶层次机构模型

根据前文得出的指标体系,将其分为目标层、准则层、方案层三个层次,其中,副省级以上综合档案馆评估是目标层,6 个一级指标是准则层,34 个二级指标是方案层,为构造判断矩阵做准备。

(2)构造判断矩阵

通过两两比较确定相对重要性,根据 Saaty 教授创造的标度表构成判断矩阵[⑥],采用 1~9 级比例标度,比例标度及其含义如表 7.7 所示。通过一定的数学模型运算和数值比较,对结果进行统计和计算,最后得出科学的评估指标权重。

首先,邀请专家填写问卷调查表。选择专家分别对一级和二级指标进行访谈和打分(问卷调查表见附录 5),最终选择实践评估中的评估组织者、评估专家、被评估单位等 9 名专家填写问卷调查表,在前文为了确认指标项的选取已

---

① 杨良斌.信息分析方法与实践[M].长春:东北师范大学出版社,2017:68.

② 邓雪,李家铭,曾浩健,等.层次分析法权重计算方法分析及其应用研究[J].数学的实践与认识,2012,42(7):93-100.

③ 彭国甫,李树丞,盛明科.应用层次分析法确定政府绩效评估指标权重研究[J].中国软科学,2004(6):136-139.

④ 丁香乾,石硕.层次分析法在项目风险管理中的应用[J].中国海洋大学学报(自然科学版),2004(1):97-102.

⑤ 郭金玉,张忠彬,孙庆云.层次分析法在安全科学研究中的应用[J].中国安全生产科学技术,2008(2):69-73.

⑥ 于英川.现代决策理论与实践[M].北京:科学出版社,2005:17-31.

经选择 5 名专家,其中,3 名评估组织者(其中 1 名既是评估组织者又是评估专家,1 名既是评估专家又是被评估单位人员),2 名实践评估专家。在此基础上又选择 4 名专家,这 4 名专家的基本信息如下:第一,实践评估专家 1 名。专家 6,男,49 岁,某档案馆办公室主任。第二,被评估单位专家 3 名。专家 7,女,32 岁,某档案馆业务指导处副科;专家 8,男,30 岁,某档案馆办公室科员;专家 9,女,29 岁,某档案馆档案信息开发利用科科员。

其次,回收问卷。利用邮箱、微信、面对面等方式将调查问卷发送和回收,共回收 9 份问卷。

最后,选择有效样本。为了进一步验证问卷的完整性和有效性,避免单人判断的结果无说服力的弊端,选择有相关层次分析法研究经验的研究人员对问卷进行有效性判断(研究人员共选择三人,其中两人判定问卷为无效问卷,即为无效问卷剔除),最终将 9 名专家在问卷打分中产生前后不一致状况的问卷,作为无效问卷剔除,最终共得到有效问卷 6 份,作为下一步数据分析的基础。

表 7.7　元素 amn 比例标度及含义

标度	含义
1	表示 m 和 n 两个因素相比,m 和 n 同样重要
3	表示 m 和 n 两个因素相比,m 比 n 稍微重要
5	表示 m 和 n 两个因素相比,m 比 n 明显重要
7	表示 m 和 n 两个因素相比,m 比 n 非常重要
9	表示 m 和 n 两个因素相比,m 比 n 极端重要
2,4,6,8	表示上述相邻判断的中间值

(3)层次单排序、总排序及其一致性检验

对应于判断矩阵最大特征根 λ_{max} 的特征向量,经归一化处理,并对特征进行一致性检验。

1)一级指标权重的计算

将专家打分的调查结果根据层次分析法构建一级指标判断矩阵,加权取平均值,得到结果如表 7.8 所示,并在此基础上需要对判断矩阵进行一致性检验,以检查所构建的判断矩阵及由此得到权重的合理性。具体步骤如下所示。

表 7.8　一级指标判断矩阵

A	B1	B2	B3	B4	B5
B1	1	0.6583	0.7333	0.7183	2
B2	1.519	1	1.0556	1.6667	4.3333
B3	1.3636	0.9474	1	2	5.3333
B4	1.3923	0.6	0.5	1	4.6667
B5	0.5	0.2308	0.1875	0.2143	1

①矩阵 A 中各行元素乘积由 W 表示,如下:

$W_1 = 1 \times 0.6583 \times 0.7333 \times 0.7183 \times 2 = 0.693491915$

$W_2 = 1.519 \times 1 \times 1.0556 \times 1.6667 \times 4.3333 = 11.58066097$

$W_3 = 1.3636 \times 0.9474 \times 1 \times 2 \times 5.3333 = 13.77991004$

$W_4 = 1.3923 \times 0.6 \times 0.5 \times 1 \times 4.6667 = 1.949233923$

$W_5 = 0.5 \times 0.2308 \times 0.1875 \times 0.2143 \times 1 = 0.004636916$

②各行元素乘积的五次方根由 M 表示,故 $\overline{M}_i$ (i=1,2,3,4,5):

$\overline{M}_1 = \sqrt[5]{0.693491915} = 0.929412011$

$\overline{M}_2 = \sqrt[5]{11.58066097} = 1.632099642$

$\overline{M}_3 = \sqrt[5]{13.77991004} = 1.689854359$

$\overline{M}_4 = \sqrt[5]{1.949233923} = 1.142806738$

$\overline{M}_5 = \sqrt[5]{0.004636916} = 0.341386113$

③对得出的向量 $\overline{M} = [\overline{M}_1, \overline{M}_2, \overline{M}_3, \overline{M}_4, \overline{M}_5]^{\mathrm{T}} = [0.929412011, 1.632099642,$
$1.689854359, 1.142806738, 0.341386113]^{\mathrm{T}}$进行归一化、正规化处理:

先求和:

$$\sum_{i=1}^{5} \overline{M}_i = 0.929412011 + 1.632099642 + 1.689854359 + 1.142806738 + 0.341386113$$
$$= 5.735558862$$

故而,

$$M_1 = \frac{\overline{M}_1}{\sum\limits_{i=1}^{5} \overline{M}_i} = \frac{0.929412011}{5.735558862} = 0.162044$$

$$M_2 = \frac{\overline{M}_2}{\sum\limits_{i=1}^{5} \overline{M}_i} = \frac{1.632099642}{5.735558862} = 0.284558$$

$$M_3 = \frac{\overline{M}_3}{\sum\limits_{i=1}^{5} \overline{M}_i} = \frac{1.689854359}{5.735558862} = 0.294628$$

$$M_4 = \frac{\overline{M}_4}{\sum\limits_{i=1}^{5} \overline{M}_i} = \frac{1.142806738}{5.735558862} = 0.199249$$

$$M_5 = \frac{\overline{M}_5}{\sum\limits_{i=1}^{5} \overline{M}_i} = \frac{0.341386113}{5.735558862} = 0.059521$$

所以,所求判断矩阵的特征向量为

$M = [0.162044, 0.284558, 0.294628, 0.199249, 0.059521]^T$。

④对特征进行一致性检验,还需要计算 A 的最大特征根 λ_{max}:

$A B_1 = 1 \times 0.162044 + 0.6583 \times 0.284558 + 0.7333 \times 0.294628 + 0.7183 \times 0.199249 + 2 \times 0.059521 = 0.827581801$

$A B_2 = 1.519 \times 0.162044 + 1 \times 0.284558 + 1.0556 \times 0.294628 + 1.6667 \times 0.199249 + 4.3333 \times 0.059521 = 1.43172281$

$A B_3 = 1.3636 \times 0.162044 + 0.9474 \times 0.284558 + 1 \times 0.294628 + 3 \times 0.199249 + 5.3333 \times 0.059521 = 1.501122797$

$A B_4 = 1.3923 \times 0.162044 + 0.6 \times 0.284558 + 0.5 \times 0.294628 + 1 \times 0.199249 + 4.6667 \times 0.059521 = 1.020678312$

$A B_5 = 0.5 \times 0.162044 + 0.2308 \times 0.284558 + 0.1875 \times 0.294628 + 0.2143 \times 0.199249 + 1 \times 0.059521 = 0.304160797$

$$\lambda_{max} = \frac{1}{5} \times \left(\frac{A B_1}{M_1} + \frac{A B_2}{M_2} + \frac{A B_3}{M_3} + \frac{A B_4}{M_4} + \frac{A B_5}{M_5} \right)$$

$$= \frac{1}{5} \times \left(\frac{0.827581801}{0.162044} + \frac{1.43172281}{0.284558} + \frac{1.501122797}{0.294628} + \frac{1.020678312}{0.199249} + \frac{0.304160797}{0.059521} \right)$$

$$= 5.093256$$

⑤利用公式,进行满意一致性检验:

一致性比率公式为 $CR = \dfrac{CI}{RI}$

其中,$n=5$,$CI=\dfrac{\lambda_{max}-n}{n-1}=\dfrac{0.093256}{4}=0.023314$

RI 是 Saaty 提出的平均随机一致性指标表,通过查表 7.9 可知,当矩阵为 5 阶时,平均随机一致性指标 RI 为 1.12,因此,根据上述公式,可进一步求得 CR=0.020816<0.1,故判断矩阵满足一致性要求。因此,B=[0.162044,0.284558,0.294628,0.199249,0.059521]^{T}为副省级以上国家综合档案馆服务能力评估的一级指标权重。由此可见,"档案信息资源建设(0.284558)"和"档案信息资源获取(0.294628)"是综合档案馆服务能力评估占比较高的指标项。表明在档案机构信息资源服务转型背景下,综合档案馆的信息资源建设基础和服务能力是衡量综合档案馆建设水平高低的重要参考指标。

表 7.9　平均随机一致性指标 RI 表的数值

矩阵阶数	1	2	3	4	5	6	7	8	9
R1	0.00	0.00	0.58	0.90	1.12	1.24	1.32	1.41	1.45

2)二级指标权重的计算

同理,根据一级指标的计算步骤和方法,对专家打出的二级指标的分值进行计算。

①基础设施建设项二级指标的权重。首先,根据专家打出的二级指标的分值进行计算,得出判断矩阵如表 7.10 所示;其次,经过每行乘积、6 次方根、正规化后,得出该判断矩阵的特征向量为 B1=[0.2691,0.1649,0.1059,0.2113,0.1399,0.1089]^T;最后,进行一致性检验,$\lambda_{max}=6.1155$,根据表 7.9 可知,当矩阵为 6 阶(即 n=6)时,平均随机一致性指标 RI 为 1.24,因此根据公式 CR=CI/RI=0.0231/1.24=0.0187<0.1,一致性检验较好,故因此可得出档案信息资源建设二级指标的权重为 B1=[0.2691,0.1649,0.1059,0.2113,0.1399,0.1089]^T。由此可见,"库房设施设备配置齐全(0.2691)"和"网络设备安全可用(0.2113)"分别代表硬件设施和软件设施,是基础设施建设二级指标项最为重要的因素。

表 7.10 基础设施建设指标项(B1)的二级指标判断矩阵

B1	C1	C2	C3	C4	C5	C6
C1	1	2.5706	2.3854	1.0512	1.3212	2.6915
C2	0.389	1	1.6881	1.0753	1.289	1.398
C3	0.4192	0.5924	1	0.569	0.919	0.7579
C4	0.9513	0.9299	1.7575	1	1.5946	2.4115
C5	0.7569	0.7758	1.0881	0.6271	1	1.2519
C6	0.3715	0.7153	1.3195	0.4147	0.7988	1

②档案信息资源建设二级指标的权重。首先,根据专家打出的二级指标的分值进行计算,得出判断矩阵如表 7.11 所示;其次,经过每行乘积、7 次方根、正规化后,得出该判断矩阵的特征向量为 B2 = [0.1854,0.1185,0.1653,0.1016, 0.2272,0.1185,0.0835]$^\mathrm{T}$;最后,进行一致性检验,λ_{max} = 7.2086,根据表 7.9 可知,当矩阵为 7 阶(即 n=7)时,平均随机一致性指标 RI 为 1.32,因此根据公式 CR = CI/RI = 0.0348/1.32 = 0.0263<0.1,故因此可得出基础设施建设二级指标的权重为 B2 = [0.1854,0.1185,0.1653,0.1016,0.2272,0.1185,0.0835]$^\mathrm{T}$。其中,"数字档案信息资源准确可用(0.2272)"是档案信息资源建设二级指标中得分最高的指标项,可见,档案信息资源建设的重点是档案资源准确同时保证可以利用。

表 7.11 档案信息资源建设指标项(B2)的二级指标判断矩阵

B2	C7	C8	C9	C10	C11	C12	C13
C7	1	2.0833	1.2032	1.9639	0.8935	1.0556	2.125
C8	0.48	1	0.9833	1.6111	0.5796	0.5611	1.4648
C9	0.8311	1.0169	1	1.8095	0.7933	1.8056	2.0796
C10	0.5092	0.6207	0.5526	1	0.6516	1.0611	1.1722
C11	1.1192	1.7252	1.2606	1.5347	1	2.9167	3.4583
C12	0.9474	1.7822	0.5538	0.9424	0.3429	1	1
C13	0.4706	0.6827	0.4809	0.8531	0.2892	1	1

③档案信息资源获取二级指标的权重。首先,根据专家打出的二级指标的分值进行计算,得出判断矩阵如表 7.12 所示;其次,经过每行乘积、8 次方根、正规化后,得出该判断矩阵的特征向量为 $B3 = [0.1049, 0.079, 0.2069, 0.2135, 0.1283, 0.1451, 0.0721, 0.0501]^T$;最后,进行一致性检验,$\lambda_{max} = 8.0978$,根据表 7.9 可知,当矩阵为 8 阶(即 n = 8)时,平均随机一致性指标 RI 为 1.41,因此根据公式 $CR = CI/RI = 0.01397/1.45 = 0.0096 < 0.1$,故因此可得出档案信息资源获取二级指标的权重为 $B3 = [0.1049, 0.079, 0.2069, 0.2135, 0.1283, 0.1451, 0.0721, 0.0501]^T$。由此可见,"档案数据库建设类型丰富(0.2135)"和"档案公开目录及馆藏资料目录齐全完整(0.2069)"是档案信息资源获取二级指标中得分最高的指标项,副省级以上综合档案馆的平均发展水平优于市级和县级综合档案馆,因此,对其在档案信息资源获取方面首先是评估其档案数据建设和发展水平,其次才是传统的档案目录公开和齐全完整性。

表 7.12 档案信息资源获取指标项(B3)的二级指标判断矩阵

B3	C14	C15	C16	C17	C18	C19
C14	1	1.7317	0.4989	0.4027	0.7198	0.703
C15	0.5775	1	0.4299	0.4429	0.454	0.6827
C16	2.0045	2.3261	1	1.0651	2.1545	1.3584
C17	2.483	2.2578	0.9389	1	2.119	1.5445
C18	1.3892	2.2029	0.4641	0.4719	1	0.9238
C19	1.4225	1.4647	0.7361	0.6475	1.0825	1

④档案信息资源服务过程和方式二级指标的权重。首先,根据专家打出的二级指标的分值进行计算,得出判断矩阵如表 7.13 所示;其次,经过每行乘积、7 次方根、正规化后,得出该判断矩阵的特征向量为 $B4 = [0.1292, 0.1653, 0.1343, 0.2353, 0.1399, 0.1267, 0.0692]^T$;最后,进行一致性检验,$\lambda_{max} = 7.2477$,根据表 7.9 可知,当矩阵为 7 阶(即 n = 7)时,平均随机一致性指标 RI 为 1.32,因此根据公式 $CR = CI/RI = 0.04128/1.32 = 0.0312 < 0.1$,故

因此可得出档案信息资源服务过程和方式二级指标的权重为 B4 = [0.1292, 0.1653, 0.1343, 0.2353, 0.1399, 0.1267, 0.0692] ᵀ。其中,"提供个性化、精准化服务(0.2353)"是档案信息资源服务过程和方式二级指标中得分最高的指标项,可见,档案馆能够提供个性化、精准化的档案信息资源服务是现代社会条件下对副省级以上综合档案馆提出的符合时代发展的新要求。

表7.13 档案信息资源服务过程和方式指标项(B4)的二级指标判断矩阵

B4	C22	C23	C24	C25	C26	C27	C28
C22	1	1.1388	1.1775	0.4621	0.8082	0.9552	1.6999
C23	0.8781	1	1.7222	0.955	1.2353	1.3544	1.7173
C24	0.8493	0.5806	1	1.1495	1.0146	0.6615	1.9852
C25	2.1641	1.0471	0.87	1	2.4523	2.5523	3.381
C26	1.2374	0.8095	0.9856	0.4078	1	1.6111	2.1411
C27	1.0469	0.7384	1.5117	0.3918	0.6207	1	2.1967
C28	0.5883	0.5823	0.5037	0.2958	0.467	0.4552	1

⑤馆员素质二级指标的权重。首先,根据专家打出的二级指标的分值进行计算,得出判断矩阵如表7.14所示;其次,经过每行乘积、6次方根、正规化后,得出该判断矩阵的特征向量为 B5 = [0.0755, 0.1269, 0.1209, 0.1313, 0.1589, 0.3865] ᵀ;最后,进行一致性检验,λ_{max} = 6.0739,根据表7.9可知,当矩阵为6阶(即 n=6)时,平均随机一致性指标 RI 为1.24,因此根据公式 CR = CI/RI = 0.01478/1.24 = 0.0119 < 0.1,故因此可得出馆员素质二级指标的权重为 B5 = [0.0755, 0.1269, 0.1209, 0.1313, 0.1589, 0.3865] ᵀ。其中,"馆员服务能力强(0.3865)"是馆员素质二级指标中最重要的指标项,可见,档案馆员在服务程序规范的基础上,对馆藏资源及其利用方式非常熟悉,能精准地挖掘用户的信息需求,为用户提供满意的服务是对副省级以上综合档案馆提出的更高的要求和目标。

表 7.14 馆员素质指标项(B5)的二级指标判断矩阵

B5	C29	C30	C31	C32	C33	C34
C29	1	0.8472	0.6944	0.4583	0.3861	0.1808
C30	1.1803	1	1.2222	1.1111	0.9944	0.2667
C31	1.44	0.8182	1	0.9028	0.8055	0.4
C32	2.1819	0.9	1.1077	1	0.8	0.3264
C33	2.59	1.0056	1.2414	1.25	1	0.4375
C34	5.532	3.75	2.5	3.064	2.2858	1

最后得出国家副省级以上综合档案馆的指标及其权重,如表 7.15 所示。

表 7.15 国家副省级以上综合档案馆评估指标及权重

目标层	序号	一级指标	权重	序号	二级指标	权重
副省级以上综合档案馆评估 A	B1	基础设施建设	0.162044	C1	库房设施设备	0.2691
				C2	公共服务大厅设施布局和设备	0.1649
				C3	便民服务	0.1059
				C4	网络设备	0.2113
				C5	网络速度和网络技术	0.1399
				C6	自动化管理软件	0.1089
	B2	档案信息资源建设	0.284558	C7	馆藏数量	0.1854
				C8	馆藏结构	0.1185
				C9	档案信息资源开放	0.1653
				C10	馆藏数字化	0.1016
				C11	数字档案信息资源准确	0.2272
				C12	档案信息资源整合	0.1185
				C13	档案信息资源汇编	0.0835
	B3	档案信息资源获取	0.294628	C14	查阅规章	0.1049
				C15	利用手续	0.079
				C16	档案公开目录及馆藏资料目录	0.2069
				C17	档案数据库建设	0.2135
				C18	政府公开信息查阅	0.1283
				C19	检索工具	0.1451
				C20	网络查档	0.0721
				C21	跨馆查阅	0.0501

续表 7.15

目标层	序号	一级指标	权重	序号	二级指标	权重
副省级以上综合档案馆评估A	B4	档案信息资源服务过程和方式	0.199249	C22	常规服务	0.1292
				C23	主动指导和服务	0.1653
				C24	对公众需求响应	0.1343
				C25	提供个性化、精准化服务	0.2353
				C26	用户反馈渠道	0.1399
				C27	用户反馈响应速度	0.1267
				C28	档案展览	0.0692
	B5	馆员素质	0.059521	C29	语言使用	0.0755
				C30	服务举止	0.1269
				C31	态度	0.1209
				C32	交流方式	0.1313
				C33	服务内容表达	0.1589
				C34	馆员服务能力	0.3865

在社会公共文化服务的大背景下,以档案机构的信息服务为导向,国家副省级以上综合档案馆评估是涉及基础设施建设、档案信息资源管理和服务过程、人员管理等指标的综合评估。由于副省级以上综合档案馆评估面向各个综合档案馆,而且评估活动的打分需要各个不同部门的参与和配合,调查者作为中立的学术研究者无法行使权力让各方参与,所以无法做进一步的实证分析和研究,是为研究不足之处。

7.2.6 评估制度

副省级以上综合档案馆评估制度以评估活动的规范性文件通知为准,评估制度的制定对保障评估活动的顺利进行具有引导和规范的作用。评估制度的具体内容应包含以下三个方面:第一,副省级以上综合档案馆评估六大要素的角色定位和职能发挥,评估细则和评估释解以附件的形式发布;第二,副省级以上综合档案馆评估活动开展的一般程序,包含自检、评审、上报、审批等;第三,档案机构评估活动的监督机制以及奖优罚劣、奖勤罚懒的标准。在实地考察中,评估小组、被评估单位和评估专家三方相互约束和监督评估行为。此外,由国家档案局负责对评估优秀的档案馆给予表扬和奖励,对评估不合格和敷衍评估活动的档案馆进行批评和要求整改。

7.3 评估运行的流程

根据基于运行视角的档案机构评估体系的指导,国家副省级以上综合档案馆的评估运行流程包含评估计划、评估实施、评估反馈和评估结果的应用四个方面,共同作用于评估活动的运行。

7.3.1 评估计划

由于国家副省级以上综合档案馆评估的主体是国家档案局,主要负责部门是档案馆(室)业务指导司,因此,应由国家档案局档案馆(室)业务指导司负责评估计划的安排。其职责主要包括明确评估主体和评估客体、确定评估目的和方法、构建评估指标体系、发布保障性规范文件、组织评估专家、协调各方的评估心理行为等。

(1)明确评估主体和评估客体

国家档案局档案馆(室)业务指导司负责评估计划的安排,是评估的组织者和谋划者。国家副省级以上综合档案馆是评估客体,评估主体对评估客体负责,指导和监督评估活动的进行。国家档案局以随机方式决定档案馆评估的具体日程,评估客体要提前将单位评估自检的总体情况和评分表上报给评估主体。

(2)确定评估目的和方法

国家副省级以上综合档案馆评估目的是以档案信息资源建设为基础、档案信息资源服务为导向,综合评估国家副省级以上综合档案馆资源建设、业务管理、服务水平等方面的能力。综合档案馆评估是个复杂的系统,目标管理和PDCA 循环法有助于分解目标,完成任务,故作为战略方法把握评估的总体进展;由于综合档案馆已有的研究成果比较丰富,可以作为已有的研究基础,故选择传统的层次分析法和德尔菲法作为构建指标体系的研究方法。

(3)构建评估指标体系

国家档案局档案馆(室)业务指导司可以以项目的方式委托高校师生完成对科学的评估指标的构建,在此过程中,组织方随时监督进展和及时沟通,在召开专家论证会时给予支持和帮助,形成《副省级以上综合档案馆评估标准》。

(4)发布保障性规范文件

国家档案局档案馆(室)业务指导司发布《副省级以上综合档案馆评估标准》,此后还专门召开由47家副省级以上综合档案馆馆长参加的业务建设评价工作动员会,会议上重点强调各档案馆要从全局的高度认识评估活动的重要性。

(5)组织评估专家

组织评估专家是指国家档案局档案馆(室)业务指导司还要负责从专家库中寻找与该项评估活动相匹配的中央和地方、学术和实践的档案评估专家,并负责培训,明确评估专家的职责、解答评估专家疑惑、持续调节评估专家的各种心理行为,为评估活动的实施打下基础。每组评估成员一般为5~7人,其中评估专家不少于3人,评估专家的职称至少是副研究馆员,因为国家副省级以上综合档案馆评估性质是综合性的,因此,评估专家的研究和擅长领域需要涉及评估基础设施和资源建设、档案资源的管理与服务等各个方面。

(6)协调各方的评估心理行为

国家档案局档案馆(室)业务指导司还要在开展评估活动前,举办两场培训会,解读评估文件。评估组织者的职责是监督和指导评估活动的顺利进行;评估专家作为连接评估组织者和被评估单位的桥梁,要端正态度、克服不良评估心理行为,为双方牵线搭桥;对被评估单位的心理行为进行调节,要求其对照标准中的具体要求,认真做好评价准备工作,坚持以指标为牵引、以问题为导向,达成缩差距和补不足的共识。被评估单位要卸下注重排名的负担,不搞形象工程、不搞弄虚作假,确保评估工作取得实效。

7.3.2 评估实施

国家档案局将开展评估活动的规范性文件下发后,不同单位抽签决定评估先后顺序。评估领导小组可以选择中东西部各1~2个综合档案馆,进行评估试运行,委派评估专家到被评估单位开展实地评估和检查,不断调整评估节奏和进展。

（1）被评估单位自检

被评估单位根据评估指标体系进行自检，自行打分，并准备相关评估材料，为评估专家的实地打分和考察做准备。社会科技发展日新月异，档案机构评估发展也应与时俱进。国家副省级以上综合档案馆评估可以根据需要，采取商业合作的模式开发出一套综合档案馆评估管理系统，档案机构评估管理系统一旦投入运行，被评估单位将本单位的基础数据录入，评估管理系统可以自动统计分值，当新的数据录入，还能自动更新；被评估单位在自检后可以将相关数据上传，评估专家也可以登录自身账户，查看被评估单位上传的数据信息，那么，在实地考察的过程中，可以节省评估资源和评估双方的时间。

（2）评估专家实地评估

评估专家受国家档案局的委托到地方档案馆实地考评。实地考评包含被评估单位的汇报、检查证明材料的真实性、现场实地查看、审核自检分数、在考评表上逐项打分、填写考评说明、签署意见等考评程序。综合档案馆评估管理系统的数据自动统计和分析功能使评估专家对被评估单位的状况有基本的了解，评估专家根据系统上报的数据核实被评估单位数据的真实性，将评估结果和意见通过纸质和线上系统两种方式反馈给被评估单位以及评估组织者。

（3）评估审批

评估专家根据实地考评结果，对考评材料进行二次审核和检查，并给予结果审批。

这里还要考虑的是档案机构评估的连续性，因此，国家档案局在牵头开发综合档案馆评估管理系统的过程中，要考虑历年评估系统的可用性以及录入评估系统测量单位的统一性，以免评估管理系统在不断更新和迭代的过程中，产生评估数据的丢失和无法比较等问题。

7.3.3 评估反馈

评估专家首先根据评估结果与被评估单位的相关责任人面对面地沟通和交谈，告知被评估单位此次评估的状况和结果；其次，评估专家以书面或者通过评估管理系统的线上形式将评估结果汇总提炼反馈给被评估单位、国家档案局；最后，国家档案局根据评估专家的评估结果进行评议和复审，并将评估结果和评议以纸质和线上两种方式反馈给被评估单位和地方党委办公厅。

评估组织者根据系统数据及时跟进评估反馈;评估专家通过评估管理系统上传评估反馈结果;被评估单位还能通过评估系统自助查询评估结果和反馈、评估排名等,以此了解评估主体对数据的处理和反馈的进展。

7.3.4 评估结果的应用

(1)评估定级

国家档案局档案馆(室)业务指导司根据评估分数和结果进行评估定级,对47个副省级以上综合档案馆评估结果给出一个排名,并以信息公开的形式向社会发布。根据不同省份的分值,可以划定评估等级,根据副省级以上综合档案馆的数量和特征,可以选择国家一级、二级、三级的划分方式,三个不同的等级数量由少到多依次递增。

(2)评估结果的经验推广

根据评估排名,对评估结果较为优秀的档案馆进行表扬和激励,对评估结果相对较差的档案馆实施通报和要求整改,适当情况下要求二次评估。此外,在综合各方意见的前提下,还可以适当公开和传播评估优秀的综合档案馆的经验做法,供其他档案馆参考和学习,或者召开经验座谈会,供同行之间相互交流和学习。评估结果的传播可以借助不同媒介,如微博、微信、博客、公众号、App等方式,传播综合档案馆的发展水平、宣传自身的社会职能,将评估结果的社会效益最大化发挥。

(3)评估结果的公开和可持续利用

评估主体拥有公开评估结果排名的权利,被评估单位可以公开本单位为迎评工作所做的准备,评估专家通过社交媒体渠道公开评估过程中的所见所闻,有助于提升社会大众对国家副省级以上综合档案馆评估活动的认可度和美誉度。此外,评估结果在档案馆系统中以不同的可视化方式做横纵向对比研究,不仅有助于综合档案馆之间的相互学习,还有助于为下一轮评估做准备。博物馆的运行评估也可以借鉴到档案馆评估中来,入选等级后的档案馆要接受1~2年的复评估,一旦有不符合标准的档案馆要给予警告或降级处罚,避免档案机构一劳永逸的评估管理心态,也以此保证上等级档案馆的综合质量,体现出档案机构评估管理的现代化发展趋势。

7.4 评估环境的保障

档案机构评估的规范化、常态化运行的前提是档案机构评估体系保障机制的制度化、常态化。档案事业源源不断的发展动力来自不断健全和完善的档案法治化和制度化体系建设。根据保障视角下的档案机构评估理论体系的指导，国家副省级以上综合档案馆评估的环境保障条件可以从管理维度、技术维度、法规维度三个方面阐释。

7.4.1 管理维度

国家副省级以上综合档案馆评估保障机制的管理维度包括：首先，加强顶层设计，明确和重申国家档案局对 47 个副省级以上综合档案馆评估的组织作用和领导角色，以持续性发展的评估眼光将评估活动从顶层设计层面开始强化，把控评估活动的秩序和进展，保障评估活动的顺利进行；其次，注重评估专家队伍的建设和选取，为本轮和持续性的评估活动做好人才储备；再次，建立评估激励机制和监督机制，从不同的侧面辅助国家副省级以上综合档案馆评估活动的运转；最后，评估伦理的建设和评估文化的培育是保障国家副省级以上综合档案馆评估规范化、长期化、规律化的重要基础，健全的评估伦理建设和完善的评估文化融入评估程序中，有助于维护评估活动的顺利进行。

7.4.2 技术维度

国家副省级以上综合档案馆评估的技术维度主要表现在开发综合档案馆评估管理系统和建立综合档案馆评估数据库方面。第一，开发综合档案馆评估管理系统，满足其评估数据流水化采集、存储和管理、发布和比较等基础功能，此外，评估组织者、评估专家和被评估单位可以拥有各自的系统账号，以满足不同评估方职责范围内的在线查看等操作功能。第二，建立综合档案馆评估数据库是指建立具有收集、存储和查找被评估单位的评估数据、评估专家在不同时期对不同被评估单位的打分、评估组织者的历年规范性文件等功能的数据库，保护评估数据的安全、齐全和系统,为当下和未来的评估活动储备数据,通过相互比较发现规律。

7.4.3 法规维度

国家副省级以上综合档案馆评估的法规保障措施主要是指依靠档案机构评估法律条文来规范评估活动的开展和进行。国家副省级以上综合档案馆评估是我国档案机构评估主线之一,是档案机构评估的重要组成部分。首先,应在现有的档案法律法规中增设有关规范综合档案馆评估的条文,规范国家副省级以上综合档案馆评估行为;其次,制定国家副省级以上综合档案馆评估的规章制度,明确评估界限,对评估过程中的评估行为进行约束和规范,对评估违法违规行为设置处罚条款;最后,在颁布国家副省级以上综合档案馆评估标准的同时,相应地颁布在评估活动期间具有一定约束力的评估制度,规范国家副省级以上综合档案馆评估活动中参与各方的评估行为。

8 总 结

8.1 研究结论

通过对档案机构评估体系的研究,得出以下两个结论:

第一,我国档案机构评估存在档案机构评估要素构成不完善、档案机构评估运行机制不成熟和不规范、档案机构评估运行环境发育不健全等问题。导致这些问题的原因是档案机构评估政治属性的存在和评估发展的不平衡性;档案机构评估未能形成长期化、制度化的评估运行机制;档案机构评估伦理建设和法制化建设的缺失等。由此可见,档案机构评估要素、运行机制、运行环境是影响档案机构评估活动顺利进行的重要因素,从三个不同视角展开档案机构评估理论研究具有一定的必要性。

第二,解决当下档案机构评估问题的核心是建立一套中观的档案机构评估理论体系。借鉴评估学、绩效管理等相关理论研究的成果,利用文献调研法、半结构化访谈法、综合分析法等研究方法,得出档案机构评估理论体系是一个基于评估要素、评估运行和评估保障三个视角下的完整系统。三个不同的视角中,要素视角是基础、运行视角是条件、保障视角是外在屏障,三部分内容互相联系、互相制约,共同构成完整的档案机构评估体系。

8.2 研究不足

档案机构评估是一项种类丰富、类型复杂、分布地区广泛、涉及人员众多的复杂工程,本研究在不断探索档案机构评估发展特点和规律的基础上试图构建一套中观的档案机构评估体系,使其对档案机构评估实践具有一般的理论解释框架和指导力。但是在研究的过程中依然存在如下不足。

一是档案机构评估理论体系的调研和访谈样本无法覆盖全国各地区。档案评估机构具有种类多样、类型复杂、涉及人财物众多等特点,由于主观精力、时间有限,在实地调研和人员访谈的过程中,无法顾及全国样本乃至每一个省、市、地区等。基本的调研思路是考虑不同的档案机构评估类型(如综合档案馆、企业档案室、机关档案室等类型)、不同地区(江苏省、河南省、武汉市等)、不同人员(评估主体、评估专家和被评估档案机构人员等)等分层次分类别地选择访谈的样本和对象。以全国地区为样本尚具有一定的难度,因此,仅以地区为样本作为访谈对象,无法完整透析档案机构评估的全部现象和问题是本研究的不足之处。此外,客观原因还有历史性的评估不易找到相关人员访谈,由于在访谈期间,国家档案局开展的副省级以上综合档案馆业务建设评价工作尚未完全结束,部分被评估单位在接受访谈的过程中不愿透露过多信息,国家档案局还未发布最终的副省级以上综合档案馆业务建设的评估报告和排名,因此也失去了得到当下评估中更为全面的档案机构评估内容和扩大访谈对象的机会。

二是档案机构评估档案无法查看和利用。档案机构评估本身作为一种档案,是评估主体和评估客体按照一定的标准收集和保存档案机构评估过程中形成的完整记录,具有原始记录属性以及凭证和参考价值。通过对机构评估档案的查阅和利用可以窥览当时评估主体的计划流程、评估专家的实施过程、被评估单位应对评估检查的自检和准备工作等内容。档案机构评估主体和评估客体都会有意收集和保存本单位在评估过程中产生的档案,但在实地调研和访谈的过程中发现,此类档案尚未公开,不允许社会人员进行查阅和利用,使档案机构评估档案不能成为本研究的第一手参考资料,失去接触原始档案和窥探档案机构评估全貌的机会,而只能通过外围的档案机构评估文献、法规文件和调研访谈数据等二手资料进行分析和研究。因此,档案机构评估档案保存于档案馆但是却不能查看和利用成为本研究的遗憾和不足。

三是档案机构评估理论体系以及理论应用中构建的指标体系无法做进一步实证研究。档案机构评估理论体系的适用性和指导意义只有在今后的评估实践中发挥具体的作用,并接受实践的检验才能进一步验证其理论价值。基于多元视角档案机构评估体系的应用选择的是以国家副省级以上综合档案馆评估为对象,在评估要素分解中根据评估对象和目的制定了评估指标体系,由于评估指标要应用于具体的综合档案馆,这就需要不同档案馆相关人员的配合和合作。由于人员问题、评估权限等问题,无法对构建的指标体系的科学性进行进一步的证明,这也是研究的不足之处。

8.3　研究展望

评估作为一项重要的管理工具,对档案工作的发展起到了积极的作用。我国档案机构评估始于 20 世纪 80 年代末期,从历时性的视角来看,至今已走过 30 多年的发展历程,取得一定的成效,档案事业逐渐走向繁荣,档案管理工作越发高效。但是从共时性的角度纵向比较可以发现,与档案馆具有相似的教育文化机构性质和职能的图书馆和博物馆评估均形成规范化、制度化的机构评估机制,反观我国的档案机构评估现状,引人深思。虽然我国的档案机构评估并未发展到成熟的态势,但是社会经济不断发展的外部环境和档案事业的不断进步、档案机构评估的规范化发展等内部环境的共同作用,指明了档案机构评估体系未来的发展趋势会向档案机构评估体系要素的精细化、运行体系的现代化、保障体系的法治化继续发展。当然,随着档案机构评估实践的不断发展和评估理论研究的不断深入与拓展,档案机构评估体系理论研究将会朝纵深方向不断发展,并出现以下两种研究趋势。

其一,档案机构评估理论研究能继续探索出本评估体系研究中的其他评估机制。档案机构评估体系的构建扎根于评估理论和实践,发现评估问题,以思考解决问题的路径为依据。那么,随着档案机构评估的不断发展,评估理论和实践还将会出现新的问题,引发新的思考路径,探索出本评估体系研究中的其他视角的评估机制,进一步完善档案机构评估理论。

其二,档案机构评估理论研究出更完善、更具有解释力、更科学的其他评估理论研究成果。现有的档案机构评估理论研究成果对评估实践的指导意义较为欠缺,本研究的档案机构评估体系构建的理论成果只是抛砖引玉,未来的档案机构评估研究将需要更完善、更具有解释力、更科学的档案机构评估理论研究成果出现。

理论是从实践经验中提炼而来,经过系统地表达和描述向人们提供了认识和理解世界的一般框架。评估作为档案管理的重要手段,能够暴露档案管理工

作的诸多问题,也有助于档案管理机构反思和改进自身的档案工作,促进档案
事业的长远发展。档案机构评估实践已经走过 30 多年的发展历程,根据现有
的研究成果可知,我国档案机构评估存在评估要素构成不完善、评估运行机制
不成熟和不规范、评估运行环境发育不健全的问题。因此,研究问题聚焦于如
何解决档案机构评估要素、运行、保障三方面的问题,研究目的是解决档案机构
评估问题的同时,从宏观角度构建一个科学、合理的档案机构评估理论体系和
方法来有效地指导和管控档案机构评估实践活动,形成对档案机构评估现象具
有一定解释力框架的理论体系。本研究结果或许还存在这样或那样的不足,但
是只是抛砖引玉,希望在以后的档案机构评估理论研究中能继续探索出本评估
体系研究中的其他评估视角或更完善、更具有解释力、更科学的其他档案机构
评估理论体系研究成果。档案机构改革后,档案机构评估的未来发展走向会面
临什么样的困境和机遇,如何打破困境,抓住机遇,都是档案学者需要进一步思
考和回应的,这需要众多不同研究领域的档案学者的共同努力和付出。

参考文献

[1]李宗富.信息生态视角下政务微信信息服务模式与服务质量评价研究[M].武汉:武汉大学出版社,2020.

[2]邓君.公共档案馆用户感知服务质量评价与优化研究[M].长春:吉林大学出版社,2020.

[3]董德民.公众感知政府公共文化服务质量评价研究:以国家档案馆公共服务为例[M].北京:经济科学出版社,2017.

[4]刘国能.中国当代档案事业史[M].北京:中国文史出版社,2017.

[5]盖丙兰.档案工作评价与测评研究[M].北京:人民日报出版社,2015.

[6]屈宝强.图书馆联盟资源共享绩效评估研究[M].北京:科学技术文献出版社,2015.

[7]欧内斯特·R.豪斯,肯尼斯·R.豪.评估价值论[M].桂庆平,译.北京:教育科学出版社,2015.

[8]付瑶.评价系统的理论与实践研究[M].厦门:厦门大学出版社,2015.

[9]申喜连.政府绩效评估研究[M].北京:光明日报出版社,2013.

[10]吕元智.政府信息资源管理绩效评估研究[M].上海:世界图书出版上海有限公司,2012.

[11]施托克曼,梅耶.评估学[M].唐以志,译.北京:人民出版社,2012.

[12]《图书情报工作》杂志社.图书馆服务创新与绩效评估[M].北京:海洋出版社,2012.

[13]熊伟.图书馆社会价值评估研究[M].北京:中国社会科学出版社,2012.

[14]陈汉宣,马骏,包国宪.中国政府绩效评估30年[M].北京:中央编译出版社,2011.

[15]王协舟.基于学术评价视阈的中国档案学阐释与批评[M].湘潭:湘潭大学出版社,2009.

[16]方小苏.图书馆绩效评估[M].杭州:浙江大学出版社,2008.

[17]埃贡·G.古贝,伊冯娜·S.林肯.第四代评估[M].北京:中国人民大学出版社,2008.

[18]张红霞.图书馆质量评估体系与国际标准[M].北京:国家图书馆出版社,2008.

[19]彼得·罗希,马克·李普希,霍华德·弗里曼.评估:方法与技术[M].7版.邱泽奇,王旭辉,刘月,等译.重庆:重庆大学出版社,2007.

[20]西维尔斯泰恩.绩效评估[M].韩晓玲,译.长春:吉林出版集团有限责任公司.2007.

[21]范柏乃.政府绩效评估与管理[M].上海:复旦大学出版社,2007.

[22]柴晓娟,代根兴.高校图书馆评估与管理[M].北京:北京图书馆出版社,2006.

[23]埃利泽·盖斯勒.科学技术测度体系[M].周萍,等译.北京:科学技术文献出版社,2004.

[24]《档案管理实用大全》编委会.档案管理实用大全[M].北京:同心出版社,1996.

[25]兰卡斯特,F.W.图书馆评估[M].郭石山,姜渭洪,译.西安:陕西人民教育出版社,1991.

[26]陈雅雯.航道档案治理能力评价指标体系构建研究[D].武汉:华中科技大学,2022.

[27]董晨雪.综合档案馆档案数据治理能力评估指标体系构建及实证研究[D].郑州:郑州大学,2022.

[28]刘燕萍.广西地市级档案网站建设现状评估与优化研究[D].南宁:广西民族大学,2021.

[29]张乐莹.我国档案治理能力评价研究[D].长春:吉林大学,2021.

[30]陈焕焕.我国档案科普工作效果评价体系构建及实证研究[D].郑州:郑州大学,2020.

[31]于梦文.基于用户满意度的档案文献编纂成果传播媒介评价研究[D].长春:吉林大学,2020.

[32]党伟宁.档案展览评价指标体系构建及实证研究[D].郑州:郑州大学,
    2020.

[33]陆佳.上海市区级综合档案馆档案业务外包风险的评估和控制研究[D].
    上海:上海交通大学,2020.

[34]刘婷婷.T电网公司工程项目档案质量评价指标体系研究[D].天津:天津
    工业大学,2019.

[35]汤夫.企业质量信用档案及信用等级评价管理系统的设计与实现[D].昆
    明:云南大学,2019.

[36]吴昱颖.工程电子档案信息系统评价指标体系研究[D].长沙:长沙理工大
    学,2019.

[37]郭俊卿.综合档案馆档案开放评价及实证研究[D].西安:西北大学,2019.

[38]杨昕蒙.档案业务类上市企业经营范围与竞争力评价研究[D].南京:南京
    大学,2019.

[39]翁信广.历史建筑保护登录与档案分级评价研究[D].武汉:华中科技大
    学,2019.

[40]华芳芳.安徽省地市级档案网站评价研究[D].合肥:安徽大学,2019.

[41]张灿.地方档案立法后评估的主体与客体研究[D].郑州:郑州大学,2019.

[42]管丹丹.基于用户体验的档案网站可用性评价研究[D].长春:吉林大学,
    2019.

[43]韩丹.档案APP评价指标体系建构与应用研究[D].武汉:湖北大学,2019.

[44]刘盼盼.电子文件安全保障评估指标体系构建及应用研究[D].武汉:武汉
    大学,2019.

[45]杨德轩.X公司工程项目档案资料管理成熟度评价研究[D].广州:华南理
    工大学,2018.

[46]李艳艳.高校大学生档案流转体系安全评价研究[D].西安:西安建筑科技
    大学,2018.

[47]王林川.开放政府数据平台绩效评估指标体系研究[D].合肥:合肥工业大
    学,2018.

[48]顾奚超."互联网+工业"企业价值评估方法研究[D].苏州:苏州大学,2018.

[49]郭尚源.政府网络传播力评估模型的构建[D].广州:暨南大学,2018.

[50]陆登高.我国城市管理绩效评估指标体系探析[D].南京:南京师范大学,2018.

[51]陈晨.基于 AHP 的模糊综合评价法在城建档案网站绩效评估中的应用分析[D].哈尔滨:黑龙江大学,2017.

[52]王露尧.安徽省一般本科院校档案工作规范管理评价指标体系研究[D].合肥:安徽大学,2017.

[53]高元昕.安徽省一本院校档案工作规范管理评价指标体系研究[D].合肥:安徽大学,2017.

[54]费燕.安徽省高职高专院校档案工作规范管理评价指标体系研究[D].合肥:安徽大学,2017.

[55]董沙沙.我国省级档案网站评估指标体系构建研究[D].哈尔滨:黑龙江大学,2017.

[56]孙玉瑞.中国高校档案网站信息服务评价指标体系构建研究[D].南京:南京大学,2016.

[57]丁乙.基于用户的档案信息服务评价研究[D].合肥:安徽大学,2016.

[58]朱丽梅.档案信息化建设的绩效评价研究[D].广州:华南理工大学,2014.

[59]赵彦博.学习档案在高中物理学习评价中的个案研究[D].石家庄:河北师范大学,2014.

[60]牛尧尧.高校档案网站评估指标体系的构建与应用研究[D].郑州:郑州大学,2013.

[61]赵丽平.山西省环境影响评价电子档案管理系统设计[D].成都:电子科技大学,2012.

[62]陈飞.中国中部六省市级档案网站评估指标体系的构建及评估结果分析[D].郑州:郑州大学,2012.

[63]张静.城市社区医务人员对电子健康档案认知及评价的调查研究[D].长春:吉林大学,2012.

[64]常冰.哈尔滨市 X 区农村档案信息共享水平评价的研究[D].哈尔滨:哈尔滨工程大学,2012.

[65]张璟瑜.以效益为导向的企业档案工作评价机制初探[D].武汉:湖北大学,2011.

[66]孙珩.档案工作质量评估的研究[D].沈阳:辽宁大学,2011.

[67]周雪.城建档案价值评价指标体系研究[D].杭州:浙江大学,2011.

[68]邢韬.高校评估(教学)档案管理系统的分析与测试[D].北京:北京邮电大学,2010.

[69]陈国云.电子文件风险评估研究[D].南宁:广西民族大学,2009.

[70]刘菁.档案信息化指标体系研究[D].杭州:浙江大学,2009.

[71]师迅东.企业档案信息化的评估标准研究[D].湘潭:湘潭大学,2008.

[72]何孟原.高校评估档案的形成与管理模式探析[D].哈尔滨:黑龙江大学,2008.

[73]童庄慧.政府档案网站评价问题研究[D].湘潭:湘潭大学,2007.

[74]许见亮.基于文献计量学的我国档案专业核心期刊分析与评价[D].合肥:安徽大学,2007.

[75]蔡海飞.档案信息资源开发模式与开发评价研究[D].苏州:苏州大学,2007.

[76]张畅.我国档案网站绩效评估问题研究[D].湘潭:湘潭大学,2006.

[77]于华,李孟彧,高超等.档案展览设计评估指标权重调研分析[J].中国档案,2022(10):56-57.

[78]王孖.《〈"十四五"全国档案事业发展规划〉实施情况评估办法》解读之三[J].中国档案,2022(11):22-23.

[79]王孖.《〈"十四五"全国档案事业发展规划〉实施情况评估办法》解读之二[J].中国档案,2022(10):22-23.

[80]王孖.《〈"十四五"全国档案事业发展规划〉实施情况评估办法》解读之一[J].中国档案,2022(9):12-13.

[81]罗亚利.英国国家档案馆数字档案保存风险评估模型研究及启示[J].浙江档案,2022(6):43-46.

[82]胡鸿杰.档案职业声望与满意度测评指标构建与分析[J].档案与建设,2022(4):4-7.

[83]侯垚,王惠.基于DPSIR的数字档案资源服务评价要素框架研究[J].浙江档案,2022(3):45-47.

[84]朱富成,刘永,许烨婧.应急处置类档案数据资产化及其经济价值评估指标构建[J].档案管理,2021(6):63-65.

[85]崔旭,李佩蓉,解解等.我国省级档案网站互动式信息服务"期望-满意指数"测评体系建构、验证及优化策略[J].档案学研究,2021(5):73-78.

[86]马志颖.档案保管外包服务能力评估研究[J].档案管理,2021(2):47-49.

[87]王扬扬,张照余.电子文件格式的可持续性风险评估[J].浙江档案,2021(1):36-37.

[88]黄晓霞.基于模糊层次分析法的档案与古籍文献修复人员职业素养评价体系的构建[J].北京档案,2020(2):12-16.

[89]倪晓春.档案标准体系的适用性评价指标体系与成熟度模型构建[J].东方论坛,2020(1):151-156.

[90]康炜,胡英君.镇街道档案工作考核实践探析[J].浙江档案,2019(11):58.

[91]夏天,张宁,王大众等.Web3.0时代的档案网站评价指标体系构建[J].档案学通讯,2019(6):64-71.

[92]邓君,于梦文,钟楚依等.档案文献编纂成果传播媒介评价实证研究[J].图书情报工作,2019,63(20):62-73.

[93]刘文萍,俞国孟,陈庆慧.以信息化为核心的档案事业转型升级探讨:基于浙江省公安厅创建全国示范数字档案室的分析[J].浙江档案,2019(7):14-15.

[94]闫巧琴.公共图书馆评估档案库建设途径探析:基于濮阳市图书馆荣获一级馆的案例研究[J].档案管理,2019(3):84-85.

[95]韦忻伶,安小米.开放政府背景下的档案开放准备度评估体系研究[J].图书情报知识,2019(3):72-80.

[96]黄丽华,宋华.开展安全风险评估提高档案安全防控能力:《档案馆安全风险评估指标体系》解读[J].中国档案,2019(4):41-43.

[97]刘晋如.从"科学主义"到"科学精神":论档案学术理性评价的制度保

障[J].北京档案,2019(1):14-17.

[98]王啸峰.企业档案文化建设评估体系构建研究[J].浙江档案,2018(12):62-63.

[99]尊贤,李艳艳,文小琼等.基于物元多级可拓模型的档案流转安全风险评价研究[J].档案学研究,2018(5):119-124.

[100]陈永清,邵艳红.我国综合档案事业发展水平及其趋势的定量评价研究[J].档案与建设,2018(7):8-12,37.

[101]肖秋会,许晓彤,石晓雨.电子文件安全保障现状调查与评估:以武汉市为例[J].档案管理,2018(3):65-68.

[102]王建恒.档案安全管理指标体系调查[J].中国档案,2018(4):30-31.

[103]侯垚.我国档案服务评价指标体系研究述评[J].北京档案,2018(3):22-25.

[104]卢林涛.档案社交媒体准备度评估研究[J].档案与建设,2018(3):12-15.

[105]陈钰淳.论质量认证企业档案管理风险评估体系的建设[J].品牌研究,2018(1):129,131.

[106]徐钊.南京市鼓楼区32家单位档案工作通过省星级测评复查[J].档案与建设,2018(1):96.

[107]邓君,盛盼盼,王阮等.用户感知视角下档案网站服务质量测评实证研究[J].图书情报工作,2018,62(1):33-39.

[108]邓君,盛盼盼,王阮等.用户感知视角下档案网站服务质量评价指标体系研究[J].图书情报工作,2018,62(1):24-32.

[109]叶继元."全评价"分析框架在高校图书馆统计与评估上应用的思考[J].铜陵学院学报,2017,16(6):3-6.

[110]聂曼影.档案系统政务网站绩效评估指标体系研究[J].中国档案,2017(12):43-45.

[111]窦莉,杨玲.基于层次分析法的高校档案利用风险评估方法[J].兰台世界,2017(20):55-57.

[112]马仁杰,丁乙.档案信息服务评价的指标体系构建与应用[J].档案学通

讯,2017(1):51-59.

[113]虎杨.档案利用服务评估指标体系建设[J].机电兵船档案,2017(5):70-73.

[114]谭燕萍.我国档案安全风险评估研究现状及发展趋势[J].档案,2017(3):14-18.

[115]郝春红,安小米,白文琳,等.基于档案多元论的国家数字档案资源建设评估指标体系构建研究[J].档案学研究,2017(1):31-41.

[116]邱若铣,于晓利,张旭东.当前档案工作科学化管理测评面临的问题与对策[J].山东档案,2017(1):40-42.

[117]谭燕萍.档案安全风险评估专家制度设计研究[J].浙江档案,2017(1):60-61.

[118]叶继元.学术"全评价"分析框架与创新质量评价的难点及其对策[J].河南大学学报(社会科学版),2016,56(5):151-156.

[119]陈惠琼.高校档案工作人员绩效考核的熵权系数评价[J].兰台世界,2016(23):38-40.

[120]李瑞.档案信息系统在世界文化遗产影响评估中的应用[J].山西档案,2016(6):51-54.

[121]罗迎芬,曹虹.基于熵值法的独立学院学生档案管理绩效评估机制研究[J].档案时空,2016(6):9-11.

[122]赵亮.档案工作者胜任能力模型指标体系构建研究[J].浙江档案,2016(5):23-26.

[123]苏青丽.企业档案信息化管理系统构建目标的实现研究[J].办公室业务,2016(2):73.

[124]张琛,厉传琳,殷俊,余飞,姚君.公立医院医务人员医德档案评价指标体系研究[J].中国医院,2016,20(5):58-59.

[125]李海涛.档案强省评价指标体系的构建思考:以广东省档案强省评价指标体系构建为例[J].档案学研究,2016(2):31-36.

[126]彭华明,孙露月,许南鸿.基于多层次分析法的数字档案用户体验评估研究[J].档案与建设,2016(4):6-8.

[127]张珊.概述档案利用服务评估指标体系的构建[J].现代经济信息,2016
　　(5):101.

[128]李宗富,张向先.基于链接分析法的我国省级档案局网站影响力评价研
　　究[J].情报科学,2016,34(5):142-147.

[129]朱丽梅.高校数字化档案的服务绩效评价初探[J].兰台世界,2016(4):
　　21-23.

[130]叶继元,袁曦临.中国学术评价的反思与展望[J].中国社会科学评价,
　　2015(1):65-77,129.

[131]宫平,柯平,段珊珊.我国公共图书馆服务绩效评估研究:基于五次省级公
　　共图书馆评估标准的分析[J].山东图书馆学刊,2015(6):28-32.

[132]董宇,安小米,白文琳,等.档案资源整合视角下的数字档案资源公共服务
　　能力评价指标构建[J].档案学研究,2015(4):58-63.

[133]朱丽梅.构建档案信息化建设的绩效评价指标体系研究[J].档案与建设,
　　2015(8):20-25.

[134]谭燕萍.档案安全风险评估动力源探析[J].兰台世界,2015(32):86-88.

[135]王岑曦,吴建华.基于用户体验的档案网站检索平台评价指标体系研
　　究[J].浙江档案,2014(7):8-11.

[136]王灿荣.公共档案馆档案信息服务社会化绩效评价内涵探析[J].档案学
　　研究,2014(3):57-59.

[137]陈铭,叶继元.基于"全评价"分析框架的开放存取仓储评价体系研
　　究[J].图书馆论坛,2014,34(8):40-47.

[138]叶继元.图书馆学期刊质量"全评价"探讨及启示[J].中国图书馆学报,
　　2013,39(4):83-92.

[139]牛力,韩小汀,王为久.政府档案网站影响力评价研究:基于我国省级档案
　　网站的网络计量[J].档案学研究,2013(6):21-25.

[140]彭远明,涂昊云.电子档案安全评价指标的制定与实现方式[J].档案学研
　　究,2013(6):65-70.

[141]张娅,龚新刚,李秀萍,等.档案引文分析在馆藏期刊评价中的应用[J].图
　　书情报工作,2013,57(S2):192-195.

[142]吴品才.档案信息风险评估若干问题研究[J].浙江档案,2013(11):14-16.

[143]王萍,王毅,赵红颖.图书档案数字化融合服务评价模型研究[J].图书情报工作,2013,57(12):34-40.

[144]刘嘉佳,孙雅静,杜牧野.电子档案数据的易损性评估[J].档案学研究,2013(1):71-75.

[145]叶继元."全评价"体系分析框架及其应用与意义[J].云梦学刊,2013,34(4):12-14.

[146]叶继元,陈铭.开放存取期刊学术质量"全评价"体系研究:以"中国科技论文在线优秀期刊"为例[J].图书与情报,2013(2):81-87.

[147]王明明,曹兵武.非营利组织绩效评价与博物馆评估:兼谈中国博物馆评估工作[J].中国博物馆,2013(2):29-34.

[148]厉樱姿.我国博物馆评估工作的回顾与思考[J].中国博物馆,2013(2):35-41.

[149]林咏能.国际博物馆评估比较研究[J].中国博物馆,2013(2):61-70.

[150]哈莉·普瑞斯基尔,李慧君.博物馆评估无界限:提高博物馆评估相关性、可靠性和实用性的四条必要措施[J].中国博物馆,2013(2):77-81.

[151]叶继元.细化落实创新学术质量评价的六个方面[J].高校教育管理,2012,6(2):6-7.

[152]安珊.档案安全风险评估指标体系建设[J].浙江档案,2012(5):56-57.

[153]蔡跃江,杨丹.高校人力资源档案管理的作用绩效、动力来源与建设策略[J].档案学研究,2012(2):39-42.

[154]梁孟华.档案网站信息服务质量评价研究[J].档案学通讯,2012(2):57-61.

[155]项文新.档案信息安全风险评估流程[J].档案学研究,2012(1):76-79.

[156]陈忠海,陈飞.中部六省市级档案网站评估指标体系的构建及评估结果分析[J].档案管理,2012(2):30-34.

[157]杨霞.社会公众参与的档案利用服务质量评价初探[J].档案学通讯,2012(4):40-44.

[158]宋琦.基于档案事业发展的档案事业综合评估的诉求分析[J].档案学通讯,2011(6):84-88.

[159]王海弘,叶莎莎,王惠莹,等.族群认同与族群仪式档案保护绩效:交互记忆系统的影响[J].档案学通讯,2011(6):26-29.

[160]张宁.2011年我国省级档案网站综合测评与分析[J].档案学研究,2011(5):66-71.

[161]张健.电子文件信息安全管理评估体系研究[J].档案学通讯,2011(4):65-69.

[162]朱玉媛,牟凯旋.面向公众需求的档案服务绩效评估:基于绩效棱柱的评估模型构建与运行[J].档案管理,2011(4):4-7.

[163]周彩英.基于AHP和模糊综合评判的档案信息利用服务评价[J].档案学通讯,2011(3):88-91.

[164]杨秉光,陈慧.电力行业档案管理工作测评体系的构建研究:江苏电力公司档案管理工作测评体系的探索[J].档案学通讯,2011(2):88-91.

[165]叶继元.基于质量与创新测度的人文社会科学"全评价"体系及其应用[N].光明日报,2011-11-25(14).

[166]朱兰兰.档案信息资源开发利用对经济社会发展影响力测度问题初探[J].档案学通讯,2011(3):79-83.

[167]叶继元.建立"六位一体"的学术评价体系[N].中国社会科学报,2010-06-22(17).

[168]张锡田,车婷婷.档案事业综合评估指标体系的理论思考[J].档案学通讯,2010(6):21-24.

[169]梁孟华.档案信息服务评估模式的多视角研究[J].档案学研究,2010(5):63-66.

[170]叶继元.人文社会科学评价体系探讨[J].南京大学学报(哲学.人文科学.社会科学版),2010,47(1):97-110,160.

[171]张宁.我国市级档案网站综合测评与分析[J].档案学研究,2010(2):49-54.

[172]王小云,蓝少华.档案信息质量评价之指标权重分析及运用:基于层次分

析法[J].档案学通讯,2010(1):41-45.

[173]金胜勇,贾东琴.1999—2008年我国图书馆评估研究述评:对图书馆评估研究论文的计量分析[J].中国图书馆学报,2010,36(1):80-88.

[174]张红霞.国际图书馆服务质量评价:绩效评估与成效评估两大体系的形成与发展[J].中国图书馆学报,2009,35(1):78-85.

[175]张玲,王珊.高校教学评估指标体系与档案信息管理指标体系共性与差异性研究[J].档案,2009(6):43-45.

[176]朱玉媛,彭晓敏.民生档案在建立和谐社会评价指标体系中的地位与作用[J].中国档案,2009(9):52-54.

[177]田淑华.电子档案信息安全评价指标体系研究[J].北京档案,2009(7):13-15.

[178]李彩丽.档案事业综合评估的效应:以广西为例[J].档案学研究,2009(3):14-15.

[179]元林,卢德宏.交通档案效益评价指标体系构建研究[J].档案学研究,2009(3):43-46.

[180]卜青平,李绍春.煤矿科技档案网站绩效评估指标体系[J].山东煤炭科技,2009(3):200,202.

[181]张美芳.档案保护技术战略评估实践的研究[J].档案学研究,2009(1):54-58.

[182]祝洁.档案管理软件测评指标体系研究[J].兰台世界,2009(4):23-24.

[183]章燕华.澳大利亚政府电子文件规范质量评估体系建设[J].档案学通讯,2009(1):14-19.

[184]孙春兰.档案管理中的绩效评价[J].绥化学院学报,2008(6):176-177.

[185]童庄慧,王娟,肖友桃.试论政府档案网站评价指标体系的构建[J].湘潭师范学院学报(自然科学版),2008(3):122-125.

[186]王小云,王运彬.档案信息质量评价之指标体系构建[J].档案管理,2008(4):54-55.

[187]潘玉萍.档案资料在公共图书馆评估定级中的作用:兼论如何加强图书馆档案工作[J].情报探索,2008(6):79-81.

[188]赵淑梅.高校本科教学评估档案的管理[J].档案学通讯,2008(12):74-76.

[189]项文新.构建基于信息安全风险评估的档案信息安全保障体系必要性研究[J].档案学通讯,2008(1):56-59.

[190]王协舟.基于学术评价视阈的中国档案学阐释与批判[J].档案学通讯,2008(1):49-52.

[191]李林.博物馆评估方法浅析:以美国慈善机构导航的博物馆评估为案例[J].中国博物馆,2008(1):94-99.

[192]潘颖,黄世喆.AHP方法在科技档案价值评价中的应用[J].浙江档案,2007(12):10-12.

[193]项文新.档案信息安全保障状况需进行风险评估[J].中国档案,2007(12):54-55.

[194]刘萌.档案人员绩效考评的思考[J].档案学通讯,2007(6):81-85.

[195]温燕萍.档案管理规范化与高校评估之我见[J].档案学研究,2007(5):31-32.

[196]徐绍敏,沈骆萍.档案信息资源法制建设评价[J].档案学通讯,2007(2):4-7.

[197]王协舟.档案管理学发展的基本动因与趋势:中国档案学术评价系列之一[J].档案学通讯,2007(2):22-25.

[198]刘淑云.档案人员专业化趋势与绩效考核系统研究[J].档案学通讯,2007(1):24-27.

[199]徐芳,柴雅凌,金小璞.公共图书馆服务绩效评估指标体系构建研究[J].图书与情报,2007(6):37-40.

[200]刘越男,张宁.电子文件风险评估:基于中外专家调查结果的比较研究[J].中国档案,2006(11):25-28.

[201]倪慧敏,柯友良,黄文卿.高校评估档案管理规范化的探索[J].档案学研究,2006(5):16-18.

[202]傅荣校,韩云云.基于功能角度的档案网站评价指标体系研究[J].档案管理,2006(5):11-14.

[203]张月桂.档案在本科教学评估中发挥的重要凭证作用及几点思考[J].档案学通讯,2006(4):79-82.

[204]王拴勋.高校教学评估中的档案价值体现[J].兰台世界,2006(3):36-38.

[205]余胜.关于图书馆绩效评估的研究与实践[J].中国图书馆学报,2006(4):101-104.

[206]潘寅生.图书馆绩效评估简论[J].图书馆论坛,2006(6):31-36.

[207]余胜.关于图书馆绩效评估的研究与实践[J].中国图书馆学报,2006(4):101-104.

[208]阮孟禹.图书馆评估的意义与缺失[J].图书馆建设,2006(2):102-103.

[209]陆萍.在高校图书馆评估中运用层次分析法确定指标的权重[J].现代情报,2005(5):36-38.

[210]李凤莲.档案管理与本科教学工作水平评估[J].中国中医药现代远程教育,2005,3(10):59-60.

[211]高霏.浅谈档案机构管理中的绩效考核[J].四川档案,2005(4):62-63.

[212]黄金莲.高校科技档案服务机制创新的绩效评估[J].档案,2005(3):46-47.

[213]潘积仁.论建立档案机构绩效评估体系[J].中国档案,2005(6):20-21.

[214]张明明.高校评估:提升档案建设水准的重要契机[J].档案与建设,2005(5):27-28,37.

[215]卜昭玲.试论档案信息服务组织的绩效评估[J].档案学通讯,2005(2):12-14.

[216]于良芝,谷松,赵峥.SERVQUAL与图书馆服务质量评估:十年研究述评[J].大学图书馆学报,2005(1):51-57.

[217]姜晓.图书馆绩效评估方法评析[J].大学图书馆学报,2004(1):6-9.

[218]张燕,王协舟.档案信息化建设评估体系构想[J].档案与建设,2004(6):51-52.

[219]肖梅春.教育评估与教学档案[J].档案时空,2004(4):33.

[220]胡鸿杰.论中国档案学的评价机制[J].档案学通讯,2004(2):8-12.

[221]李华.高校教育教学档案工作与高校评估[J].开封大学学报,2003(3):51-52.

[222]任皓,刘廷元.数字图书馆的评估研究[J].图书馆杂志,2003(6):14-17.

[223]颜海.档案网站评价指标体系研究[J].档案管理,2003(1):21-22.

[224]安徽省档案局项目组.中国档案事业建设指标体系研究[J].中国档案,2003(2):45-50.

[225]刘文梅.国外数字图书馆绩效评估研究述评[J].津图学刊,2003(6):37-43.

[226]李致忠.关于图书馆的绩效评估[J].国家图书馆学刊,2002(2):2-5.

[227]吕鸿.高校教学评估与档案建设[J].浙江档案,2002(11):30.

[228]陈祖芬,张煜明.档案学本科教学评估体系研究[J].档案学通讯,2002(6):46-50.

[229]霍振礼,李碧清.档案利用评价指标研究[J].档案学通讯,2002(2):31-33.

[230]吴成来.论档案价值评估的双重标准[J].档案学研究,2002(1):12-15.

[231]周欣平.数字时代图书馆的发展方向及评估标准[J].图书情报工作,2001(4):5-9.

[232]王金颖.关于档案目标管理的一点思考[J].北京档案,2001(9):27-28.

[233]丁玉冰.浅谈高校档案管理的达标升级[J].大同医学专科学校学报,2001(2):49-50.

[234]刘韶青,贾无,曲树杰,杜方岭.干部人事档案的目标管理[J].档案学研究,2001(2):33-35.

[235]周纳新.档案利用评价的途径[J].档案管理,2000(6):36.

[236]袁燕.浅析学校评估与学校档案之关系[J].山东档案,2000(3):43-44.

[237]罗泽秀.预防医学档案目标管理[J].预防医学情报杂志,2000(2):134-135.

[238]陈永生.半个世纪以来的中国档案学关于自身问题研究的回顾与评价[J].档案学通讯,1999(4):16-20.

[239]汪霞.建立大学生综合素质评价档案的思考[J].档案学研究,1999(2):

32-33.

[240]刘家真.美国国家档案文件管理局的电子邮件文件管理规范及反馈评价综述[J].山西档案,1998(6):11-14.

[241]焦世礼.狠抓目标管理,提高档案管理水平:陕西省水利电力勘测设计研究院大力开展档案目标管理考评定级活动[J].陕西档案,1998(3):29-31.

[242]吴建华,薛志红.试论档案事业评估中的心理行为及其调节[J].档案与建设,1998(4):18-20.

[243]霍振礼,刘铁林.科技档案利用效益及科技-档案工作效益的评价指标及量化[J].档案学研究,1998(1):46-49.

[244]金波.在企业资产评估中如何客观认识企业档案的价值[J].档案学研究,1998(1):52-55.

[245]包锁英.企业设备档案与资产评估[J].档案与建设,1997(12):18-19.

[246]张永慧.简述企业档案工作目标管理[J].档案学研究,1997(3):56-57.

[247]吴建华.论档案事业评估误差及其控制[J].档案学通讯,1997(4):19-21.

[248]宋晶.机械工业部档案目标管理考评工作进展顺利[J].机电兵船档案,1997(2):2.

[249]冯惠玲.对档案著作的评价[J].档案学通讯,1996(5):14-19.

[250]刘国新.我院在晋升国家一级的档案考评中的经验与体会[J].档案学通讯,1996(5):45-47.

[251]张汝潮.试论企业档案资产的评估[J].档案学研究,1996(3):45-46.

[252]张志强.企业档案评估的原则、方法及对策[J].中国档案,1996(8):28-29.

[253]颜祥林,陈盈盈.档案自动化系统评价标准初探[J].档案学研究,1996(2):56-58.

[254]武成坤.浅谈机关档案工作升级的"几何式"工作法[J].山东档案,1996(2):22-23.

[255]张汝潮.试论企业资产评估档案[J].浙江档案,1996(2):22-23.

[256] 王雁宾.中央国家机关档案工作目标管理考评活动回顾[J].办公室业务,1996(2):27-28.

[257] 沈明.关于高校档案管理工作评价的探讨[J].图书情报知识,1995(4):62-63.

[258] 靳秀华,吴玲.试论档案作为企业的无形资产的评估[J].档案学研究,1995(4):40-41.

[259] OSMAN R,KNOTTENBELT W J. Database system performance evaluation models:A survey[J]. Performance Evaluation,2012,69(10):471-493.

[260] CAROLINE WILLIAMS. Managing Archives[M]. Oxford:Chandons Publishing,2006.

[261] LUXHOJ,JAMES T. Performance management:a business process benchmarking approach[M]. Chapman & Hall,1995.

[262] MURPHY K R,CLEVELAND J N. Performance appraisal:An organizational perspective.[M]. Allyn and Bacon,1991.

[263] SCHELLENBERG T R. Modern archives:principles and techniques[M]. Chicago:University of Chicago Press,1957.

[264] NEGM,AMRO,JAY JABRO,GIUSEPPE PROVENZANO. Assessing the suitability of American National Aeronautics and Space Administration (NASA) agro-climatology archive to predict daily meteorological variables and reference evapotranspiration in Sicily,Italy[J]. Agricultural and Forest Meteorology,2017,244-245:111-121.

[265] ADDURU,VIRAJ R,et al. Leveraging clinical imaging archives for radiomics:Reliability of automated methods for brain volume measurement[J]. Radiology,2017,284(3):862-869.

[266] LEE,DAE-HONG,HYUN JIN HONG. A study on the evaluating service quality in special subject repository:focused on the 5·18 archives[J]. International Journal of Knowledge Content Development & Technology,2017,7(4):85-106.

[267] CHANLIN L J,HUNG W H. Usability and evaluation of a library mobile web

site[J]. Electronic Library,2016,34(4):636-650.

[268] HSU F M,CHEN T Y,FAN C T,et al. Factors affecting the satisfaction of an online community for archive management in Taiwan[J]. Program,2015,49 (1):46-62.

[269] ALLCOTT H. Site selection bias in program evaluation [J]. The Quarterly Journal of Economics,2015,130(3):1117-1165.

[270] FABA PEREZ,CRISTINA,ISABEL MARÍA SANZ CABALLERO. Design and implementation of a weighted features model for the evaluation of archival websites:the case of Spain[J]. The Electronic Library,2014,32(2):203-220.

[271] JURGITA RUDZIONIENE,JAROSLAV DVORAK. Public administration approach: what do libraries need for consistent information services evaluation[J]. Library Management,2014,35(6/7):495-507.

[272] DEWAH,PETERSON,NATHAN MNJAMA. An assessment of the national archives of Zimbabwe's Gweru records centre. ESARBICA Journal,2013(32): 79.

[273] TIM RILEY. Assessing diet and seasonality in the Lower Pecos canyonlands: an evaluation of coprolite specimens as records of individual dietary decisions[J]. Journal of Archaeological Science,2012,39(1):145-162.

[274] BATTLEY,BELINDA,ALICIA WRIGHT. Finding and addressing the gaps: two evaluations of archival reference services[J]. Journal of Archival Organization,2012,10(2):107-136.

[275] NGOEPE,MPHO,SEGOMOTSO MASEGONYANA KEAKOPA. An assessment of the state of national archival and records systems in the ESARBICA region: a South Africa-Botswana comparison[J]. Records Management Journal,2011, 21(2):145-160.

[276] NEPGEN,DEON. Evaluation of archival institutions in New Zealand[J]. Mousaion,2012,30(2):171-186.

[277] BATTLEY B,WRIGHT A. Finding and addressing the gaps:two evaluations of archival reference services [J]. Journal of Archival Organization, 2012, 10

(2):107-136.

[278]RAY LYONS. Duck soup and library outcome evaluation[J]. Public Library Quarterly,2012,31(4):326-338.

[279]MARIANNA ADAMS. Museum evaluation[J]. Journal of Museum Education, 2012,37(2):25-35.

[280]JANG H J. A study on evaluation of national archives websites[J]. Journal of Korean Society of Archives and Records Management,2012,12(8):51-70.

[281]HALLIE PRESKILL. Museum evaluation without borders:four imperatives for making museum evaluation more relevant, credible, and useful[J]. Curator: The Museum Journal,2011,54(1):93-100.

[282]NGOEPE,MPHO,PATRICK NGULUBE. Assessing the extent to which the National Archives and Records Service of South Africa has fulfilled its mandate of taking the archives to the people[J]. Innovation,2011,2011(42):3-22.

[283]KEMONI,HENRY,ELSEBAH MASEH,NELLY MZERA. student assessment of the master of philosophy in information sciences (records and archives management) degree programme at Moi University,Kenya[J]. Esarbica Journal, 2011,30(2011):35.

[284]TSAKONAS G,PAPATHEODOROU C. An ontological representation of the digital library evaluation domain[J]. Journal of the American Society for Information Science and Technology,2011,62(8):1577-1593.

[285]YAKEL E,TIBBO H. Standardized survey tools for assessment in archives and special collections[J]. Performance Measurement and Metrics,2010,11(2): 211-222.

[286]LI H. A review on overseas evaluation of digital library[J]. Journal of Library Science in China,2010:88-94.

[287]YAKEL E,TIBBO H. Standardized survey tools for assessment in archives and special collections[J]. Performance Measurement & Metrics,2010,11(2): 211-222.

[288]ZHANG Y. Developing a holistic model for digital library evaluation[J]. Journal of the American Society for Information Science and Technology,2010,61 (1):88-110.

[289]HECKMAN J J. Building bridges between structural and program evaluation approaches to evaluating policy[J]. Journal of Economic literature,2010,48 (2):356-98.

[290]FRANKLIN B,KYRILLIDOU M,PLUM T. From usage to user:Library metrics and expectations for the evaluation of digital libraries[J]. Evaluation of Digital Libraries,2009,24(13):17-39.

[291]BÁRBARA L. Moreira,Marcos André Gonçalves,Laender A H F,et al. Automatic evaluation of digital libraries with 5SQual[J]. Journal of Informetrics, 2009,3(2):102-123.

[292]IMBENS G W,WOOLDRIDGE J M. Recent developments in the econometrics of program evaluation[J]. Journal of economic literature,2009,47(1):5-86.

[293]IMHOLZ S,ARNS J W. Worth their weight:an assessment of the evolving field of library evaluation[J]. Public Library Quarterly,2007,26(3-4):31-48.

[294]LYONS A C,PALMER L,JAYARATNE K S U,et al. Are we making the grade? A national overview of financial education and program evaluation[J]. Journal of Consumer Affairs,2006,40(2):208-235.

[295]MIZIKACI F. A systems approach to program evaluation model for quality in higher education[J]. Quality Assurance in Education,2006,14(1):37-53.

[296]DEHEJIA R H. Program evaluation as a decision problem[J]. Journal of Econometrics,2005,125(1-2):141-173.

[297]BLEDSOE K L,GRAHAM J A. The use of multiple evaluation approaches in program evaluation[J]. American Journal of Evaluation,2005,26(3):302-319.

[298]GRIMARD J,PAGé L. Towards program evaluation in archives[J]. Archival Science,2004,4(1-2):99-126.

[299]GRIFFIN A. Records management capacity assessment system (RMCAS)[J].

Archival Science,2004,4(1-2):71-97.

[300]RAO V,WOOLCOCK M. Integrating qualitative and quantitative approaches in program evaluation[J]. The impact of economic policies on poverty and income distribution:Evaluation techniques and tools,2003:165-190.

[301]SHIM W. Applying DEA technique to library evaluation in academic research libraries[J]. 2003:312-332.

[302]SPASSER M A. Realist activity theory for digital library evaluation:conceptual framework and case study [J]. Computer Supported Cooperative Work (CSCW),2002,11(1-2):81-110.

[303]SARACEVIC T. Digital library evaluation: toward an evolution of concepts[J]. Library Trends,2000,49(2):350-369.

[304]SARACEVIC T,COVI L. Challenges for digital library evaluation[J]. Proceedings of the Asis Annual Meeting,2000,37.

[305]FUNNELL S C. Developing and using a program theory matrix for program evaluation and performance monitoring [J]. New directions for evaluation, 2000,2000(87):91-101.

[306]CHOUDHURY G S,HOBBS B,LORIE M,et al. A framework for evaluating digital library services[J]. D-Lib Magazin,1997,8(7/8):1-11.

[307]CHEN H T. A comprehensive typology for program evaluation[J]. Evaluation Practice,1996,17(2):121-130.

[308]GREENE J C. Qualitative program evaluation[J]. Handbook of qualitative research,1994,530:544.

[309]HEDSTROM,MARGARET. Teaching archivists about electronic records and automated techniques:a needs assessment[J]. The American Archivist,1993, 56(3):424-433.

[310]BRETZ R D,MILKOVICH G T,READ W. The current state of performance appraisal research and practice: concerns, directions, and implications [J]. Journal of Management,1992,18(2):321-352.

[311]MOFFITT R. Program evaluation with nonexperimental data[J]. Evaluation

review,1991,15(3):291–314.

[312]COOK T D,SHADISH JR W R. Program evaluation:the worldly science[J]. Annual review of psychology,1986,37(1):193–232.

[313]SALVERSON C A. The relevance of statistics to library evaluation[J]. College & Research Libraries,1969,30(4):352–361.

[314]JARDINE B. An adaptive systems approach to the implementation and evaluation of digital library recommendation systems [J]. Journal of Personality, 1952,21(2):272.

附 录

附录 1 档案机构评估活动颁布的法规制度汇总

序号	法规制度名称	地区/行业（不含港澳台）	颁发/实施日期	颁发部门/发文字号	备注
1	《关于印发〈企业档案管理升级试行办法〉的通知》	全国	1987 年 7 月 9 日	国家档案局–国档发〔1987〕15 号	规范性文件 2010 年 10 月 29 日废止
2	《吉林省工业企业档案工作定级、升级暂行办法》	吉林省	1987 年 8 月 15 日	吉林省档案局	
3	《北京市企业档案管理一级考核标准》	北京市	1987 年 8 月 15 日	北京市档案局	
4	《天津市企业档案管理定级考核标准》	天津市	1987 年	天津市档案局和市经委联合	
5	《水利电力部企业档案管理升级暂行办法》	水利电力	1988 年 3 月 31 日	水利电力部–〔1988〕水电办字第 11 号	
6	《黑龙江省机关文书档案管理升级暂行规定》	黑龙江省	1988 年 8 月 12 日	中共黑龙江省委办公厅、黑龙江省人民政府办公厅	地方政府法规
7	《上海轻工企业档案升级工作规划（草案）》	上海市	1988 年	上海市档案局	
8	《天津市区县档案馆升级试行办法》	天津市	1989 年 11 月	天津市档案局	

序号	法规制度名称	地区/行业（不含港澳台）	颁发/实施日期	颁发部门/发文字号	备注
9	《天津市市级机关档案工作升级试行办法》	天津市	1990 年 4 月	天津市档案局	
10	《北京市档案工作定级升级试行办法》分别确定三个试行标准：《区、县档案馆工作等级考核试行标准》《市级机关档案管理工作等级考核试行标准》《区、县直机关档案管理工作等级考核试行标准》	北京市	1990 年 7 月 4 日	北京市档案局	
11	《能源部设计、科研单位档案管理升级考核评审办法》	能源	1990 年 2 月 19 日	能源办〔1990〕122 号	
12	《北京市档案工作定级升级试行办法》	北京市	1990 年 7 月 4 日	北京市档案局	
13	《关于印发〈河北省档案工作上等升级暂行办法〉及三个标准的通知》	河北省	1990 年 7 月 5 日	冀档〔1990〕42 号	含机关团体、事业单位、档案局馆等单位
14	《广东省各级国家档案馆工作达标升级考核标准》	广东省	1990 年 8 月 1 日	广东省档案局	
15	《重庆市企业档案管理升级实施细则》	重庆市	1991 年	重庆市档案局	
16	《科学技术事业单位档案管理升级办法》	全国	1991 年 5 月 28 日	国家档案局、国家科委、建设部-国档发〔1991〕16 号	2010 年 10 月 29 日废止

序号	法规制度名称	地区/行业（不含港澳台）	颁发/实施日期	颁发部门/发文字号	备注
17	《关于暂停企业档案管理升级考评工作的通知》	全国	1991 年 9 月 16 日	国家档案局	
18	《地质矿产部地质勘查单位档案管理升级办法》	地质矿产	1991 年 11 月 25 日	地质矿产部、国家档案局-地发〔1991〕88 号	
19	《海南省机关档案综合管理升级试行办法》	海南省	1991 年	海南省档案局-琼档字〔1991〕23 号	
20	《北京市科学技术事业单位档案管理升级实施细则》	北京市	1992 年 3 月 24 日	北京市档案局、市科委、市建委、市政管委、首规委发布	
21	《机关档案室工作等级具体考核标准》	辽宁省	1992 年 5 月 19 日	辽宁省档案局-辽档发〔1992〕20 号	被《辽宁省机关档案工作评定办法》（辽档发〔2006〕5 号）代替
22	《国家档案局关于在中央、国家机关开展档案工作达标升级活动的通知》	全国	1992 年 5 月 28 日	国家档案局-国档发〔1992〕9 号	2010 年 10 月 29 日废止
23	《重庆市科学技术事业单位档案管理升级考核标准》	重庆市	1992 年 6 月 17 日	重庆市档案局、重庆市科委、重庆市城乡建委、重庆市教委、重庆市卫生局联合印发	《重庆市科学技术事业单位档案管理升级实施细则》
24	《档案管理升级办法实施细则》《国家海洋局档案定级办法实施细则》	海洋	1992 年 7 月 20 日	国家海洋局-国海办发〔1992〕361 号	

序号	法规制度名称	地区/行业（不含港澳台）	颁发/实施日期	颁发部门/发文字号	备注
25	《国家建筑材料工业局科学技术事业单位档案管理升级办法》	建筑材料	1992 年 8 月 5 日	国家建筑材料工业局发布	
26	《中央、省、自治区、直辖市和计划单列市国家综合档案馆考评定级试行办法》	全国	1992 年 12 月 10 日	国家档案局-国档发〔1992〕19 号	2010 年 10 月 29 日废止
27	《水利部科技事业单位档案管理升级办法实施细则（试行）》	水利	1992 年	水办〔1992〕17 号	2016 年 5 月 31 日废止
28	《国家档案局、最高人民法院关于地方各级人民法院参加地方机关档案管理升级活动的通知》	全国	1993 年	国家档案局、最高人民法院-国档发〔1993〕3 号	
29	《医药卫生科学技术事业单位档案管理升级实施细则》	医药卫生	1993 年 3 月 15 日	卫生部发布	
30	《关于在中央和国家机关全面开展档案工作目标管理考评活动的通知》	全国	1994 年 5 月	国家档案局-档发字〔1994〕5 号	
31	《关于在省级和副省级市、计划单列市档案馆开展目标管理考评活动的通知》	全国	1995 年 1 月 3 日	国家档案局-档发字〔1995〕1 号	2010 年 10 月 29 日废止

序号	法规制度名称	地区/行业（不含港澳台）	颁发/实施日期	颁发部门/发文字号	备注
32	《上海市区县机关档案管理（一级）评分标准》	上海市	1995年1月27日	上海市档案局-沪档〔1995〕9号	
33	《机械工业部科技事业单位档案目标管理考评定级（暂行）办法》	机械工业	1995年4月18日	机械工业部-机械办〔1995〕311号	
34	《山东省科学技术事业单位档案工作目标管理考核办法》	山东省	1995年6月10日	山东省教育委员会、山东省档案局、山东省科学技术委员会、山东省卫生厅、山东省城乡建设委员会	
35	《科技事业单位档案工作目标管理考评定级标准》	全国	1995年	国家档案局	
36	《关于加强建设部直属单位档案工作的几点意见》	建设	1995年	建设部-建办〔1995〕414号	2016年2月18日失效
37	《国家档案局关于印发〈企业档案工作目标管理办法〉的通知》	全国	1996年3月25日	国家档案局-〔1996〕9号文	2010年10月29日废止
38	《广东各级国家档案馆工作达标升级办法》	广东省	1996年6月4日	广东省档案局印发-粤档字〔1996〕16号	
39	《广东省机关档案综合管理达标升级办法》	广东省	1996年6月28日	广东省档案局	
40	《辽宁省机关档案工作特级具体考核标准》	辽宁省	1996年7月1日	辽宁省档案局-辽档发〔1996〕44号	被《辽宁省机关档案工作评定办法》（辽档发〔2006〕5号）代替

序号	法规制度名称	地区/行业（不含港澳台）	颁发/实施日期	颁发部门/发文字号	备注
41	《干部人事档案工作目标管理暂行办法》《干部人事档案工作目标管理考评标准》	全国	1996 年 12 月 25 日	中组部-组通字〔1996〕第 55 号	
42	《辽宁省企业档案工作目标管理标准》	辽宁省	1996 年	辽宁省档案局	
43	《建设部办公厅关于开展企业档案目标管理的通知》	建设	1996 年	建设部办公厅-建办档〔1996〕106 号	2016 年 2 月 18 日失效
44	《建设部办公厅关于印发企业档案目标管理工作计划的通知》	建设	1996 年	建设部办公厅-建办档〔1996〕121 号	2016 年 2 月 18 日失效
45	《北京市档案工作目标管理合格级考核标准（试行本）》	北京市	1996 年	北京市档案局	
46	《北京市市级机关档案工作目标管理高级标准》	北京市	1996 年	北京市档案局	
47	《关于做好企业档案工作目标管理更好地为企业改革发展服务的通知》	全国	1997 年	国家档案局	
48	《重庆市企业档案工作目标管理实施办法》	重庆市	1997 年 3 月	重庆市档案局	
49	《文化部关于加强直属单位档案管理工作的通知》	文化	1997 年 4 月 4 日	文化部-文办发〔1997〕25 号	

序号	法规制度名称	地区/行业（不含港澳台）	颁发/实施日期	颁发部门/发文字号	备注
50	《重庆市各级机关档案工作升级办法》	重庆市	1997 年 4 月 15 日	重庆市档案局	2001 年 6 月 22 日废止
51	《城市建设档案馆目标管理考评办法》	全国	1997 年 5 月 27 日	建设部-建办〔1997〕120 号	
52	《广东省村民委员会档案工作目标管理试行办法》	广东省	1997 年 11 月 20 日	广东省档案局	
53	《上海市浦东新区档案目标管理达标办法》	上海市	1998 年 3 月 20 日	上海市浦东新区档案馆-浦档〔1998〕10 号	
54	《关于印发〈干部人事档案工作目标管理检查验收细则〉的通知》	内蒙古自治区	1998 年 4 月 21 日	中共内蒙古自治区委员会组织部-组通〔1998〕12 号	
55	《关于印发〈广西壮族自治区各级机关档案室定级升级办法〉〈广西壮族自治区各级机关档案室等级标准〉（修正）的通知》	广西壮族自治区	1998 年	桂档字〔1998〕14 号	2014 年 4 月 16 日废止
56	《重庆市企事业单位档案工作目标管理等级考评工作程序》	重庆市	1999 年 1 月	重庆市档案局	2001 年 12 月修改重新发布《重庆市企业档案工作目标管理实施办法》和《重庆市企事业单位档案工作目标管理实施办法》

序号	法规制度名称	地区/行业（不含港澳台）	颁发/实施日期	颁发部门/发文字号	备注
57	《中国科学院关于推行干部人事档案工作目标管理制度的通知》	教育	1999年6月7日	中国科学院-科发人教字〔1999〕0258号	
58	《湖北省机关档案工作目标管理考评办法》	湖北省	1999年	湖北省档案局	2007年8月1日第二次修订
59	《宁夏回族自治区乡镇档案工作目标管理办法》	宁夏回族自治区	2000年11月20日	宁夏回族自治区档案局-宁档发〔2000〕47号	2014年4月16日废止
60	《城建档案馆目标管理考评内容和评分标准》	全国	2001年1月20日	建设部-建办函〔2001〕13号	
61	《辽宁省特级档案馆考核评分细则（试行)》	辽宁省	2001年4月17日	辽宁省档案局-辽档发〔2001〕9号	被《关于印发〈辽宁省国家综合档案馆评估办法〉的通知》（辽档发〔2006〕6号）代替
62	《重庆市机关档案工作目标管理考核定级办法》	重庆市	2001年6月22日	重庆市档案局	
63	《湖南省市(州)、县档案馆目标管理考评试行办法》	湖南省	2001年7月2日	湖南省档案局-湘档发〔2001〕21号	
64	《青海省乡镇档案工作目标管理办法》	青海省	2011年	青档〔2001〕30号	
65	《湖南省机关档案工作目标管理试行办法》	湖南省	2001年7月3日	湖南省档案局-湘档发〔2001〕22号	

序号	法规制度名称	地区/行业（不含港澳台）	颁发/实施日期	颁发部门/发文字号	备注
66	《黑龙江省企业、科技事业单位档案工作目标管理考评标准》	黑龙江省	2003 年 4 月 17 日	黑龙江省档案局-黑档发〔2003〕32 号	
67	《辽宁省档案信息化建设评估办法（试行)》	辽宁省	2003 年	辽宁省档案局-辽档发〔2003〕10 号	2011 年 4 月 6 日废止
68	《河北省机关、团体、事业单位档案工作目标管理办法》	河北省	2003 年	冀档〔2003〕4 号	
69	《黑龙江省档案局关于做好 2004 年全省档案行政执法责任制目标考核的通知》	黑龙江省	2004 年 9 月 17 日	黑龙江省档案管理局-黑档发〔2004〕78 号	
70	《黑龙江省档案局关于开展 2004 年度综合档案馆管理现代化评估的通知》	黑龙江省	2004 年 10 月 13 日	黑龙江省档案管理局-黑档发〔2004〕83 号	
71	《黑龙江省档案局关于做好 2005 年全省档案行政执法责任制目标考核工作的通知》	黑龙江省	2005 年 7 月 21 日	黑档发〔2005〕54 号	
72	《浙江省财政地税系统档案工作目标管理省级认定办法》	浙江省	2005 年 9 月 20 日	浙江省地方税务局、浙江省财政厅、浙江省档案局-浙财办字〔2005〕24 号	

序号	法规制度名称	地区/行业（不含港澳台）	颁发/实施日期	颁发部门/发文字号	备注
73	《广东省市（地）、县级国家档案馆目标管理考核标准》	广东省	2005 年 12 月 27 日	广东省档案局–粤档发〔2005〕55 号	省档案局 1989 年制定印发了《广东省各级国家档案馆工作达标升级标准》（以下简称原标准）,1996 年进行了第一次修订；规范性文件
74	《关于印发〈广西壮族自治区特级档案室管理办法〉和〈广西壮族自治区特级档案室等级标准〉的通知》	广西壮族自治区	2005 年	桂档发〔2005〕33 号	2014 年 4 月 16 日废止
75	《黑龙江省档案局关于下发 2006 年全省档案行政执法责任制专用目标的通知》	黑龙江省	2006 年 1 月 20 日	黑龙江省档案管理局	
76	《江苏省城建档案馆（室）目标管理考评办法（试行）》	江苏省	2006 年 3 月 20 日	江苏省建设厅–苏建档〔2006〕91 号	
77	《广东省省直单位档案工作年度评估办法(试行)》	广东省	2006 年 4 月 27 日	广东省档案局–粤档发〔2006〕15 号	2010 年；2015 年
78	《吉林省住房和城乡建设厅关于加强全省城建档案管理机构建设和目标管理考评工作的通知》	吉林省	2006 年 5 月 8 日	吉建档案〔2006〕5 号	

序号	法规制度名称	地区/行业（不含港澳台）	颁发/实施日期	颁发部门/发文字号	备注
79	《江苏省城建档案馆(室)目标管理复查办法（试行)》	江苏省	2006 年 9 月 25 日	江苏省建设厅-苏建档〔2006〕410 号	
80	《辽宁省机关档案工作评定办法》	辽宁省	2006 年	辽宁省档案局-辽档发〔2006〕5 号	
81	《关于印发〈辽宁省国家综合档案馆评估办法〉的通知》	辽宁省	2006 年	辽宁省档案局-辽档发〔2006〕6 号	
82	《河北省省直机关、团体、事业单位档案工作目标管理特级标准考核办法(试行)》	河北省	2006 年	冀档发〔2006〕10 号	
83	《关于开展档案事业发展综合评估工作的通知》	全国	2007 年 3 月 7 日	国家档案局、中央档案馆-档函〔2007〕31 号	
84	《关于要求报送 2007 年度档案工作目标管理认定计划的通知》	浙江省	2007 年 3 月 16 日	浙江省杭州市档案局-杭档发〔2007〕11 号	
85	《宁波市重点建设项目档案专项验收评分标准》	浙江省	2007 年 6 月 12 日	宁波市档案局-甬档〔2007〕43 号	
86	《湖北省交通厅关于组织开展人事档案达标升级工作的通知》	湖北省	2007 年 8 月 17 日	湖北省交通厅	
87	《贵州省企事业单位档案管理评估办法》	贵州省	2007 年 12 月 3 日	贵州省档案局	

序号	法规制度名称	地区/行业（不含港澳台）	颁发/实施日期	颁发部门/发文字号	备注
88	《三亚市档案事业发展综合评估办法》	海南省	2008年1月16日	三亚市人民政府办公室-三府办〔2008〕17号	
89	《宁夏回族自治区机关档案工作规范化管理评估办法》	宁夏回族自治区	2008年2月20日	宁档发〔2008〕6号	
90	《市、县级国家综合档案馆测评办法》	全国	2008年2月21日	国家档案局办公室-档办〔2008〕30号	
91	《黑龙江省档案事业发展综合评估实施方案》	黑龙江省	2008年3月11日	黑龙江省档案管理局-黑档发〔2008〕12号	
92	《民政部办公厅关于印发〈民政部直属单位档案工作目标管理考评办法〉的通知》	全国	2008年4月30日	民政部办公厅-民办发〔2008〕4号	2011年第二次
93	《重庆市机关档案工作目标管理考核办法》	重庆市	2008年5月14日	重庆市档案局-渝档发〔2008〕26号	
94	《国家档案局办公室关于市、县级国家综合档案馆测评工作有关问题的通知》	全国	2008年8月15日	国家档案局办公室-档办〔2008〕117号	
95	《宁夏回族自治区机关档案工作规范化管理评估办法(试行)》	宁夏回族自治区	2008年8月20日	宁夏回族自治区档案局-宁档发〔2008〕6号	
96	《全省物价系统档案工作目标管理指导意见》	湖北省	2008年12月2日	湖北省物价局-鄂价办〔2008〕281号	

序号	法规制度名称	地区/行业（不含港澳台）	颁发/实施日期	颁发部门/发文字号	备注
97	《浙江省档案局关于开展全省综合档案馆信息化评估工作的通知》	浙江省	2008 年 12 月 26 日	浙江省档案局-浙档〔2008〕89 号	
98	《重庆市企业、事业单位档案工作目标管理办法》	重庆市	2008 年 12 月 29 日	重庆市档案局-渝档发〔2008〕64 号	
99	《浙江省综合档案馆信息化评估标准》	浙江省	2008 年	浙江省档案馆	
100	《关于报送 2013 年度档案工作目标管理省级认定和示范数字档案室评选计划的通知》	浙江省	2009 年 2 月 5 日	浙江省档案局-浙人发〔2009〕27 号	
101	《关于在贵州省交通厅系统深入开展干部人事档案目标管理工作的通知》	贵州省	2009 年 2 月 26 日	贵州省交通运输厅	
102	《江苏省机关团体企业事业单位档案工作规范测评》	江苏省	2009 年 3 月 4 日	江苏省档案局-苏档发〔2009〕8 号	
103	《浙江省住房公积金业务档案管理暂行办法》《浙江省住房公积金档案工作目标管理考核标准》	浙江省	2009 年 6 月 24 日	浙江省住房和城乡建设厅 - 浙建房〔2009〕47 号	
104	《江苏省示范城建档案馆评估办法（试行）》	江苏省	2009 年 7 月 3 日	江苏省建设厅建设档案办公室	

序号	法规制度名称	地区/行业（不含港澳台）	颁发/实施日期	颁发部门/发文字号	备注
105	《浙江省交通系统档案工作目标管理认定标准的通知》	浙江省	2009 年 8 月 26 日	浙江省档案局、浙江省交通运输厅-浙交〔2009〕200 号	
106	《重庆市区县（自治县）国家综合档案馆目标管理考核办法》	重庆市	2009 年 10 月 21 日	重庆市档案局-渝档发〔2009〕36 号	
107	《关于做好我县机关档案综合管理达标升级工作的通知》	广东省	2009 年 10 月 30 日	梅州市蕉岭县人民政府办公室-蕉府办〔2009〕55 号	
108	《吉林省房地产权属档案馆目标管理考评办法》	吉林省	2009 年 12 月 15 日	吉林省房地产权属档案馆	
109	《浙江省机关档案工作目标管理省级认定标准（修订）》	浙江省	2010 年 5 月 31 日	浙江档案局-浙档发〔2010〕16 号	
110	《浙江省档案局关于开展科技事业单位档案工作目标管理等级认定活动的通知》	浙江省	2010 年 6 月 1 日	浙江档案局-浙档发〔2010〕19 号	
111	《企业档案工作等级评定标准（2010 修订）》	浙江省	2010 年 6 月 13 日	浙江档案局-浙档发〔2010〕22 号	
112	《浙江省乡镇机关档案工作目标管理省级认定标准（修订）》	浙江省	2010 年 6 月 13 日	浙江档案局-浙档发〔2010〕23 号	

序号	法规制度名称	地区/行业（不含港澳台）	颁发/实施日期	颁发部门/发文字号	备注
113	《关于2010年度省直单位档案工作年度评估活动有关事项的通知》	广东省	2010年7月21日	广东省档案局–粤档函〔2010〕93号	2006年；2015年
114	《合肥市档案工作目标管理考核办法》	安徽省	2010年9月27日	中共合肥市委办公厅、合肥市人民政府办公厅–厅〔2010〕202号	
115	《档案工作目标管理考评细则》	安徽省	2010年9月27日	合肥市档案局–合档〔2010〕44号	
116	《天津市机关档案工作评估办法》	天津市	2010年10月20日	津档发〔2010〕29号	
117	《全省高校档案管理工作检查评估实施方案》	山东省	2010年	鲁教办字〔2010〕3号	
118	《2010年各县（区）档案工作目标管理考核指标》	广西壮族自治区	2010年	南宁档案局–南档发〔2010〕10号	
119	《辽宁省档案局辽宁省人民政府国有资产监督管理委员会关于开展辽宁省省属企业档案业务建设评价工作的通知》	辽宁省	2010年	辽宁省档案局和辽宁省人民政府国有资产监督管理委员会联合印发	
120	《关于开展高等学校档案工作考核评估的通知》	辽宁省	2010年	辽教办〔2010〕42号	
121	《辽宁省社会主义新农村建设档案工作示范县评分细则》	辽宁省	2010年	辽档发〔2010〕8号	

序号	法规制度名称	地区/行业（不含港澳台）	颁发/实施日期	颁发部门/发文字号	备注
122	《河北省机关档案工作目标管理认定办法》	河北省	2011 年 1 月 24 日	河北省档案局	
123	《2011 年度档案工作目标管理考核细则》	安徽省	2011 年 3 月 7 日	合肥市档案局-合档〔2011〕9 号	
124	《2011 年档案工作目标考核办法》	四川省	2011 年 3 月 7 日	南充市仪陇县目标管理督查办公室-仪目督〔2011〕16 号	
125	《重庆市档案局关于 2011 年机关档案工作目标管理复查的通知》	重庆市	2011 年 3 月 14 日	重庆市档案局-渝档发〔2011〕20 号	
126	《浙江省湖州市档案局关于继续开展档案工作目标管理认定和复查的通知》	浙江省	2011 年 3 月 30 日	浙江省湖州市档案局-湖档〔2011〕5 号	
127	《中央企业档案工作评价办法》	全国	2011 年 4 月 1 日	国务院国有资产监督管理委员会令-国资厅发〔2011〕32 号	2017 年 12 月 29 日,国务院国资委在《关于公布规章规范性文件清理结果的公告》中将其暂停
128	《黑龙江省企业档案工作规范化管理评估办法》	黑龙江省	2011 年 4 月 15 日	黑龙江省档案局	
129	《云南省城建档案（房产档案部分）目标管理考评办法的通知》	云南省	2011 年 4 月 20 日	云南省住房和城乡建设厅-云建办〔2011〕236 号	

序号	法规制度名称	地区/行业（不含港澳台）	颁发/实施日期	颁发部门/发文字号	备注
130	《台州市机关档案工作目标管理市级认定办法》	浙江省	2011 年 5 月 10 日	浙江省台州市档案局－台档〔2011〕20号	
131	《河南省社会主义新农村建设档案工作示范乡（镇、街道办事处）、村（居委会）测评办法》	河南省	2011 年 5 月 16 日	河南省档案局－豫档发〔2011〕16 号	
132	《上海市区（县）档案事业发展综合评估办法》	上海市	2011 年 6 月 23 日	上海市档案局－沪档〔2011〕78 号	
133	《陕西省档案工作目标管理认证办法》	陕西省	2011 年 7 月 28 日	陕西省档案局	2004 年 7 月 30日制定，2011年 7 月 28 日修订；不同单位统一一个标准评比
134	《江苏省村镇建设档案室目标管理评估办法（试行）》	江苏省	2011 年 8 月 9 日	江苏省住房和城乡建设厅文件－苏建档〔2011〕575 号	
135	《省卫生厅"十二五"档案工作目标管理等级认定计划》	河北省	2011 年 8 月 31 日	河北省卫生厅－冀卫办〔2011〕21 号	
136	《河北省企业档案工作目标管理认定办法》	河北省	2011 年 9 月 22 日	河北省档案局－冀档〔2011〕5 号	
137	《民政部办公厅关于开展第二次直属单位档案工作目标管理考评的通知》	全国	2011 年 10 月 30日	民政部办公厅	

序号	法规制度名称	地区/行业（不含港澳台）	颁发/实施日期	颁发部门/发文字号	备注
138	《关于认真做好全省林业系统档案工作目标管理等级考评工作的通知》	湖北省	2011 年 11 月 2 日	湖北省林业厅办公室-鄂林办发〔2011〕136 号	
139	《安徽省机关档案工作目标管理考核办法》	安徽省	2011 年 11 月 19 日	安徽省档案局-皖档发〔2011〕18 号	
140	《关于对 2011 年档案工作目标管理情况进行检查的通知》	贵州省	2011 年 12 月 16 日	贵阳市档案局-筑档通〔2011〕27 号	
141	《广东省企业档案工作规范测评办法(2011 年)》	广东省	2011 年	广东省档案局-粤档发〔2011〕24 号	
142	《北京市区县机关档案工作测评办法》	北京市	2011 年	北京市档案局-京档发〔2011〕1 号	
143	《贵阳市档案局关于对 2011 年档案工作目标管理情况进行检查的通知》	贵州省	2011 年	贵阳市档案局-筑档通〔2011〕第 27 号	
144	《江苏省城建档案馆目标管理评估办法》	江苏省	2012 年 1 月 13 日	江苏省住房和城乡建设厅文件-苏建档〔2012〕106 号	
145	《江苏省数字档案馆等级评估办法》	江苏省	2012 年 2 月 23 日	江苏省档案局-苏档规发〔2011〕1 号	
146	《江苏省数字档案室等级评估办法》	江苏省	2012 年 2 月 23 日	江苏省档案局-苏档规发〔2011〕2 号	
147	《桐乡市机关档案工作目标管理市级认定办法和认定标准(修订)》	浙江省	2012 年 3 月 13 日	桐乡市档案局-桐档〔2012〕4 号	

序号	法规制度名称	地区/行业（不含港澳台）	颁发/实施日期	颁发部门/发文字号	备注
148	《安徽省住房和城乡建设厅关于开展城建档案管理综合评估的通知》	安徽省	2012 年 4 月 9 日	安徽省住房和城乡建设厅－建规函〔2012〕351 号	
149	《内蒙古自治区机关档案工作测评办法》《内蒙古自治区机关档案工作测评标准》	内蒙古自治区	2012 年 4 月 11 日	内蒙古自治区党委办公厅、自治区人民政府办公厅－厅发〔2012〕23 号	
150	《浙江省司法行政系统档案工作目标管理省级认定标准(修订)》	浙江省	2012 年 4 月 11 日	浙江省司法厅、浙江省档案局－浙司〔2012〕60 号	
151	《关于加强全省粮食系统档案目标管理工作的通知》	湖北省	2012 年 5 月 11 日	湖北省粮食局、湖北省档案局－鄂粮发〔2012〕11 号	
152	《西电集团档案工作评价办法》	电气	2012 年 5 月	西电集团	
153	《黑龙江省城建档案馆(室)目标管理评估办法(征求意见稿)》	黑龙江省	2012 年 5 月 18 日	黑龙江省住房和城乡建设厅－黑建函〔2012〕110 号	
154	《黑龙江省城建档案馆(室)目标管理评估办法》	黑龙江省	2012 年 6 月 11 日	黑龙江省住房和城乡建设厅－黑建规〔2012〕25 号	
155	《乐山市档案局目标绩效管理办法(试行)》	四川省	2012 年 9 月 27 日	乐山市档案局	
156	《天津市企业档案工作评估办法》	天津市	2012 年 11 月 29 日	天津市档案局办公室	2005 年制定的《天津市企业档案工作评估暂行办法》(津档〔2005〕31 号)同时废止

序号	法规制度名称	地区/行业（不含港澳台）	颁发/实施日期	颁发部门/发文字号	备注
157	《关于开展城建档案管理综合评估的通知》	山西省	2012 年 11 月 2 日	山西省住房和城乡建设厅－晋建办函〔2012〕977 号	
158	《河南省各级档案馆档案安全评估办法》和《河南省各级档案馆档案安全评估标准》	河南省	2012 年	河南省档案局	
159	《北京市新农村建设档案工作测评办法》	北京市	2012 年	北京市档案局、北京市民政局、北京市农村工作委员会－京档发〔2012〕10 号	
160	《辽宁省数字档案馆等级评估办法》	辽宁省	2012 年	辽宁省档案局	《辽宁省数字档案馆建设测评细则（试行）》《辽宁省数字档案馆安全风险评估细则（试行）》
161	《水利档案工作规范化管理综合评估办法》	水利/全国	2013 年 2 月 19 日	水利部办公厅－办档〔2013〕56 号	
162	《广州市教育局局属各单位档案工作年度评估办法》	广东省	2013 年 3 月 26 日	广东省广州市教育局－穗教办〔2013〕10 号	
163	《海南省档案工作目标管理考评办法》	海南省	2013 年 4 月 16 日	海南省档案局	
164	《宁夏回族自治区地(市)县档案馆工作考核标准实施细则》	宁夏回族自治区	2013 年 6 月 5 日	宁夏回族自治区档案局	

序号	法规制度名称	地区/行业（不含港澳台）	颁发/实施日期	颁发部门/发文字号	备注
165	《宁夏回族自治区机关档案工作升级定级考核标准实施细则》	宁夏回族自治区	2013年6月5日	宁夏回族自治区档案局	
166	《广东省水利厅直属单位档案工作年度评估办法》	广东省	2013年6月13日	广东省水利厅，粤水政务〔2013〕4号	
167	《无锡市档案局关于开展无锡市档案工作年度评估的实施意见》	江苏省	2013年7月1日	无锡市档案局-锡档发〔2013〕4号	
168	《浙江省档案局关于开展全省档案事业发展"十二五"规划中期评估的通知》	浙江省	2013年7月1日	浙江省档案局-浙档发〔2013〕18号	
169	《干部人事档案工作目标管理达标升级工作方案》	内蒙古自治区	2013年	鄂尔多斯市交通运输局-鄂交发〔2013〕242号	
170	《吉林省城建档案馆目标管理评估办法》	吉林省	2014年3月6日	吉建城档〔2014〕2号	
171	《广西壮族自治区各级机关档案室等级认定办法》	广西壮族自治区	2014年4月16日	桂档发〔2014〕22号	
172	《重庆市区县（自治县）档案工作年度目标管理考核办法》	重庆市	2014年4月21日	重庆市档案局-渝档发〔2014〕9号	
173	《实施〈山东省档案工作科学化管理规范〉测评办法》	山东省	2014年8月8日	山东省档案局-鲁档发〔2014〕37号	

序号	法规制度名称	地区/行业（不含港澳台）	颁发/实施日期	颁发部门/发文字号	备注
174	《浙江省城建档案馆(室)目标管理考核认定办法》	浙江省	2014 年 8 月 26 日	浙江省城乡和住房建设厅、浙江省档案局–建办发〔2014〕299 号	
175	《数字档案馆系统测试办法》	全国	2014 年 11 月 26 日	国家档案局办公室–档办发〔2014〕6 号	
176	《江苏省机关团体企业事业单位档案工作规范等级复查暂行办法》	江苏省	2015 年 4 月 8 日	江苏省档案局–苏档发〔2015〕18 号	
177	《甘肃省档案工作年度考核办法(试行)》	甘肃省	2015 年 1 月 18 日	甘档发〔2015〕122 号	
178	关于对《广东省省直单位档案工作年度评估办法(修订稿)》和《广东省省直档案工作协作组规则(征求意见稿)》	广东省	2015 年 4 月 29 日	广东省环保厅	
179	《关于开展全省数字档案室建设测评》	浙江省	2015 年	浙江省档案局–浙档发〔2015〕18 号	
180	《关于开展数字档案室建设测评的通知》	浙江省	2015 年	浙江省慈溪市档案局–慈档〔2015〕9 号	
181	《湖北省机关档案工作目标管理考评办法》	湖北省	2016 年 3 月 21 日	湖北省档案局–鄂档规〔2016〕1 号	1989 年制定，1999 年第一次修订，2007 年第二次修订，2009 年第三次修订，2011 年第四次修订，2016 年第五次修订

序号	法规制度名称	地区/行业（不含港澳台）	颁发/实施日期	颁发部门/发文字号	备注
182	《市直单位档案工作目标管理考核标准》	江西省	2016 年 4 月 21 日	鹰潭市档案局-鹰档字〔2016〕8 号	
183	《湖北省科技、企事业单位档案工作目标管理考评办法》	湖北省	2016 年 4 月 28 日	湖北省档案局-鄂档规〔2016〕3 号	2004 年制定，2007 年第一次修订，2009 年第二次修订，2012 年第三次修订，2016 年第四次修订
184	《关于开展 2016 年档案工作评估的通知》	江苏省	2016 年 9 月 19 日	无锡市滨湖区档案局文件-锡滨档〔2016〕9 号	
185	《国家档案局办公室关于印发数字档案室建设评价办法的通知》	全国	2016 年 10 月 10 日	国家档案局办公室-档办发〔2016〕3 号	
186	《关于加强新形势下机关档案工作全面规范、加快实现转型升级的意见》	天津市	2016 年	津档发〔2016〕18 号	
187	《关于开展浦东新区标准档案室评估工作的通知》	上海市	2017 年 8 月 2 日	浦东新区档案局-浦档〔2017〕24 号	
188	《浙江省数字档案馆系统评估办法》	浙江省	2017 年 7 月 17 日	浙江省档案局-浙档发〔2017〕18 号	
189	《关于开展档案工作年度评估的预备通知》	江苏省	2017 年 9 月 1 日	江苏省江阴市档案局-澄档发〔2017〕19 号	

序号	法规制度名称	地区/行业（不含港澳台）	颁发/实施日期	颁发部门/发文字号	备注
190	《国家档案局关于开展副省级以上综合档案馆业务建设评价工作的通知》	全国	2017 年 10 月 13 日	国家档案局－档函〔2017〕211 号	
191	《省直机关事业单位 2017 年度档案工作考核评分标准》	甘肃省	2017 年	甘肃省档案局－甘档发〔2017〕35 号	
192	《天津市市级机关所属单位档案工作目标管理考评办法》	天津市	2017 年	津档发〔2017〕8 号	
193	《新昌县档案局绩效考核办法》	浙江省	2017 年	浙江省新昌县档案局	
194	《关于印发〈 2017 年各县（市、区）档案工作评估办法〉的通知》	浙江省	2017 年	金华市档案局－金市档〔2017〕9 号	
195	《关于做好 2018 年度档案工作星级规范测评申报工作的通知》	江苏省	2018 年 3 月 14 日	江苏省句容市档案局	
196	《中山市市直单位档案工作年度评估办法》	广东省	2018 年 4 月 16 日	中山市档案局－中档〔2018〕20 号	
197	《中山市镇区档案工作年度评估办法》	广东省	2018 年 4 月 16 日	中山市档案局－中档〔2018〕21 号	
198	《关于开展 2018 年档案安全执法检查的通知》	广东省	2018 年 5 月 17 日	深圳市宝安区－深宝档〔2018〕1 号	

序号	法规制度名称	地区/行业（不含港澳台）	颁发/实施日期	颁发部门/发文字号	备注
199	《浙江省市县级国家综合档案馆业务建设评价办法》	浙江省	2018 年 8 月 14 日	浙江省档案局–浙档发〔2018〕26 号	
200	《关于开展 2018 年度档案行政执法检查的通知》	河南省	2018 年 9 月 3 日	郑州市档案局	
201	《市、县级综合档案馆业务建设评价标准》	宁夏回族自治区	2018 年 9 月 26 日	宁夏回族自治区档案局	
202	《广西壮族自治区设区市综合档案馆业务建设评价办法》《广西壮族自治区设区市综合档案馆业务建设评价标准》	广西壮族自治区	2018 年 11 月 7 日	广西壮族自治区档案局–桂档发〔2018〕18 号	
203	《档案馆安全风险评估指标体系》	全国	2018 年 12 月 24 日	国家档案局办公室	
204	《四平市数字档案室建设评价标准》	吉林省	2018 年	吉林省四平市档案局	
205	《广东省市、县级国家综合档案馆年度评估等级标准》《地级以上市、县（区）级国家综合档案馆年度评估等级标准（2018）》	广东省	2018 年	广东省档案局	每年制定
206	《关于开展省直单位档案管理工作人员测评工作的通知》	山西省	2019 年 7 月 26 日	山西省档案馆	

序号	法规制度名称	地区/行业（不含港澳台）	颁发/实施日期	颁发部门/发文字号	备注
207	《档案工作规范化建设评价标准(征求意见稿)》	湖南省	2019 年 11 月 13 日	湖南省档案局	
208	《内蒙古自治区档案局(馆)年度考核表》	内蒙古自治区	2020 年 3 月 5 日	内蒙古自治区档案局(馆)	
209	《山东省档案工作业务建设评价办法》	山东省	2020 年 4 月 1 日	山东省档案局-鲁档发〔2020〕2 号	
210	《陕西省市、县级综合档案馆业务建设评价办法》	陕西省	2020 年 6 月 1 日	陕西省档案局	
211	《甘肃省市县级国家综合档案馆业务建设评价办法》	甘肃省	2020 年 7 月 10 日	甘肃省档案局-甘档发〔2020〕17 号	
212	《2020 年度江西省档案馆绩效管理指标体系》	江西省	2020 年 8 月 19 日	江西省档案馆	
213	《浙江省城建档案工作考核标准细则》	浙江省	2020 年 9 月 23 日	浙江省住房和城乡建设厅办公室	
214	《湖南省档案工作规范化建设评价办法(征求意见稿)》	湖南省	2020 年 9 月 27 日	湖南省档案局	
215	《湖南省档案工作规范化建设评价办法》	湖南省	2020 年 9 月 28 日	湖南省档案局	
216	《湖南省市州、县市区国家综合档案馆业务建设评价办法》	湖南省	2020 年 10 月 26 日	湖南省档案局	
217	《福建省数字档案室建设评价办法》	福建省	2020 年 12 月 14 日	福建省档案局-闽档〔2020〕26 号	

序号	法规制度名称	地区/行业（不含港澳台）	颁发/实施日期	颁发部门/发文字号	备注
218	《河南省辖市国家综合档案馆业务建设评价办法》	河南省	2020 年	河南省档案局	
219	《关于开展县国家综合档案馆业务建设评价工作的通知》	云南省	2021 年 3 月 17 日	云南省档案局-云档发〔2021〕13 号	
220	《江苏省机关团体企业事业单位档案工作检查评价办法》	江苏省	2021 年 12 月 30 日	江苏省档案馆-苏档馆发〔2021〕79 号	
221	《湖北省数字档案馆（室）系统测评办法》	湖北省	2022 年 5 月 18 日	湖北省档案局-鄂档发〔2022〕3 号	
222	《长沙市档案工作考核办法》	长沙市	2022 年 5 月 30 日	长沙市档案局	
223	《浙江省档案室业务建设评价办法》	浙江省	2022 年 6 月 15 日	浙江省档案局-浙档发〔2022〕10 号	
224	《广东省企业数字档案室建设评价办法》	广东省	2022 年 9 月 22 日	广东省档案局-粤档发〔2022〕14 号	
225	《陕西省数字档案室建设评价办法》	陕西省	2022 年 12 月 6 日	陕西省档案局-陕档局发〔2022〕38 号	

附录2 《基于多元视角的档案机构评估体系研究》保密承诺书和访谈提纲

附录A 《基于多元视角的档案机构评估体系研究》保密承诺书

尊敬的访谈者:

您好! 首先感谢您接受我的访谈,本访谈是为了完成《基于多元视角的档案机构评估体系研究》项目而进行。档案机构评估是一项包含评估主体、评估客体、评估目标和标准、评估方法、评估指标体系、评估流程等要素的复杂动态系统工程。因此,档案机构评估是指评估主体依据一定的评估标准和指标体系,运用一定的评估方法,依照规范的评估流程,系统地评价档案机构各项管理工作发展的质量和水平,以此判定评估客体是否达到了评估目的的活动。档案管理实践中所进行的档案工作升级、档案工作目标管理或档案机构或人员考核等,均属于档案机构评估的范畴。本访谈的目的就是研究档案机构评估实践发展的状况,以及在评估过程中产生的问题,总结出档案机构评估的特点和规律。

本着实事求是的态度,请您如实回答我所提出的问题,与我进行深入的交流和沟通,本研究的正确结论的得出,离不开您的积极配合。为了便于后期对访谈资料的整理,访谈过程中,我会进行录音,若您觉得不便,可以随时提出,尊重您的选择权和隐私权。如若需要,访谈录音文件可以给您提供备份。

本人郑重承诺:恪守学术研究的道德规范,不会将访谈录音用于本研究以外的任何其他情况;不会将访谈者的个人信息透漏给研究者本人以外的其他人。如若违反,本人愿承担法律责任!

再次感谢您对本研究的支持和帮助! 本承诺书请您妥为保存!

访问者:马双双

电　话:×××

邮　箱:×××

日　期:××××年××月××日

附录 B 《基于多元视角的档案机构评估体系研究》访谈提纲
——基于评估主体视角(评估组织者)

1.组织的档案机构评估是一种什么类型的评估?为什么要进行这个类型的评估?

2.本次评估主要依据什么文件或法规?档案机构评估的主要评估内容是什么?

3.本次评估是否获得上级单位或其他单位的支持或赞助?

4.在统筹安排档案机构评估的组织工作中,主要做了哪些准备工作?投入成本(如人力、物力、财力等资源)大致是多少?

5.参与档案机构评估的对象有哪些?

6.选择档案机构评估专家的标准是什么?

7.档案机构评估的流程是什么?

8.作为组织档案机构评估方,您推测档案机构评估的未来发展方向是什么?

受访者信息表

NO. □□

姓名		性别	
工作单位/部门		职务	
电话		邮箱	
通信地址			
日 期		年 月 日	

是否接受录音访谈:是□否□

是否需要录音访谈文件:是□否□

附录 C 《基于多元视角的档案机构评估体系研究》访谈提纲
——基于评估主体视角（评估专家）

1.档案机构评估是一种什么类型的评估？主要评估内容是什么？

2.主要依据什么文件或法规？

3.档案机构评估小组的专家有哪些？

4.档案机构评估的对象有哪些？评估目的和原则是什么？

5.档案机构评估的流程是什么？

6.档案机构评估过程中遇到的问题有哪些？（重点）

7.档案机构评估过程中有什么需要改进的地方？

8.作为档案机构评估专家,接触到实际的评估现状,对未来档案机构评估的方式或方法有什么建议？

受访者信息表

NO. □□

姓名		性别	
工作单位/部门		职务	
电话		邮箱	
通信地址			
日 期	年 月 日		

是否接受录音访谈:是□否□

是否需要录音访谈文件:是□否□

附录 D 《基于多元视角的档案机构评估体系研究》访谈提纲
——基于评估客体视角(被评估单位)

1.请您简单地介绍一下本单位的基本情况。

2.贵单位接受的档案机构评估的主要内容是什么?

3.主要依据什么文件或法规?

4.贵单位应对档案机构评估小组的人员构成有哪些?

5.贵单位为应对档案机构评估,前期做了哪些准备工作?

6.贵单位接受档案机构评估的流程是什么?

7.贵单位档案机构评估的优势和不足分别是什么?

8.贵单位档案机构评估过程中有什么需要改进的地方?

9.作为接受档案机构评估的一方,对未来的档案机构评估方式或方法有什么建议?

受访者信息表

NO.□□

姓名		性别	
工作单位/部门		职务	
电话		邮箱	
通信地址			
日 期	年 月 日		

是否接受录音访谈:是□否□

是否需要录音访谈文件:是□否□

附录3 第一轮专家调查表

关于国家副省级以上综合档案馆评估指标项选取的专家调查表
（第一轮）

尊敬的专家：

您好！首先感谢您对本调查问卷的支持。本问卷是《基于多元视角的档案机构评估体系研究》的应用研究案例分析部分，需要构建国家副省级以上综合档案馆评估指标体系，现向您征求评估指标项选取的意见和建议。您的建议对本研究至关重要，填写问卷将会消耗您一定的时间，十分感谢您的大力支持和帮助！

填写说明：

1. "副省级以上综合档案馆评估"是指国家档案局依据一定的评估标准和指标体系，运用一定的评估方法，按照评估流程，系统地度量国家副省级以上综合档案馆资源建设、业务管理、服务能力等综合发展状况的过程。

2. 为构建更为科学有效的国家副省级以上综合档案馆评估指标体系，需要对评估的指标项进行确认。现有的指标项是根据已有的文献和法规研究成果选取，需要您对相关的一级指标（7个）和二级指标（52个）的合理性给出意见和建议。

3. 调查内容包含两个部分：第一，专家基本情况；第二，判断指标项的选取（详见表1）。

表 1　国家副省级以上综合档案馆评估初步指标项

评估对象	一级指标	二级指标
副省级以上综合档案馆评估 A	基础设施建设 B1	硬件基础设施舒适良好 C1
		软件基础设施安全易用 C2
		网络建设齐全高效 C3
		库房现代化建设 C4
		提供不同种类的便民服务 C5
	档案信息资源建设 B2	档案信息资源数量众多 C6
		档案信息资源结构合理 C7
		数字化程度和数字化率高 C8
		档案信息资源的开放性 C9
		档案信息资源的完整度 C10
		馆藏档案信息资源的系统性 C11
		数字档案的整合资源 C12
		提供档案信息资源汇编成果 C13
		档案信息资源的可用性 C14
	档案信息资源获取 B3	开放时间合理 C15
		档案馆内布局合理、分类科学清晰 C16
		合理健全的查阅规章 C17
		简便的查阅借阅利用手续 C18
		提供档案公开目录及馆藏资料目录 C19
		检索工具便捷高效 C20
		可访问电子资源种类和数量多 C21
		提供政府公开信息查阅服务 C22
		提供网上查档 C23
		能方便快捷获取档案信息 C24
		开展跨馆查阅服务 C25
	服务方式和过程 B4	利用档案手续简便、没有误操作 C26
		采用多种形式的主动服务和指导 C27
		服务手段多样化 C28
		服务手段现代化 C29
		使用新媒体开展档案服务 C30
		提供个性化、精准化服务 C31
		档案管理机构之间的协同 C32
		提供服务的快捷程度 C33
		完善的用户反馈渠道 C34
		对公众需求的响应 C35
		举办各类档案展览 C36

续表1

评估对象	一级指标	二级指标
副省级以上综合档案馆评估 A	网络技术服务水平 B5	网络访问便利性 C37
		自动化管理软件的使用 C38
		档案门户网站的建设水平 C39
		目录数据库建设 C40
		全文数据库建设 C41
		馆藏不同类型的档案数据库建设 C42
	馆员业务素质及服务态度方面 B6	馆员的服务言谈举止恰当 C43
		馆员服务态度热情 C44
		馆员业务水平强 C45
		馆员服务能力强 C46
		馆员服务效率高 C47
		满足用户个性化要求 C48
	档案信息资源的服务效果 B7	档案信息需求的满足率 C49
		档案用户的满意度 C50
		档案信息资源服务的经济性 C51
		档案信息资源服务的公平性 C52

一、您的基本情况

1. 您的姓名：

2. 您的年龄：

3. 您的单位、部门、职务：

4. 您的研究方向：

二、一级指标的设计

（1）您是否同意国家副省级以上综合档案馆评估一级指标中应当包含以下七个指标项？

一级指标	同意	不同意	理由/建议
基础设施建设 B1			
档案信息资源建设 B2			
档案信息资源获取 B3			
服务方式和过程 B4			
网络技术服务水平 B5			
馆员业务素质及服务态度方面 B6			
档案信息资源的服务效果 B7			

（2）一级指标是否增加新的指标？

_____

_____

_____

三、二级指标的设计

（1）您是否同意国家副省级以上综合档案馆评估一级指标基础设施建设应当包含以下 5 个指标项？

二级指标	同意	不同意	理由/建议
硬件基础设施舒适良好 C1			
软件基础设施安全易用 C2			
网络建设齐全高效 C3			
库房现代化建设 C4			
提供不同种类的便民服务 C5			

是否增加新的指标？

_____

_____

（2）您是否同意国家副省级以上综合档案馆评估一级指标档案信息资源建设应当包含以下 9 个指标项？

二级指标	同意	不同意	理由/建议
档案信息资源数量众多 C6			
档案信息资源结构合理 C7			
数字化程度和数字化率高 C8			
档案信息资源的开放性 C9			
档案信息资源的完整度 C10			
馆藏档案信息资源的系统性 C11			
数字档案的整合资源 C12			
提供档案信息资源汇编成果 C13			
档案信息资源的可用性 C14			

是否增加新的指标?

_____

_____

_____

(3)您是否同意国家副省级以上综合档案馆评估一级指标档案信息资源获取应当包含以下 11 个指标项?

二级指标	同意	不同意	理由/建议
开放时间合理 C15			
档案馆内布局合理、分类科学清晰 C16			
合理健全的查阅规章 C17			
简便的查阅借阅利用手续 C18			
提供档案公开目录及馆藏资料目录 C19			
检索工具便捷高效 C20			
可访问电子资源种类和数量多 C21			
提供政府公开信息查阅服务 C22			
提供网上查档 C23			
能方便快捷获取档案信息 C24			
开展跨馆查阅服务 C25			

是否增加新的指标?

_____

_____

_____

(4)您是否同意国家副省级以上综合档案馆评估一级指标服务方式和过程应当包含以下 11 个指标项?

二级指标	同意	不同意	理由/建议
利用档案手续简便、没有误操作 C26			
采用多种形式的主动服务和指导 C27			
服务手段多样化 C28			

二级指标	同意	不同意	理由/建议
服务手段现代化 C29			
使用新媒体开展档案服务 C30			
提供个性化、精准化服务 C31			
档案管理机构之间的协同 C32			
提供服务的快捷程度 C33			
完善的用户反馈渠道 C34			
对公众需求的响应 C35			
举办各类档案展览 C36			

是否增加新的指标?

_____

_____

_____

（5）您是否同意国家副省级以上综合档案馆评估一级指标网络技术服务水平应当包含以下 6 个指标项?

二级指标	同意	不同意	理由/建议
网络访问便利性 C37			
自动化管理软件的使用 C38			
档案门户网站的建设水平 C39			
目录数据库建设 C40			
全文数据库建设 C41			
馆藏不同类型的档案数据库建设 C42			

是否增加新的指标?

_____

_____

_____

（6）您是否同意国家副省级以上综合档案馆评估一级指标馆员业务素质及服务态度方面应当包含以下 6 个指标项？

二级指标	同意	不同意	理由/建议
馆员的服务言谈举止恰当 C43			
馆员服务态度热情 C44			
馆员业务水平强 C45			
馆员服务能力强 C46			
馆员服务效率高 C47			
满足用户个性化要求 C48			

是否增加新的指标？

_____

_____

_____

（7）您是否同意国家副省级以上综合档案馆评估一级指标档案信息资源的服务效果应当包含以下 4 个指标项？

二级指标	同意	不同意	理由/建议
档案信息需求的满足率 C49			
档案用户的满意度 C50			
档案信息资源服务的经济性 C51			
档案信息资源服务的公平性 C52			

是否增加新的指标？

_____

_____

_____

再次感谢您的大力支持！

附录4 第二轮专家调查表

关于国家副省级以上综合档案馆评估指标项选取的专家调查表
（第二轮）

尊敬的专家：

您好！首先感谢您对本调查问卷的继续支持。本问卷是《基于多元视角的档案机构评估体系研究》的应用研究案例分析部分，需要构建国家副省级以上综合档案馆评估指标体系，根据第一轮的调查结果，共得到一级指标6个，二级指标38个，现需要向您再次征求评估指标项选取的意见和建议。填写问卷将会消耗您一定的时间，十分感谢您的大力支持和帮助！

填写说明：

1.“副省级以上综合档案馆评估”是指国家档案局依据一定的评估标准和指标体系，运用一定的评估方法，按照评估流程，系统地度量国家副省级以上综合档案馆资源建设、业务管理、服务能力等综合发展状况的过程。

2.为构建更为科学有效的国家副省级以上综合档案馆评估指标体系，需要对评估的指标项进行确认。现有的指标项是根据已有的文献和法规研究成果选取，需要您对相关的一级指标和二级指标项的合理性给出意见和建议。

3.调查内容包含两个部分：第一，专家基本情况；第二，判断指标项的选取（详见表1）。

表1 国家副省级以上综合档案馆评估初步指标项

序号	一级指标	序号	二级指标
B1	基础设施建设	C1	库房设施设备配置齐全
		C2	公共服务大厅设施布局和设备配置合理
		C3	便民服务种类多样
		C4	网络设备安全可用
		C5	网络速度和网络技术更新快
B2	档案信息资源建设	C6	档案信息资源数量众多
		C7	档案信息资源结构合理
		C8	档案信息资源开放及时
		C9	数字化程度和数字化率高
		C10	数字档案信息资源准确可用
		C11	档案信息资源整合程度高
		C12	档案信息资源汇编成果丰富
B3	档案信息资源获取	C13	开放时间合理
		C14	查阅规章合理健全
		C15	利用手续简便
		C16	档案公开目录及馆藏资料目录齐全完整
		C17	可访问电子资源种类和数量多
		C18	政府公开信息查阅便利
		C19	检索工具便捷高效
		C20	网络查档方便快捷
		C21	跨馆查阅渠道通畅
B4	档案信息资源服务方式和过程	C22	常规服务规范高效
		C23	主动指导和服务形式多样
		C24	对公众需求响应速度快
		C25	提供个性化、精准化服务
		C26	使用新媒体开展档案服务
		C27	用户反馈渠道完善
		C28	用户反馈响应速度快
		C29	档案展览种类多样和形式丰富

续表 1

序号	一级指标	序号	二级指标
B5	网络技术服务水平	C30	自动化管理软件的使用程度高
		C31	档案门户网站的建设水平高
		C32	档案数据库建设类型丰富
		C33	档案数据库服务功能齐全
B6	馆员业务素质及服务态度方面	C34	语言使用礼貌得体
		C35	服务举止规范恰当
		C36	态度谦和主动
		C37	交流方式运用得当
		C38	服务内容表达精准清晰

一、您的基本情况

1.您的姓名：

2.您的年龄：

3.您的单位、部门、职务：

4.您的研究方向：

二、一级指标的设计

（1）您是否同意国家副省级以上综合档案馆评估一级指标中应当包含以下 6 个指标项？

一级指标	同意	不同意	理由/建议
基础设施建设 B1			
档案信息资源建设 B2			
档案信息资源获取 B3			
档案信息资源服务方式和过程 B4			
网络技术服务水平 B5			
馆员业务素质及服务态度方面 B6			

（2）一级指标是否增加新的指标？

_____

_____

三、二级指标的设计

(1)您是否同意国家副省级以上综合档案馆评估一级指标基础设施建设应当包含以下 5 个指标项?

二级指标	同意	不同意	理由/建议
库房设施设备配置齐全 C1			
公共服务大厅设施布局和设备配置合理 C2			
便民服务种类多样 C3			
网络设备安全可用 C4			
网络速度和网络技术更新快 C5			

是否增加新的指标?

_____

_____

(2)您是否同意国家副省级以上综合档案馆评估一级指标档案信息资源建设应当包含以下 7 个指标项?

二级指标	同意	不同意	理由/建议
档案信息资源数量众多 C6			
档案信息资源结构合理 C7			
档案信息资源开放及时 C8			
数字化程度和数字化率高 C9			
数字档案信息资源准确可用 C10			
档案信息资源整合程度高 C11			
档案信息资源汇编成果丰富 C12			

是否增加新的指标?

_____

_____

（3）您是否同意国家副省级以上综合档案馆评估一级指标档案信息资源获取应当包含以下 9 个指标项？

二级指标	同意	不同意	理由/建议
开放时间合理 C13			
查阅规章合理健全 C14			
利用手续简便 C15			
档案公开目录及馆藏资料目录齐全完整 C16			
可访问电子资源种类和数量多 C17			
政府公开信息查阅便利 C18			
检索工具便捷高效 C19			
网络查档方便快捷 C20			
跨馆查阅渠道通畅 C21			

是否增加新的指标？

_____

_____

（4）您是否同意国家副省级以上综合档案馆评估一级指标档案信息资源服务方式和过程应当包含以下 8 个指标项？

二级指标	同意	不同意	理由/建议
常规服务规范高效 C22			
主动指导和服务形式多样 C23			
对公众需求响应速度快 C24			
提供个性化、精准化服务 C25			
使用新媒体开展档案服务 C26			
用户反馈渠道完善 C27			
用户反馈响应速度快 C28			
档案展览种类多样和形式丰富 C29			

是否增加新的指标？

_____

_____

（5）您是否同意国家副省级以上综合档案馆评估一级指标网络技术服务水平应当包含以下 4 个指标项？

二级指标	同意	不同意	理由/建议
自动化管理软件的使用程度高 C30			
档案门户网站的建设水平高 C31			
档案数据库建设类型丰富 C32			
档案数据库服务功能齐全 C33			

是否增加新的指标？

_____

（6）您是否同意国家副省级以上综合档案馆评估一级指标馆员业务素质及服务态度方面应当包含以下 5 个指标项？

二级指标	同意	不同意	理由/建议
语言使用礼貌得体 C34			
服务举止规范恰当 C35			
态度谦和主动 C36			
交流方式运用得当 C37			
服务内容表达精准清晰 C38			

是否增加新的指标？

_____

_____

再次感谢您的大力支持！

附录5 第三轮专家调查表

关于国家副省级以上综合档案馆评估指标构建的专家调查表
（第三轮）

尊敬的专家：

您好！首先感谢您对本问卷的支持。本问卷是《基于多元视角的档案机构评估体系研究》的应用研究案例分析部分,需要构建国家副省级以上综合档案馆评估指标体系,现向您征求有关指标两两重要性的比较,进行打分,以便更合理地确定权重,完善指标体系。您的建议对本研究至关重要,请根据客观状况对如下指标做出判断,十分感谢您的大力支持和帮助！

填写说明：

1.“副省级以上综合档案馆评估”是指国家档案局依据一定的评估标准和指标体系,运用一定的评估方法,按照评估流程,系统地度量国家副省级以上综合档案馆资源建设、业务管理、服务能力等综合发展状况的过程。

2.为构建更为科学有效的国家副省级以上综合档案馆评估指标体系,需要对评价指标的重要性进行比较,以筛选出有效指标并赋予相应权重。关于指标体系重要性比较,采用1-9标度,如表1所示。

表1 元素 a_{mn} 的1-9比例标度及含义

标度	含义
1	表示 m 和 n 两个因素相比, m 和 n 同样重要
3	表示 m 和 n 两个因素相比, m 比 n 稍微重要
5	表示 m 和 n 两个因素相比, m 比 n 明显重要
7	表示 m 和 n 两个因素相比, m 比 n 非常重要
9	表示 m 和 n 两个因素相比, m 比 n 极端重要
2,4,6,8	表示上述相邻判断的中间值

示例：

mvs n(打分表中,纵向为 m,横向为 n)

若填写 3,表示:m 比 n 稍微重要。

若填写 1/3,表示:n 比 m 稍微重要。

3. 本指标体系共分为两级。其中,一级指标 5 个,二级指标 34 个,具体编码及其指标项的具体释解如表 2 所示。

表2　国家副省级以上综合档案馆评估指标体系及其释解

目标层	序号	一级指标	序号	二级指标	指标释解
副省级以上综合档案馆评估 A	B1	基础设施建设	C1	库房设施设备	保存档案的库房建设,设施设备配置现代化
			C2	公共服务大厅设施布局和设备	对外服务场所设施设备配置齐全,且布局合理
			C3	便民服务	档案馆提供诸如自助存包柜、饮水处、自助打印设备、特殊需求的无障碍设施等多种便民服务
			C4	网络设备	计算机、服务器等设备安全可用
			C5	网络速度和网络技术	网络(含内网或外网)访问便利、速度快,网络技术更新及时
			C6	自动化管理软件	档案馆具有档案管理软件以及具备相关管理功能的软件
	B2	档案信息资源建设	C7	馆藏数量	拥有数量可观、完整、系统的档案信息资源
			C8	馆藏结构	档案信息资源种类众多、载体多样,档案实体和内容分类科学清晰
			C9	档案信息资源开放	档案鉴定工作到位,能够及时开放可公开的现行文件、政府信息、解密档案等
			C10	馆藏数字化	馆藏档案数字化和进馆档案电子化程度高
			C11	数字档案信息资源准确	在保证数字化的档案信息准确性的基础上,确保档案用户能够利用档案信息资源
			C12	档案信息资源整合	对档案信息由分散到集中、由无序到有序的组织、协调过程,形成配置优化的、整合程度较高的知识化、系统化馆藏资源体系
			C13	档案信息资源汇编	根据馆藏或与其他馆合作形成的丰富多样的档案信息资源汇编成果

续表2

目标层	序号	一级指标	序号	二级指标	指标释解
副省级以上综合档案馆评估A	B3	档案信息资源获取	C14	查阅规章	档案馆具有规范档案用户查阅档案信息资源的规章制度,且制度安排合理,可实施性强
			C15	利用手续	档案用户查阅或者借阅档案信息资源的手续简单
			C16	档案公开目录及馆藏资料目录	档案馆对外公开其系统完整的馆藏目录及案卷目录
			C17	档案数据库建设	建设有目录数据库、全文数据库、照片数据库、视频数据库等不同内容和载体的数据库,功能齐全,方便查阅和利用
			C18	政府公开信息查阅	档案馆提供政府公开信息,且查阅便利
			C19	检索工具	档案馆的纸质或电子档案、数据库、网站等检索工具便捷高效
			C20	网络查档	通过网站、数据库、新媒体、App等网络渠道为用户提供方便快捷的网络查档服务
			C21	跨馆查阅	档案馆通过馆际合作获取信息资源
	B4	档案信息资源服务过程和方式	C22	常规服务	档案馆提供传统的、被动的高效率服务形式
			C23	主动指导和服务	档案馆提供主动的、多样化的档案指导和服务
			C24	对公众需求响应	档案馆对档案用户的信息需求识别能力强、反应速度快,及时给予回复
			C25	提供个性化、精准化服务	档案馆能够满足复杂多样的档案用户信息资源利用需求,提供档案资源推送、定制、标签化等个性化、精准化服务
			C26	用户反馈渠道	档案馆提供档案用户信息资源服务效果的反馈途径和方式
			C27	用户反馈响应速度	档案馆对档案用户的反馈及时做出反应和调整
			C28	档案展览	通过举办各种展览拓展档案信息资源服务的路径

续表2

目标层	序号	一级指标	序号	二级指标	指标释解
副省级以上综合档案馆评估A	B5	馆员素质	C29	语言使用	档案馆员使用的交流语言符合基本礼仪（口头语言）
			C30	服务举止	档案馆员服务举止得体规范（肢体语言）
			C31	态度	档案馆员服务态度端正，积极热情
			C32	交流方式	档案馆员服务交流中根据需要引导利用或提供资料方式恰当
			C33	服务内容表达	档案馆员与档案用户在交流过程中，根据需要可使用非专业术语，方便沟通，或将服务信息精准到位地表达给档案用户
			C34	馆员服务能力	档案馆员服务程序规范，对馆藏资源及其利用方式非常熟悉，能精准地挖掘用户的信息需求，为用户提供满意的服务

重要性比较打分

一、一级指标的比重（请在空白处填入两两指标的重要性）

一级指标B	B1	B2	B3	B4	B5
B1	1				
B2		1			
B3			1		
B4				1	
B5					1

二、二级指标的比重（请在空白处填入两两指标的重要性）

1. 基础设施建设（B1）指标的比重

二级指标B1	C1	C2	C3	C4	C5	C6
C1	1					
C2		1				
C3			1			

二级指标 B1	C1	C2	C3	C4	C5	C6
C4				1		
C5					1	
C6						1

2. 档案信息资源建设（B2）指标的比重

二级指标 B2	C7	C8	C9	C10	C11	C12	C13
C7	1						
C8		1					
C9			1				
C10				1			
C11					1		
C12						1	
C13							1

3. 档案信息资源获取（B3）指标的比重

二级指标 B3	C14	C15	C16	C17	C18	C19	C20	C21
C14	1							
C15		1						
C16			1					
C17				1				
C18					1			
C19						1		
C20							1	
C21								1

4. 档案信息资源服务方式和过程(B4)指标的比重

二级指标 B4	C22	C23	C24	C25	C26	C27	C28
C22	1						
C23		1					
C24			1				
C25				1			
C26					1		
C27						1	
C28							1

5. 馆员素质(B5)指标的比重

二级指标 B5	C29	C30	C31	C32	C33	C34
C29	1					
C30		1				
C31			1			
C32				1		
C33					1	
C34						1

PS:您的意见和建议：＿＿＿＿＿＿＿＿＿＿＿＿＿＿＿＿＿

＿＿＿＿＿＿＿＿＿＿＿＿＿＿＿＿＿＿＿＿＿＿＿＿＿＿＿

＿＿＿＿＿＿＿＿＿＿＿＿＿＿＿＿＿＿＿＿＿＿＿＿＿＿＿

再次感谢您的支持和帮助！